Kathrin Heckmann

Fräulein Draußens Gespür für Wildnis

Kathrin Heckmann

Fräulein Draußens Gespür für Wildnis

ullstein extra

Besuchen Sie uns im Internet:
www.ullstein.de

Ullstein extra ist ein Verlag der Ullstein Buchverlage GmbH

ISBN 978-3-86493-192-5

1. Auflage 2023

© 2023 Ullstein Buchverlage GmbH, Berlin
Alle Rechte vorbehalten
Wir behalten uns die Nutzung unserer Inhalte für Text und
Data Mining im Sinne von § 44b UrhG ausdrücklich vor.
Gesetzt aus der Sabon LT Pro bei LVD GmbH, Berlin
Druck und Bindung: CPI books GmbH, Leck

INHALT

Prolog
Die Wildnis in mir					7

Kapitel 1
Ein Wiedersehen					11

Kapitel 2
Heimat und Neuland					25

Kapitel 3
In Wald und Flur					45

Kapitel 4
Unter freiem Himmel					61

Kapitel 5
Von Schafen und Wölfen					83

Kapitel 6
Flügel und Flossen					119

Kapitel 7
Wasserwege					147

Kapitel 8
Im Fluss					175

Kapitel 9
(Wieder) wilder werden 191

Kapitel 10
Grenzenlos 215

Kapitel 11
Allein, allein 235

Epilog
Wildernis 253

Tipps für eigene Entdeckungsreisen 259
Leave no trace 273
Danke 279
Quellen und weiterführende Infos 281

Prolog

DIE WILDNIS IN MIR

Die Welt entdecken. Aus dem Alltag ausbrechen. Grenzen überschreiten. Natur spüren. Wilde Tiere sehen. Vor mir davonlaufen. Auf mich zugehen. Inspiration sammeln. Neues erfahren. Altes vergessen. Die pure Neugierde auf das, was hinter dem Horizont liegt.

Es gab viele Gründe, warum ich mich in den letzten Jahren immer und immer wieder auf Reisen begeben habe. Der wichtigste Beweggrund von allen jedoch war stets derselbe: meine große Sehnsucht nach Wildnis.

Lange Zeit war ich davon überzeugt, dass ich weit wegfahren müsste, um diese Sehnsucht zu stillen. Irgendwohin eben, wo wilde Tiere zahlreicher sind als Menschen, wo mehr Farn wächst als Futtermais und wo Begrenzungen aus Flüssen und Bergen bestehen und nicht aus Gartenzäunen und Leitplanken. Alaska. Patagonien. Australien. Kirgistan. Oder zumindest in den hohen Norden Skandinaviens. Doch nach und nach sickerte die Erkenntnis durch, dass mein Staunen und mein Glück nicht auf diese fernen Orte beschränkt sind. Dass Wildnis für mich weit mehr bedeutet als das Ergebnis der Gleichung Natur minus Mensch. Dass ich Wildnis vielleicht doch überall finden konnte. Zumindest dieses Gefühl von

Wildnis, um das es ja eigentlich geht. Das also, was Wildnis in uns auslöst. Denn das Erleben von Wildnis bedeutet vor allem, Wildnis in uns selbst zu finden. Etwas in uns zu finden, das frei und voll Abenteuer ist, das im Einklang mit der Natur lebt und gleichzeitig nach den eigenen Regeln. Wildnis bedeutet vielleicht mehr als alles andere: Grenzenlosigkeit. Ein ungehinderter Blick bis zum Horizont und dazu das Wissen, dass man diesen Horizont irgendwann erreichen kann, wenn man nur will – und er noch längst nicht das Ende ist. Diese grenzenlose Wildnis kann man auch in seinem Innern finden. Indem man die eigenen Grenzen sieht und dann einfach beherzt darübersteigt und weitergeht.

Trotz dieser Erkenntnisse hatte ich mehr Fragen als Antworten im Gepäck, als ich mich auf die kleinen und großen Abenteuer begeben habe, von denen ich in diesem Buch berichte.

Was ist Wildnis? Was macht Wildnis mit uns? Wieso brauchen wir Wildnis? Wo kann man sie finden? Und wie kann ich sie erleben?

Meine Sehnsucht nach Wildnis hat mich in der Vergangenheit an einige der wildesten Orte dieser Erde geführt, mir einige großartige Abenteuer beschert. Jedoch habe ich das Gefühl, dass das bisher größte Abenteuer für mich war, einfach aus der Tür zu treten und sie dort zu suchen, wo man sie vielleicht am allerwenigsten vermuten würde: mitten in Deutschland. Denn wo könnte man der Essenz von Wildnis besser auf die Spur kommen als dort, wo sie objektiv betrachtet besonders schwer zu finden ist? Wo gerade mal 0,6 Prozent der Landesfläche offiziell als Wildnis gilt und selbst die meist von Menschenhand wiederhergestellt wurde? Ich glaubte, genau dort Antworten auf meine Fragen finden zu können. Ich *hoffte* es. Auch weil in einer einsamen Hütte irgendwo in Alaska zu leben für mich zwar durchaus eine Option wäre, ich mich aber nun wirklich nicht darauf verlassen möchte, um mein Wildnisglück zu finden. Also bin ich losgezogen. Bin durch Wälder gewandert und auf Flüssen gepaddelt, über Berge gelaufen und am Meer spaziert. Um das Land zu entdecken, in dem ich aufgewachsen bin. In dem ich die meiste Zeit meines Lebens verbracht habe. Das bisher bei meinen Reiseplänen immer viel zu kurz kam, obwohl ich schon seit Jahren sage, dass ich jetzt wirklich mal endlich mehr in Deutschland unterwegs sein muss. Und ich wollte nicht einfach nur unterwegs sein: Ich wollte meine Heimat mit dem gleichen Eifer entdecken, mit dem ich in den vergangenen Jahren auch fremde Länder entdeckt habe. Ich wollte aufregende Pläne schmieden, die mich schon begeistern, bevor ich überhaupt mit ihrer Umsetzung begonnen habe. Losziehen mit dieser Mischung aus Unsicherheit und Selbstvertrauen im Gepäck, die zu jedem guten Abenteuer dazugehört. Unterwegs voller Neugier sein, offen und wissbegierig, und immer bereit, meine Begeisterung in alle möglichen Richtungen auszudehnen. Ich wollte über mich hinauswachsen, mich ein Stück weit neu erfinden. Alte Faszinationen neu aufleben lassen und neue Faszination in mein Leben aufnehmen. Mehr lernen, mehr erfahren, mehr erleben. Mehr leben. Der Sache mit der Wildnis auf den Grund gehen, mich ihr auf unterschiedliche, auf vielfältige Weise nähern.

Gleichzeitig wollte ich aber auch mehr über den tatsächlichen Zustand von Wildnis und wilder Natur in Deutschland erfahren. Denn wenngleich es echte Wildnis in Deutschland schon lange nicht mehr gibt: Vielleicht gibt es sie zumindest im Kleinen? Vielleicht hat Deutschland ja zumindest die Chance, in Zukunft wieder etwas wilder zu werden?

Ich bin losgezogen, um Antworten zu finden. Antworten

auf die für mich vielleicht größten Fragen überhaupt zu finden. Denn eines ist sicher: Ich muss die Wildnis in meinem Leben spüren. Ohne geht es einfach nicht.

# Kapitel 1

EIN WIEDERSEHEN

Abenteuer beginnen oft im Supermarkt. Wenn man vor langen Regalen voller bunter Verpackungen steht, dann weiß man, dass es nun wirklich losgeht. Und dass es kein Zurück mehr gibt. Wenn man Kalorien kalkuliert und Faktoren wie Komprimierbarkeit und Haltbarkeit von Lebensmitteln evaluiert. Unaufhörlich überlegt, wie viel man wohl von was braucht, um nicht zu viel, aber auch auf keinen Fall zu wenig dabeizuhaben. Ständig versucht, abzuwägen und Kompromisse zu finden zwischen Nährstoffen und Geschmack, zwischen Vernunft und Verlangen. Dann kann es nicht mehr lange dauern, bis die Reise endlich startet, auch wenn die Lebensmittel selbst dank der trockenen Konsistenz und der Zugabe von Konservierungsstoffen in der Regel auch im nächsten Jahrzehnt noch einsatzbereit wären. Besonders herausfordernd war das für mich damals in Australien gewesen, als ich für die erste lange Etappe meiner Fernwanderung auf dem eintausend Kilometer langen Bibbulmun Track gepackt hatte. Lebensmittel für knapp zwei Wochen befanden sich in meinem Einkaufswagen, und ich konnte das Gewicht all der Dinge schon auf meinen Schultern spüren, bevor ich sie überhaupt im Rucksack verstaut hatte. Zurück im Hotelzimmer ging es ans Sortieren: Verpackungen wurden aufgerissen und die Inhalte in wiederverschließbare Plastikbeutel umgefüllt.

In andere Plastikfolien wurde ein kleines Loch gepikst, um unnötige Luft aus der Verpackung zu drücken, anschließend wurde das Loch mit einem Stück Tape wieder verschlossen. Trotz aller Bemühungen in Sachen Raum- und Gewichtsersparnis platzte mein Rucksack letztendlich aus allen Nähten. Das daraus resultierende schlechte Gewissen brachte mich dazu, noch ein paar Hände voll Weingummis zu essen – nur um letztendlich am selben Abend zwei weitere Packungen nachzukaufen und in die letzten freien Ritzen zu stopfen. Weingummis sind einfach unersetzbar. Auf einer Fernwanderung im australischen Busch genauso wie beim Wandern im Schwarzwald.

Westaustralien war fast 14 000 Kilometer Luftlinie von mir entfernt, als die Erinnerung daran für einige Momente ganz greifbar wurde. Ich sah die riesige Mall vor mir, die enorme Auswahl an Ramen-Nudelsuppen und Fertigreis. Dann fiel mein Blick in meinen Einkaufskorb und sagte mir, dass ich vermutlich nicht verhungern würde. Doppelkekse und gesalzene Erdnüsse lagen neben Knäckebrot und vegetarischer Salami, dazu die obligatorischen Müsliriegel, Gummibärchen und salzigen Cracker. Ein Apfel und eine Packung Cocktailtomaten hatten sich ebenfalls eingeschlichen. Frischer Luxus in jedem Wanderrucksack, den ich damals in Australien oft ganz besonders vermisst hatte. Es war ein beruhigender Anblick, der zu sagen schien: Was auch immer passiert, wir sind für dich da. Ehrlich gesagt erwartete ich allerdings nicht, dass allzu viel passieren würde. Es stand mir immerhin keine mehrwöchige Wanderung inmitten der endlos weiten Eukalyptuswälder Südwestaustraliens bevor, sondern lediglich eine dreitägige Tour in den deutlich weniger endlosen Nadelwäldern des südlichen Schwarzwalds. Noch dazu ohne Zelt und Schlafsack, sondern mit Übernachtung in Unterkünften inklusive angeschlossener Restaurants. Vermutlich war der Inhalt meines Einkaufskorbs »leicht« übertrieben, aber essen musste man ja schließlich überall. Und die Möglichkeiten der Proviantbeschaffung entlang der Strecke waren etwas undurchsichtig. Lieber ein bisschen zu viel als zu wenig, so dachte ich mir, wie schon viele Male zuvor. Und schon landete noch eine Packung Weingummi im Korb. Nun war ich aber wirklich bereit.

Jenseits des Supermarktes lag der unscheinbare Ort an der Schweizer Grenze für einen Dienstagmorgen erstaunlich leblos vor mir. Die Kirchturmglocken schlugen acht Uhr – nur für wen, das war nicht ersichtlich. Die Straßen waren wie leer gefegt. Für mich selbst war die Zeit ab sofort für ganze drei Tage eher Nebensache, solange ich es nur vor Einbruch der Dunkelheit zu meiner nächsten Unterkunft schaffte. Mit dieser Dunkelheit war allerdings früh zu rechnen, denn es war bereits Ende Oktober und der kürzeste Tag des Jahres somit nur noch einige Wochen entfernt. Der Wetterbericht versprach jedoch goldene Herbsttage, vielleicht die letzten ihrer Art in diesem Jahr. Sie waren der Grund, warum ich nun hier war, denn ich hatte erst am Abend zuvor beschlossen, den südlichen Schwarzwald auf dem Albsteig zu erkunden. Es war einer dieser Tage gewesen, an denen sich die Punkte auf meiner To-do-Liste türmten wie Steinmännchen am Rande eines beliebten Bergwanderwegs. Einer dieser Tage, die sich sehr – zu sehr – anfühlten wie damals im Büro, als ich noch einen »normalen« Job hatte und unter Dauerstress stand. Natürlich gibt es diese Tage immer noch, auch als hauptberufliche Outdoor-Bloggerin muss man Steuererklärungen machen und

E-Mails beantworten, Fotos bearbeiten und Texte schreiben, die Webseite am Laufen halten, Social-Media-Kanäle bespielen und noch vieles mehr. Hilfe hatte und habe ich für all dies nicht, von einer Steuerberaterin und einer IT-Fachfrau für Notfälle mal abgesehen. *Do it yourself* und *Learning by Doing* sind nach wie vor meine Devisen. Der Unterschied zu früher ist, dass ich in großem Maß selbst entscheiden kann, wie ich arbeite, wie viel ich arbeite und wann und wo ich arbeite. Ein Segen, aber in gewisser Weise auch ein Fluch, denn wenn man sein Hobby zum Beruf gemacht hat und das liebt, was man tut, dann *muss* man zwar nicht immer arbeiten, aber man *will* es. Seit 2013 habe ich meinen Blog nun. Wenn man etwas so lange hegt und pflegt, dann möchte man auch, dass es ihm wirklich gut geht. Dennoch versuche ich, darüber nie zu vergessen, warum ich das tue, was ich tue. Und einer der Hauptgründe dafür ist nach wie vor, dass ich möglichst viel Zeit draußen verbringen möchte. Und eben das tun, was ich am allerliebsten mag: in der Natur sein, die Welt entdecken, Abenteuer erleben. Daran muss ich mich manchmal erinnern, und genau das tat ich am Vorabend. Der Rest kann warten, habe ich zu mir selbst gesagt, nachdem ich den Wetterbericht überprüft hatte. Dann tauschte ich das E-Mail-Programm gegen das Routenplanungsprogramm, und kurze Zeit später packte ich den Rucksack. Die Gedanken an E-Mails und Buchhaltung habe ich in der Wohnung gelassen, aber eine Sache doch von meinem Schreibtisch mitgenommen: die Idee für dieses Buch. Eine Idee, die schon länger in meinem Kopf herumschwirrte, sogar schon während der Arbeit an meinem ersten Buch. Nun, rund ein Jahr nachdem ich die Arbeiten an meinem ersten Buch beendet hatte, war die Zeit für diese Idee gekommen. Ich war bereit für eine neue Reise ins Unbekannte. Ins unbekannte Deutschland, aber auch in eine unbekannte Art des Schreibens. Denn während ich für das letzte Buch in der Vergangenheit gewühlt und alte Geschichten aufgearbeitet hatte, galt es nun, neue Geschichten bewusst zu erleben. Ich fand diesen Perspektivenwechsel wahnsinnig spannend, war mir aber auch der Gefahr bewusst, dass diese Herangehensweise so ihre Tücken hatte. Dass die bloße Existenz meines Vorhabens die Wahrnehmungen in vorgefertigte Formen presste, das wollte ich unbedingt vermeiden.

Und dennoch kam ich nicht umhin, an meinem ersten Wandertag auf dem Albsteig hinter jeder neuen Wegbiegung nach der Wildnis zu suchen. Wohl wissend, dass das ziemlich absurd und definitiv nicht zielführend war und auch überhaupt nicht das, was ich tun und erreichen wollte.

Wieso konntest du nicht einfach in Alaska paddeln gehen oder irgendein Land in Zentralasien zu Fuß durchqueren? Wieso konntest du nicht mit dem Fahrrad durch Australien fahren oder zumindest mit dem Geländewagen? Irgendwo hingehen eben, wo die Wildnis einem mitten ins Gesicht springt und man nicht jeden Stein einzeln umdrehen muss, um sie zu finden? Ein Abenteuer erleben, bei dem sich die Geschichte quasi von allein schreibt? Gedanken wie diese saßen so hartnäckig in meinem Kopf wie die Saatkrähen auf den brachliegenden Feldern um mich herum, krähten ähnlich unangenehm laut und schief, während ich die ersten Kilometer auf dem Albsteig zurücklegte. Jedes Mal, wenn der Weg sich fein und unscheinbar durch Mischwald wand, atmete ich erleichtert auf und sah voller Zuversicht in meine Zukunft als Wildnisreisende. Und jedes Mal, wenn der Weg sich über Schotterstraßen durch Felder und Siedlungen schlängelte, wogen die Zweifel an meinem Vorhaben schwer. Dann endlich: eine Hinweistafel für Wanderer. Gämsen sollte es hier in der

Gegend geben! Das musste diese Wildnis sein, auf die ich gewartet hatte. Die hausziegenähnlichen Tiere waren auch früher schon im Schwarzwald beheimatet, wurden aber bis zur Ausrottung bejagt. Seit 1930 sind sie dort wieder zu sehen, nachdem einige Exemplare aus der österreichischen Steiermark ausgewildert wurden. Gämsen lieben steiles Gelände, in den Alpen begegnet man ihnen daher oft. Deutlich öfter als ihren imposanten Verwandten, den Steinböcken. Aber auch im Schwarzwald scheinen sie sich pudelwohl zu fühlen. Geschätzte zweitausend Exemplare gibt es dort heute wieder, so las ich auf dem Schild. Und hielt dann an den Hängen und auf Wiesen angestrengt Ausschau nach den kleinen gebogenen Hörnern und den großen dunklen Augen. Mein Fernglas hing griffbereit an der Seite meines Rucksacks. Sollte ich auf ein paar Gämsen treffen, wollte ich die Möglichkeit nicht verpassen, sie näher unter die Lupe zu nehmen. Ganz so, wie ich es in den Alpen schon öfter getan hatte. Allerdings waren weit und breit keine zu sehen. Hatten sie die Hinweistafel etwa nicht gelesen?

Nachdem ich noch ein letztes Mal erfolglos mit zusammengekniffenen Augen die Umgebung gescannt hatte, setzte ich meinen Weg auf dem Albsteig fort. Der frühwinterliche Morgennebel ließ zögerlich ein paar erste Sonnenstrahlen durch, die mich bald schon dazu brachten, mich von der ersten meiner vielen Kleidungsschichten zu lösen. Und auch die steilen An- und Abstiege an den Rändern der wilden Albschlucht trugen ganz gewiss dazu bei, dass ich schnell im kurzärmligen T-Shirt unterwegs war und trotzdem noch schwitzte. Gerade mal rund fünfzig Kilometer lang ist das kleine Flüsschen Alb, das von seinen Quellen am Südhang des Feldbergmassivs bis in den Hochrhein an der Schweizer Grenze fließt. Hier in seinem unteren Verlauf weist es ein besonders starkes Gefälle auf und hat so eine tiefe Schlucht in den Granit gefräst. Einige Male kreuzte der Albsteig die Schlucht, und auf den Brücken stehend konnte ich der tosenden Alb ganz nah sein. Dann wieder führte der Wanderweg hoch oben an den Rändern der Schlucht entlang, von wo aus ich das Wasser oft nur noch hören und nicht mehr sehen konnte. Ein dichter Teppich aus herbstlich gefärbtem Mischwald verdeckte die Sicht und formte einen eigenen, bewundernswerten Anblick. Nachdem ich auf den ersten Kilometern die Einladungen sämtlicher Aussichtsbänke ausgeschlagen hatte, nahm ich nun endlich auf einer Platz und ließ die Welt auf mich und in mir wirken. Die Sonnenstrahlen waren so beschaffen, dass sie nicht nur auf mich schienen, sondern mitten in mich hinein. Sie waren mehr als die von der Sonne emittierte elektromagnetische Strahlung, die sich mit rund 300 000 Kilometern pro Sekunde durchs All bewegte, bevor sie von meiner Haut absorbiert wurde und dort Wärme erzeugte. Sie waren ein Portal in eine andere Gefühlswelt. Ich schloss die Augen und war für ein paar Momente nur noch Wärme und Licht, war das Tosen der Alb tief unter mir, war die Farben des Herbstes und der perlende Gesang des Rotkehlchens, das ein paar Meter entfernt auf einem Stein Platz genommen hatte. Rotkehlchen sind dankbare Vögel für alle, die Vögel lieben. Sie sind furchtloser und neugieriger als die meisten ihrer Artgenossen und dazu noch wunderbar anzusehen mit ihrer kugelrunden Form und den schwarzen Knopfaugen. Außerdem singen sie das ganze Jahr über, auch im Winter, oft noch in der späteren Dämmerung oder sogar nachts. Wenn man einen Vogel zu einer Tages- und Jahreszeit singen hört, zu der man das eigentlich nicht erwarten würde, stehen die Chancen gut, dass es sich dabei um ein Rotkehlchen handelt. Ich lauschte ihm für eine Weile und öffnete dann meine Augen wieder, um mit vorsichtigen Bewegungen mein Teleobjektiv aus dem Rucksack zu holen und auf meine Kamera zu schrauben. Handgriffe, die ich mittlerweile blind und ohne nachzudenken ausführen konnte. Immer öfter habe ich auf Touren nicht nur mein Fernglas dabei, sondern auch das lange Objektiv, obwohl das eine Kilo nicht gerade förderlich für ein angenehmes Rucksackgewicht ist. Die Möglichkeit, die ein oder andere Tierbegegnung nicht nur in meinem Kopf, sondern auch auf einer Festplatte speichern zu können, ist es mir wert, auch wenn es einem längst nicht jedes Fotomotiv so einfach macht wie dieses Rotkehlchen: Es wartete nicht nur geduldig, bis ich meine Prozedur beendet und ein paarmal auf den Auslöser gedrückt hatte, sondern drehte dabei auch noch den Kopf in perfekter Fotomodellmanier zur Seite und blickte freundlich in die Kamera. Im Nachhinein betrachtet gibt es von der ganzen Tour kein Foto, das bei mir die Erinnerungen daran so lebendig werden lässt wie dieses, obwohl darauf nicht mehr zu sehen ist als ein herkömmliches Rotkehlchen auf einem ziemlich durchschnittlichen bemoosten Stein. Doch es sollte überhaupt nicht das Rotkehlchen sein, das mir auf dieser Wanderung zu einer besonderen Erkenntnis verhalf. Einer, die maßgeblich für den Rest meiner Erkundungstouren für dieses Buch und damit auch für dieses Buch selbst werden sollte.

»Wildromantisch« ist ein Wort, das bei mir direkt Assoziationen mit Werbeprospekten in Tourismusinformationen hervorruft. Ich fürchte, es gibt kein Flusstal in Deutschland, welches nicht an irgendeiner Stelle mit diesem Wort beschrieben wird. Für die Beschreibung des Albtals mit seinen klammähnlichen Passagen, Wasserfällen und Gletschertöpfen, den vermoosten Felsblöcken und farnbewachsenen Ufern vor wilder Waldkulisse gibt es aber wohl wirklich kein besseres. Der Albsteig führte mich an Orte, die einen vergessen lassen konnten, dass so etwas wie echte Wildnis im Sinne von größeren, zusammenhängenden Naturräumen, in denen sich die Natur ohne menschliches Zutun frei entwickeln darf, in Deutschland so gut wie gar nicht mehr existiert. Dass umgestürzte Baumstämme, die nicht möglichst schnell aus dem Weg geräumt werden, die Ausnahme und nicht die Regel sind. Zwei Prozent hätten es bis Ende 2020 eigentlich werden sollen. Zwei Prozent der Landesfläche sollten laut der »Nationalen Strategie zur biologischen Vielfalt«, die die Bundesregierung 2007 beschlossen hat, zu geschützten Wildnisgebieten erklärt werden. Und biologische Vielfalt wird dabei als nicht weniger als »[…] die Grundlage einer langfristig gesicherten Existenz des menschlichen Lebens auf der Erde« definiert, wie auch auf der Webseite des Bundesministeriums für Umwelt, Naturschutz, nukleare Sicherheit und Verbraucherschutz nachzulesen ist. Offenbar war eine langfristig gesicherte Existenz aber nicht Grund genug, um zumindest die angepeilten zwei Prozent Wildnis umzusetzen und der Natur damit Raum zur freien Entfaltung zu geben. Der Anblick dieser wilden Abschnitte des Albtals gab mir dennoch Hoffnung für mein Vorhaben, trotz dieser erschreckend geringen Zahl vielleicht nicht »die richtige«, aber immerhin meine ganz persönliche Wildnis in Deutschland zu finden. Genug davon zu finden, um ein ganzes Buch darüber zu schreiben, dessen Fazit zumindest nicht gänzlich niederschmetternd ist. Doch der Anblick von den tiefen Spuren eines Vollernters auf einem ganz und gar nicht wildromantischen Forstweg ließ die Hoffnung kurze Zeit später wieder im Keim ersticken, so wie die Last der tonnenschweren Forstmaschine die Hoffnung auf Leben unter sich mit einer einzigen Bewegung zerquetschte.

In ihrem mittleren Verlauf wurde die Alb flacher und breiter, ihr Lauf ruhiger und weniger dramatisch, gedämpft durch allerlei menschliches Zutun wie das Errichten einer Staumauer und das Begradigen von Ufern. Und gemeinsam mit dem Wasser hat sich auch meine nervöse Erwartungshaltung beruhigt. Nach und nach hörte ich auf, über das, was ich tat, nachzudenken, sondern tat es einfach. Genoss schlicht die Sonne, den Wind und das Gehen selbst, ohne zu suchen oder zu bewerten. Auch die Wasseramsel, die plötzlich durch mein Sichtfeld schwirrte, hatte ich nicht gesucht. Und wenn überhaupt, hätte ich das eher weiter flussabwärts getan, dort, wo die Alb besonders schnell fließt und wo zahlreiche Steine und Felsblöcke der Wasseramsel genügend Startplätze für ihre Tauchgänge bieten. Schon in meinem ersten Buch habe ich dem einzigen Singvogel, der seine Nahrung unter Wasser sucht, einen ausführlicheren Abschnitt gewidmet. Denn er ist mir in den vergangenen Jahren an vielen Orten der Welt begegnet. In Finnland, Kirgistan oder den USA, aber auch direkt vor der Haustür. Wurde so für mich persönlich zu einer kraftvollen Erinnerung daran, dass die Natur nichts von der Definition irgendwelcher Bundesministerien weiß und dass meine Faszination für sie nicht an einen bestimmten Ort, sondern vor allem an meine eigene Wahrnehmung gebunden ist. Diese tief greifende Erkenntnis war es, die mir überhaupt erst die Idee und die Motivation für dieses Buch gab. Denn man muss natürlich unterscheiden zwischen der Wildnis als physischem Ort und ökologischer Kategorie – wie die Kernzone eines deutschen Nationalparks oder die weitläufigen Tundralandschaften im Norden Alaskas – und Wildnis als »state of mind and heart«, als Zustand des Geistes und des Herzens, wie der US-amerikanische Autor und Fotograf Ansel Adams sie beschrieb. Letztendlich ist Wildnis beides, muss beides sein. Wir brauchen natürliche, echte Wildnis für das Gleichgewicht der Ökosysteme und damit für unser eigenes Wohlergehen, ja sogar Überleben. Und wir brauchen das Gefühl von Wildnis für unser inneres Glück – zumindest ich brauchte das. Ich hoffte, auf meiner Reise durch Deutschland zumindest Fragmente von beidem zu finden. Nicht nur am oberen Ende des Spektrums, sondern auch dort, wo Wildnis im Kleinen stattfindet. Denn letztendlich ist die verwilderte Hecke im Garten nicht per se weniger bewunderns- und gleichzeitig schützenswert als die Kernzone eines Nationalparks und die Wasseramsel an der begradigten Alb nicht weniger faszinierend als der Andenkondor in Patagonien. Ich setzte mich an den Rand der Uferböschung und verfolgte jeden ihrer Tauchgänge mit altbekannter Faszination. Und mir wurde klar, was ich eigentlich schon wusste: Wenn man draußen unterwegs ist, passieren Dinge mit einem, um einen herum. Ob man will oder nicht, ob man danach sucht oder nicht. Und die wunderbarsten Dinge passieren auch da draußen oft genau dann, wenn man nicht damit rechnet. Wenn man keine Erwartungen hat, sondern sich einfach auf den Weg macht und beobachtet, was passiert. In diesem Moment beschloss ich, nicht mehr an mein Buch zu denken. Nicht mehr an Wildnis zu denken, sie nicht regelrecht heraufzubeschwören. Denn Wildnis ist etwas, was man einfach geschehen lassen muss, und genau das wollte ich tun.

Am nächsten Morgen hatte der hereinbrechende Winter den wundervoll sonnigen Spätherbst der letzten beiden Tage mit einer einzigen, auf der Gesichtshaut stechenden Böe fortgefegt. Ich trug nach einem kurzen Temperaturtest auf dem Balkon all meine Jacken übereinander – Fleecejacke, Thermojacke, Regenjacke, zusammen mit Handschuhen und Mütze –, als ich meine Unterkunft verließ. Noch am Abend zuvor war ich in warmer Abendsonne, begleitet vom Läuten der Ziegenglocken, durch das Menzenschwander Tal bis dorthin gewandert. Eingerahmt von bunt gefärbtem Mischwald und in dem warmen Licht hatten selbst die wuchtigen Schwarzwaldhäuser mit ihrem dunklen Holz und den auf allen Seiten tief heruntergezogenen Walmdächern freundlich ausgesehen.

Durchgangsverkehr gibt es im Menzenschwander Tal keinen, und so umgab mich an diesem Morgen eine ganz besondere Ruhe, obwohl zwei absolute Schwarzwald-Hotspots – der Schluchsee und der Feldberg – von dort aus zum Greifen nah sind. Am Ende des Tals hat sich die Alb in hartes Gestein gegraben, und die Menzenschwander Wasserfälle stürzten sich vor meinen Augen von bis zu dreißig Meter hohen Felsflanken. Ein kleiner Pfad führte mich an ihnen vorbei und in Kehren bergauf. Als mich ein Holzschild auf alpine Verhältnisse hinwies und mir entsprechendes Schuhwerk empfahl, hätte ich ihm fast geglaubt (aber auch nur fast). An der Passhöhe kurz unterhalb des Feldbergs angekommen, begann es zu schneien – keine dicken Flocken, sondern feine Nadeln, die unaufhörlich die Gesichtshaut malträtieren, und beim ersten Schneefall des Jahres sind die immer besonders unangenehm. Ich zog den Kragen meiner Jacke bis zur Nase hoch und folgte den verlassenen Skipisten bergauf, die mit dieser feinen weißen Schicht nicht mehr ganz so traurig aussahen, wie sie es im Sommer tun. Mit zunehmender Höhe wurde auch das Wetter schlechter – kein Wunder, dass ich hier oben ganz allein unterwegs war.

Auf die Aussicht vom 1415 Meter hohen Gipfel des Herzogenhorns – nach dem Feldberg der zweithöchste Gipfel des Schwarzwalds und der höchste Punkt des Albsteigs – musste ich verzichten. Normalerweise könnte man von dort aus über den Schwarzwald bis zu den Vogesen und den Alpen blicken, vielleicht sogar Eiger, Mönch, Jungfrau und andere Bergriesen des Berner Oberlands erspähen. Stattdessen erspähte ich ein Gipfelkreuz im Nebel. Trotz eisigem Wind und Schneegestöber legte ich eine kleine Rast ein. Das Spannende an aussichtslosen Gipfeln ist ja, dass die so ziemlich überall sein könnten. Und dass man sich darauf konzentrieren muss, was das Gipfelerlebnis neben der Aussicht sonst noch besonders macht. Neben dem Erfolgsgefühl nach einem langen Aufstieg ist das nun mal auch das Stück Schokolade und der Schluck aus der Thermoskanne, und manchmal sind die ehrlich gesagt sogar wichtiger als der Ausblick selbst. Die meisten aussichtslosen Gipfel habe ich bisher in Regionen wie den Britischen Inseln oder Skandinavien erlebt. Aber nicht nur der Nebel, sondern auch die mit kurzem braunen Gras überzogenen und sonst eher vegetationslosen Hänge erinnerten mich an diese Touren. Genauso wie dort ist auch die Vegetation am Herzogenhorn eine Mischung aus Abholzung, Beweidung und Widerstand gegen raue klimatische Bedingungen. Den vereinzelten verwitterten Bäumen, die oft eher Skelette waren, konnte man das gut ansehen. In meinem Herzen ist ein spezieller Ort für Landschaften wie diese reserviert, und auch der Südschwarzwald fand an diesem Tag seinen Platz dort. Zusammen mit meiner letzten Packung Weingummis und dem Gedanken, dass es nicht so sehr darauf ankommt, was man sieht (oder eben nicht), sondern wie man auf etwas blickt. Dass man mit dem Herzen mehr sehen kann, als man es mit den Augen je könnte. Und wenn man genau hinguckt, dann reicht das Panorama vom wolkenverhangenen Südschwarzwald plötzlich bis in die schottischen Cairngorms, die Brooks Range in Alaska oder zumindest bis in die bayerischen Alpen ...

Kapitel 2

HEIMAT UND NEULAND

Newtons Gravitationsgesetz besagt, dass die Schwerkraft der Erde schwächer wird, je weiter etwas von ihr entfernt ist. Ein Körper, der auf der Erde hundert Kilogramm wiegt, würde zehntausend Kilometer von ihr entfernt nur noch fünfzehn Kilogramm auf die Waage bringen. Ich war allerdings keinen einzigen Meter von ihr entfernt, sondern befand mich unmittelbar auf der dünnen Grenzfläche zwischen Erdkruste und Atmosphäre. Die einzige logische Schlussfolgerung: Irgendetwas war mit der Erde kaputt. Denn sich so leicht zu fühlen war eigentlich unmöglich auf der Oberfläche eines Planeten, der mit 9,81 Newton pro Kilogramm jegliche Masse an sich heranzieht. Das – oder ich hatte es doch irgendwie auf den Mond geschafft, wo die Schwerkraft immerhin nur noch ein Sechstel von der Gravitation der Erde beträgt. Auf dem Mond kann man rund drei Meter hochspringen und etwa vier Sekunden in der Luft verweilen, bevor man wieder auf seiner Oberfläche landet. Ja, das klang durchaus machbar für mich, obwohl es um mich herum doch bestechend irdisch aussah. Ich hatte gerade erst den kleinen Fährhafen von Lindau hinter mir gelassen, wo bereits in den frühen Morgenstunden die ersten Touristen Plastikstühle und Uferbänke besetzt hatten. Jetzt schwappte der Bodensee fast leblos neben mir, das gegenüberliegende Ufer des größten Binnensees Europas kaum sichtbar in der Ferne. Dazwischen eine große Fläche funkelndes, leicht gewelltes Wasser, hier und da ein regungslos schwimmender Schwan und ein paar Frühaufsteher auf perfekt ausbalancierten Paddleboards, mehr herumstehend als paddelnd. Ich hörte nicht viel, nur den kreischend durch die Luft schneidenden Ruf einiger Lachmöwen. Und das gleichmäßige, leichtfüßige Tap-tap-tap meiner Trailrunner auf dem Schotterweg. Ungefähr einhundertsiebzig Schritte pro Minute, angeführt von Beinen, die sich wie von allein bewegten, frei von Schwere und Mühe. Das verglichen mit meinen üblichen Laufrunden ungewohnt hohe Gewicht auf meinem Rücken schien ihnen nichts auszumachen. Und die Herausforderung, die vor mir lag, schien sie nicht im Geringsten zu irritieren. Ich könnte das für immer tun, ich will das für immer tun, einfach nie wieder aufhören, das war alles, was ich auf diesen ersten Kilometern denken konnte. Und: Vielleicht wird das alles ja gar nicht so anstrengend wie angenommen. Es war der trügerische Rausch von Endorphinen und Adrenalin, der mir zu dieser Annahme verholfen hatte. Denn es sollte ziemlich genau so anstrengend werden. Und noch vieles mehr.

In der deutschen Sprache gibt es kein gutes Wort für »laufen«, kein Äquivalent für Ausdrücke wie das englische *running* oder das niederländische *hardlopen*. Wenn man sagt, dass man einen Marathon laufen möchte, weiß natürlich jeder, was damit gemeint ist. Wenn man sagt, dass man den Maximiliansweg laufen möchte, dann sieht die Sache schon ganz anders aus. Joggen ist jedenfalls nicht das richtige Wort. Joggen ist eher das, was man sonntagmorgens zwischen Bett und Bäcker macht, in Schlabberhosen und Kapuzenpulli, um zumindest einmal pro Woche ein bisschen Sport getrieben zu haben. Rennen hingegen klingt zu sehr nach Arbeit, nach sehr kurzen Laufhosen und roter Tartanbahn. Laufen liegt ziemlich genau dazwischen, wird aber oft auch gleichbedeutend für Gehen und Wandern benutzt. Und diese Tatsache stellte mich seit einigen Jahren in meinem beruflichen und privaten Leben regelmäßig vor größere Kommunikationsprobleme. »Hab eine schöne Wanderung!«, rief mir eine Freundin noch über die Schulter zu, nachdem wir uns am Abend vor Start meines Abenteuers verabschiedet hatten. Ich hatte vorher eher beiläufig erwähnt, dass ich die kommenden zehn Tage vom Bodensee an den Königssee »laufen« wollte. Dass ich dafür durchschnittlich zweiundvierzig Kilometer und zweitausend Höhenmeter pro Tag zurücklegen würde, mit leichten Trailrunningschuhen an den Füßen und mit allem, was ich brauchte, in einem kleinen Sechzehn-Liter-Laufrucksack verstaut, hatte ich nicht angesprochen. Ich ließ ihren Wunsch daher einfach mal fürs Erste so stehen, lächelte und bedankte mich. Die Wahrheit würde sie dann schon noch früh genug erfahren. Und ich selbst auch. Denn ich hatte keine Ahnung, wie und ob ich den Königssee in zehn Tagen wirklich erreichte. Und somit war es bestimmt keine schlechte Idee, die Erwartungen anderer eher niedrig zu halten. Auch wenn meine eigenen durchaus etwas höhergesteckt waren: »So viel laufen wie möglich, so wenig gehen wie nötig« lautete mein gleichzeitig bewusst ungenau formuliertes und doch in die Pflicht nehmendes Ziel. Und natürlich glücklich, gesund und mit zwei intakten Beinen am anderen Ende des bayerischen Alpenkamms anzukommen.

Die ersten zwanzig Kilometer meiner Tour führten mich einmal rund um die äußerste Ostspitze des Bodensees. Nach und nach füllte sich die Uferpromenade zwischen Lindau und Bregenz mit Spaziergängern und Radfahrern. Normalerweise ist es nicht meine Art, meine Emotionen allzu offen auf meinem Gesicht vor mir herzutragen. Doch jetzt konnte ich mir ein breites Grinsen in Richtung jedes einzelnen Gesichts, das mir an diesem Morgen begegnete, nicht verkneifen. Ich war tatsächlich hier, obwohl ich morgens noch erst die U-Bahn und dann den Zug verpasst hatte, obwohl ich den Verschluss meiner Trinkblase nicht gefunden hatte und dann zu allem Überfluss noch meine mit klebrigen Elektrolyten gefüllte Flasche im Rucksack ausgelaufen war. Ich war hier, obwohl ich bis zum Schluss nicht wirklich daran geglaubt hatte. Ich war hier, ich *lief* hier, obwohl ich bis vor zweieinhalb Jahren noch gedacht hatte, dass das mit dem Laufen und mir wohl nie etwas werden würde. Weil ich es schon so oft versucht hatte und nie wirklich dabeigeblieben war, immer von irgendeiner Verletzung oder schlichtweg von akuter Laufunlust heimgesucht worden war. Weil ich eben ganz offensichtlich einfach nicht zum Laufen geboren war, und das galt es ein für alle Mal zu akzeptieren. Auch wenn das Bedürfnis zu laufen in regelmäßigen Abständen in mir aufkeimte.

Dann kam Schweden, die Reise, mit der mein letztes Buch geendet hat. Zwei Monate hab ich dort in einem kleinen rot-weißen Haus verbracht, ganz allein, im Winter, um mein Buch zu schreiben, oder zumindest damit zu beginnen. Meine tägliche Fünf-Kilometer-Runde wurde zum lieb gewonnenen und wichtigen Ritual. Anfangs noch spazieren gehend, dann immer öfter laufend, bis aus den fünf Kilometern irgendwann zehn wurden und ich einfach nicht mehr mit dem Laufen aufgehört habe. Nach Schweden nicht, nach meinem ersten Halbmarathon nicht, nach meinem ersten Berglauf nicht und nach meiner ersten Ultramarathondistanz auch nicht. In dem Moment nämlich, in dem ich aufgehört hatte, das Laufen als etwas zu betrachten, was ich tun *musste*, wurde es zu etwas, was ich tun *wollte*. Ich lief nicht, weil ich eine Läuferin werden wollte oder weil ich irgendein höheres Ziel verfolgte. Ich dachte nicht darüber nach, wie weit oder schnell ich lief, oder gar, wie weit und schnell andere Menschen liefen. Machte mir keine Sorgen darum, ob ich morgen oder gar nächste Woche auch noch laufen würde. Ich ging einfach nur laufen, weil ich es wollte und konnte, an diesem Tag, in diesem Moment. Und wenn ich danach nie wieder meine Laufschuhe schnüren würde, dann wäre das eben so. Glücklicherweise habe ich sie am nächsten Tag wieder geschnürt, und an vielen Tagen danach. Seit diesen ersten Läufen auf den vereisten Straßen im winterlichen Südschweden hat sich das Laufen schlichtweg zu einer der wichtigsten Konstanten in meinem Leben entwickelt. Die Gründe dafür sind so zahlreich, dass ich sie in einem Buchkapitel gar nicht alle aufzählen kann. Aber einer der wichtigsten ist wohl, dass das Laufen meine regelmäßige, ziemlich kraftvolle Erinnerung daran ist, dass ich Dinge tun kann, von denen ich nicht gedacht hätte, dass ich sie tun könnte. Ich bin vielleicht nicht zum Laufen geboren wie manch andere Menschen. Aber ich bin nach und nach an einen Punkt gelangt, an dem es sich wie ein Teil von mir anfühlte. Und an dem sich selbst zwanzig Lauf-Kilometer (manchmal) nach nicht besonders viel anfühlten. An diesem Morgen am Bodensee fühlten sie sich nach nichts an. Und gleichzeitig nach allem, was mir wichtig war.

Auf dem Jupiter ist die Schwerkraft in etwa zweieinhalbmal so hoch wie auf der Erde. Ein Mensch mit siebzig Kilogramm Körpergewicht würde dort also rund einhundertfünfundsiebzig Kilogramm wiegen. Einhundertfünfundsiebzig Kilogramm, das kam in etwa hin. Zumindest, was das geschätzte

Gewicht pro Bein anbelangte. Es lagen nur noch eine Handvoll Kilometer bis zum ersten Ziel meiner Etappe vor mir, über eine kleine Asphaltstraße in welligem Gelände. Die Hitze des Tages war weitestgehend verflogen, um mich herum fiepten und zirpten die Grillen auf grünen Weiden, Kühe nahmen ihr Frühstück noch mal als Nachmittagssnack ein, und ein alter, kleiner Traktor schob sich gemächlich hinter mir den Hügel hinauf. Beste Bedingungen für ein idyllisches Nachmittagsläufchen eigentlich – zumindest, wenn man nicht schon einen Marathon und über tausend Höhenmeter hinter sich hatte. Meine kläglichen Versuche, die letzten Kilometer bis zu meiner Unterkunft noch laufend zurückzulegen, wurden zunehmend von Gehpausen unterbrochen. Es schien mir zeitweise schlichtweg unmöglich, meine Beine in nennenswertem Maß und adäquater Geschwindigkeit vom Boden zu heben, irgendwie durch die Luft zu befördern und etwas weiter vorne wieder aufzusetzen. Eine kurze Gehpause verschaffte da weniger den Beinen als vielmehr dem Kopf Erholung, der durch seine ständige Überredungsarbeit zunehmend ausgelaugt war. Und hatte ich mir einmal die erste Gehpause erlaubt, war die Hemmschwelle für die zweite, dritte und vierte leider in der Regel schockierend niedrig. Irgendwie schaffte ich es trotzdem noch, die Masse meines Körpers den letzten Hügel hinaufzubefördern, und zwar sogar im Laufschritt (oder so etwas Ähnlichem), bevor ich vor dem örtlichen Supermarkt die Etappe für beendet erklären konnte. Ich schmiss wahllos kohlensäurehaltige Getränke, Essen für den Abend und Proviant für den nächsten Tag in meinen Korb und brauchte an der Kasse viel zu lange, um mich an die PIN für meine EC-Karte zu erinnern.

In meiner Unterkunft angekommen, ließ ich das ziemlich einladend aussehende Bett vorerst links liegen, auch wenn das schwerfiel. Stattdessen wusch ich mich und meine Kleidung gleichzeitig, spülte meine Trinkflaschen aus und sortierte meine Ausrüstung für den nächsten Tag. Dann hatte ich endlich alles erledigt, was notwendig war, um mich gemeinsam mit meinen Essenseinkäufen hinzulegen und für den Rest des Abends nicht mehr aufstehen zu müssen. Sowohl mein Körper als auch mein Kopf befanden sich in einem seltsamen Zustand irgendwo zwischen lähmender Erschöpfung und aufgekratzter Energie. Ich hatte Hunger, konnte aber kaum essen. War müde, aber fühlte mich nicht nach Schlafen. Es war bewundernswert, wie viele verschiedene Zustände man in ein und demselben Moment einnehmen konnte, wie viel man an ein und demselben Tag fühlen konnte. Und dann musste ich doch noch mal aufstehen, weil ich vergessen hatte, meine Beine mit der spontan im Supermarkt erstandenen kühlenden Salbe zu bearbeiten. Ich hatte durchaus ein bisschen Angst vor dem nächsten Tag.

König Maximilian II. Joseph von Bayern wollte im Jahr 1858 sein Reich etwas besser kennenlernen und unternahm zu diesem Zweck eine Reise entlang der bayerischen Alpen. Vom Bodensee zum Königssee, per Kutsche, zu Pferd und manchmal auch zu Fuß. 1991 eröffnete der Deutsche Alpenverein den Fernwanderweg, der nicht nur den königlichen Namen teilt, sondern auch grob der Route Maximilians folgt. Vom Bodensee aus ein kurzes Stück durch den österreichischen Bregenzer Wald, dann zurück nach Bayern durch die Allgäuer und Ammergauer Alpen, die bayerischen Voralpen und die Chiemgauer Alpen bis in die Berchtesgadener Alpen und schlussendlich zum Königssee bei Berchtesgaden. Alles Namen, die ich kannte, viele Touren hatte ich dort schon geplant und manche davon auch unternommen. Und die liefen dann meistens wie folgt ab: morgens hin, abends zurück, dazwischen ein Anstieg, ein Gipfel und jede Menge Staus oder verspätete Züge. Das ist es, was man als in München lebender Mensch oft mit den ersten Reihen der bayerischen Alpen verbindet. Für »richtige« Touren fährt man dann doch lieber in die »richtigen« Berge. Dorthin, wo man nicht auf einer Seite langweiliges, plattes Voralpenland hat und sich die Anfahrt für eine Tagestour nicht lohnt. Es war längst überfällig, dass ich diesen Bergen endlich mal die Aufmerksamkeit schenkte, die sie zweifelsohne verdient hatten. Nicht zuletzt, weil sie eben doch mein Zuhause waren. Und weil sie maßgeblich an der Entdeckung meiner Outdoor- und Wanderliebe beteiligt gewesen waren: Hier hatte ich meine allerersten Wanderungen unternommen, von ein paar Kindheitsurlauben in den Alpen mal abgesehen. Erst mit Freunden, dann solo, aber in Begleitung von unserem damals noch ziemlich jungen Familienlabrador Noah. Noah ist heute zwölf Jahre alt, und unsere letzte gemeinsame Bergwanderung haben wir vor einem Jahr gemacht. Eine Neujahrstour auf den Fockenstein nahe dem Tegernsee. Zu einer Uhrzeit, als die meisten Wanderer noch ihren Silvesterrausch ausschliefen und wir die verschneite Bergwelt rund um den eigentlich beliebten bayerischen Voralpen-Gipfel fast für uns allein hatten. Ich wusste, dass es unsere letzte gemeinsame Bergtour sein würde, denn mehrstündige Wanderungen mit vielen Höhenmetern waren für einen betagten Labrador mit beginnenden Gelenkproblemen nicht mehr die beste Wahl. Auch wenn Noah an diesem Tag ziemlich genauso durch den Schnee hüpfte und von Felsblock zu Felsblock kletterte wie eh und je.

Meine Tour auf dem Maximiliansweg brachte mich zurück zu unserem letzten gemeinsamen Berg und zu vielen weiteren mir bekannten Orten. Zu Gipfeln, Hütten, Tälern, Seen. Zu

Fragmenten meiner bayerischen Heimat. Einzelnen Puzzleteilen, die ich irgendwann schon mal gesehen hatte, teilweise sogar mehr als einmal. Nur wie das fertige Puzzle aussah, das wusste ich nie so wirklich. Das Laufen war für mich der ideale Weg, dieses Puzzle zusammenzusetzen und in seiner Gänze zu betrachten. Denn es gibt keine Fortbewegungsform, die mich Weite intensiver spüren und erfassen lässt und mir ein besseres Gefühl für Distanzen vermittelt als diese.

Pünktlich um halb fünf Uhr morgens holte mich mein Wecker aus dem Schlaf. Es dauerte eine Weile, bis ich meine Augenlider bewegen konnte, und noch länger, bis ich meinen Körper dazu überreden konnte, die Horizontale zu verlassen. Unbeholfen humpelte ich ins Bad, wobei das Humpeln eher eine unterbewusste Vorsichtsmaßnahme war als akuter Bedarf. Ich spürte jeden einzelnen Muskel in meinem Körper, aber keiner davon tat sich als besonders schmerzend hervor. Noch nicht mal meine Schultern, mit denen ich in Anbetracht des beim Laufen ungewohnten Gewichts auf meinem Rücken fest gerechnet hatte. Eine heiße Dusche, einen Instantkaffee, eine Banane und zwei Reiswaffeln später trat ich ins halbdunkle Morgenlicht hinaus. Und als ich nach einigen Stunden an den östlichen Ausläufern der Nagelfluhkette ankam, hatte ich um zehn Uhr morgens bereits etwas hinter mir, was man unter anderen Umständen getrost als Tagestour bezeichnen könnte. Glücklicherweise hatten sich die Regenwolken und ihre Schauer, die mich den Morgen über begleitet hatten, mittlerweile verzogen. Für den weiteren Teil meiner Etappe konnte ich wirklich keinen Regen gebrauchen. Die Überschreitung der Nagelfluhkette ist eine der schönsten Grat- und Kammwanderungen, die man am Rand der Alpen unternehmen kann. Man ist dabei aber nicht nur wegen der Aussicht, die an guten Tagen vom Bodensee bis zur Zugspitze reicht, sondern auch wegen der oftmals exponierten Lage auf gutes Wetter angewiesen. Ich hatte diese Tour schon lange irgendwo im Hinterkopf gehabt, aber wie so viele andere bisher nie in die Tat umgesetzt. Die Vorfreude darauf, dass es nun endlich dazu kam, erleichterte mir die achthundert Meter Aufstieg zum Hochgrat: dem höchsten Gipfel der Bergkette und dem ersten von sechs Gipfeln, die ich an diesem Tag überschreiten würde. Der bloße Gedanke an die vielen Ab- und Gegenanstiege, die dazwischenlagen, ließ meine schon jetzt ziemlich mitgenommene Wadenmuskulatur allerdings ein wenig erschaudern.

Nagelfluh ist die Bezeichnung für eine Art von Gestein, welche vor allem am Rand der Alpen zu finden ist. Das Gestein besteht eigentlich aus einzelnen Flusskieseln, die durch ein sandig-kalkiges Bindemittel miteinander verklebt wurden. Der Name des Gesteins rührt daher, dass es aussieht wie Nägel, die tief in den Stein geschlagen wurden. Entstanden ist es vor etwa zwanzig Millionen Jahren, dort, wo die mächtigen Alpenflüsse durch klimatisch bedingte Sturzfluten besonders große Mengen an Kies ins Alpenvorland geschwemmt haben. Der abgelagerte Kies wurde durch Kalk und Druck regelrecht miteinander verklebt und durch den Druck der Kontinentalplatten zu denjenigen Berggipfeln und Felswänden aufgefaltet, die man heute als Nagelfluhkette bezeichnet. Die felsigen und bewaldeten Rippen mit den dazwischenliegenden grünen Almböden sind einer der markantesten Anblicke im bayerischen Alpenraum. Wie ein Skelett aus längst vergangenen Zeiten, das Stück für Stück von den Elementen freigelegt wurde und auf dessen Wirbelsäule ich langsam von einem Ende zum anderen balancierte. Zu Beginn noch in Begleitung einiger Tagesausflügler, die Gebrauch von der Seilbahn auf den Hochgrat gemacht hatten, bald aber schon ausschließlich in meiner eigenen Gesellschaft. Ich kam gut voran, auch wenn die vielen An- und Abstiege gleichermaßen an meinen Kräften zehrten und der ein oder andere drahtseilgesicherte Abschnitt auch an meinen Nerven. Ich zählte die Kilometer und Höhenmeter bis zum Etappenende und wollte gleichzeitig nicht, dass diese Etappe jemals zu Ende ging. Ich genoss es, über die schmalen Pfade zu laufen, und nahm mir gleichzeitig die Zeit, an jedem Gipfelkreuz innezuhalten, mich für eine Weile ins Gras zu setzen, die Waden zu massieren und die Umgebung auf mich wirken zu lassen. Fast mehr noch als die Reihen der Nagelfluhkette und das gezackte Panorama der Hauptalpen beeindruckte mich die andere Seite der Aussicht. Dort, wo die Alpen nicht etwa in Wellen auslaufen, sondern ganz abrupt in einer Ebene enden, die von oben betrachtet mindestens so flach schien wie Ostfriesland. Auf der Seen wie große Pfützen unter mir lagen, in einem Mosaik aus verschiedensten Grüntönen. Auf dieser Grenze zwischen den Welten unterwegs zu sein, sich weder der einen noch der anderen so richtig zugehörig zu fühlen, war für mich schon immer ein ganz besonderes Gefühl von Freiheit gewesen. Und eines, das man wirklich nur dort, in den ersten Reihen der bayerischen Alpen findet.

Auch wenn nicht jeder der bayerischen Alpenräume ein so markantes Erscheinungsbild hat wie die Nagelfluhkette, hat doch jeder von ihnen seinen eigenen Charakter. Und die Ammergauer Alpen waren darunter zweifelsohne meine Lieblinge. Sie bilden das größte Naturschutzgebiet Deutschlands, sind sowohl landschaftlich als auch geologisch besonders abwechslungsreich. Hier findet man messerscharfe Grate, steile Felswände und schrofendurchsetzte Grashänge, hoch aufragende Türme und kantige Felskonstrukte, tosende Wildbäche und stürzende Wasserfälle, aber auch sanfte Hügel und saftige Wiesen, unterbrochen von weitläufigen Moorgebieten. Bei gutem Wetter warten die Ammergauer mit großartigen Aussichtskanzeln auf und bei schlechtem Wetter mit nebelverhangenen Luftschlössern. Beim Blick auf den Wetterbericht konnte ich eher auf Letzteres hoffen, und eigentlich war mir das auch die liebste Variante der Ammergauer Berge. Nichtsdestotrotz war es am vierten Morgen meiner Tour besonders schwer, wieder in die Laufschuhe zu schlüpfen. Oder überhaupt nur aus dem Bett zu kommen. Nicht nur, weil der Regen draußen so laut war, dass er fast das Klingeln meines Weckers übertönte, obwohl ich ihn in Anbetracht meiner zunehmenden Morgenmüdigkeit besonders laut eingestellt hatte. Auch war ich am Abend mit stechenden Schmerzen im rechten Fuß ins Bett gegangen. Nun wollte ich den Moment, in dem ich auftrat und somit herausfand, ob er immer noch wehtat, so weit wie möglich hinauszögern. Neben meinem Bett lag eine zur Hälfte geleerte Box mit asiatischen Bratnudeln, die ich kurzerhand vom Abendessen im Bett zum Frühstück im Bett umdeklarierte. Ein heißer Kaffee dazu wäre nicht schlecht gewesen, wenn nicht sogar überlebensfördernd, aber es gab weder Wasserkocher noch Automaten im Hotel, und um fünf Uhr morgens wurde den Gästen hier leider auch noch kein Frühstück serviert. Ich aß so viele Nudeln, wie mein Magen mir gestattete, und ging anschließend ins Bad, um alles mit Leitungswasser hinunterzuspülen. Abgelenkt durch das ungewohnte Gefühl von scharfer Srirachasoße zu dieser Tageszeit, hatte ich für ein paar Momente nicht mehr an meinen Fuß gedacht – und da war auch nichts, was mich an ihn erinnert hatte. Keine Schmerzen, oder zumindest fast keine, ich schöpfte Hoffnung – doch kaum hatte ich die ersten

Schritte draußen zurückgelegt, kam die Ernüchterung. Mein Fuß tat genauso weh wie am Vortag, vielleicht sogar noch ein bisschen mehr. Vermutlich ist dies der Tag, an dem ich meine Tour abbrechen muss, so dachte ich mir. Aber hey, immerhin bin ich bis hierher gekommen, hatte es überhaupt erst versucht, und die letzten Tage waren zwar ziemlich anstrengend, aber auch sehr bereichernd gewesen. Und außerdem hatte ich ja immerhin fast die Hälfte geschafft! Das war doch etwas, womit man zufrieden sein konnte, oder? ODER?? Ich lief trotz der Schmerzen weiter, einfach nicht bereit, jetzt schon aufzugeben, wobei schlurfen vielleicht die bessere Umschreibung wäre. Ich schlurfte auf einer Landstraße durch regennasses Grau und versuchte, die dunklen Gedanken in meinem Kopf auszuschalten, aber gleichzeitig realistisch zu bleiben. Beides war schwierig, auch weil ich immer noch keinen Kaffee gefunden hatte. All meine Hoffnung ruhte nun auf Hohenschwangau, dem kleinen Ort, der eigentlich vor allem aus Parkplätzen, Souvenirshops und Restaurants für die Besucher von Schloss Neuschwanstein besteht. Besucher gab es so früh an einem verregneten Morgen allerdings nicht, ein offenes Café auch nicht. Ab hier lagen mehrere Stunden durch die Berge vor mir, bevor ich auf die Kenzenhütte treffen würde – eine der wenigen Alpenhütten in Bayern, in denen ich schon mal eine Nacht verbracht hatte. Und auch wenn ich eigentlich gar nicht so kaffeesüchtig bin, wie es gerade vielleicht den Anschein haben mag, hatte ich das drängende Gefühl, dass ich diese Stunden unter den aktuellen Umständen nur mithilfe einer heißen, schwarzen, koffeingetränkten Brühe in Angriff nehmen konnte. Kurz bevor ich von der Straße auf einen kleinen Wanderpfad einbog und schon fast jede Hoffnung auf Kaffee aufgegeben hatte, erspähte ich einen Kiosk. Die roten Sonnenschirme waren noch eingeklappt, die Scheibe geschlossen, aber im Inneren sah ich Licht und Bewegung. Kurz entschlossen klopfte ich an die Scheibe, die sich daraufhin einen Spalt öffnete. Ob es vielleicht schon Kaffee gebe, fragte ich. Es gab schon Kaffee. Und dazu wurde sogar extra für mich ein Schirm aufgespannt und der Tisch trocken gewischt. Kleine Gesten an einem schwierigen Morgen, die mir fast die Tränen in die Augen trieben. Ich glaube nicht, dass ich schon mal so dankbar für ein Gebräu gewesen war, das zu fünfzig Prozent nach Medizin und zu fünfzig Prozent nach Pappbecher schmeckte. Es war genau genommen einer der besten Kaffees, die ich in meinem Leben getrunken hatte. Ich tauschte die nasse Regenjacke gegen meine trockene Isolationsjacke, um nicht auszukühlen, und versuchte, klar zu denken. Als das nicht so richtig funktionierte, googelte ich gedankenverloren »Fußschmerzen Laufen«, scrollte durch die Ergebnisse und blieb plötzlich an einem Satz hängen, der alles verändern sollte. Da stand etwas von zu engen Schuhen, und plötzlich traf mich die Erkenntnis wie ein Schlag. Ich hatte mich in der Vergangenheit durchaus schon viel mit Füßen und Schuhen und Problemen, die Letztere bei Ersteren verursachen können, befasst. Ich war mir der Tatsache, dass Füße viel Platz brauchen und in den meisten Schuhen zu wenig Platz finden, grundsätzlich sehr bewusst. Eigentlich war ich mit meinem aktuellen Laufschuhmodell immer gut klargekommen, hatte sie schon auf vielen langen Läufen getestet und nie Probleme damit gehabt. Aber vielleicht – ja, ziemlich sicher – war ein zehntägiger Lauf über die bayerischen Alpen einfach noch mal etwas anderes. Und auch wenn ich mir jetzt so auf die Schnelle keine neuen Schuhe besorgen konnte, könnte ich meine ja zumindest mal noch etwas lockerer schnüren und … Der Schmerz wurde augenblicklich etwas weniger. Und ich wusste nicht, ob ich lachen oder weinen sollte in Anbetracht dieser offensichtlich so einfachen möglichen Lösung meines Problems. Ich hatte wirklich viel darüber gegrübelt, was so alles kaputt sein könnte in meinem Fuß – ein Ermüdungsbruch im Mittelfußknochen vielleicht, oder doch irgendwas mit der Plantarsehne? –, dass ich einfach den Wald vor lauter Bäumen nicht gesehen hatte. Und auch wenn ich noch nicht so recht glauben konnte, dass das nun wirklich des Rätsels Lösung war, so war es doch ein Hoffnungsschimmer. Ein Hoffnungsschimmer, der mir zusammen mit einem großen Schluck Koffein genügend Energie gab, um meine vierte Etappe auf dem Maximiliansweg in Angriff zu nehmen. Ja, viel mehr noch: mich sogar auf sie zu freuen.

Wegen des durchwachsenen Wetters und einer Wegsperrung musste ich an diesem Tag eine Routenvariante wählen, die weniger exponiert verlief und bekannte Ammergauer Gipfel wie die Große Klammspitze oder den Pürschling links liegen lassen. Stattdessen suchte ich mir meinen Weg über Steige und Schotterstraßen durch die nebelverhangene Bergwelt der Ammergauer Alpen. Über einige Sättel und durch Täler, entlang an Flüssen und über Almlandschaften. In den ersten Stunden traf ich keine andere Menschenseele, sondern nur meine eigene, beim Blick auf die vereinzelt aus dem Fichtenmeer herausleuchtenden Bergahorne. Bis zu sechshundert Jahre alt werden die stämmigen Bäume. Besonders resistent gegen Gefahren wie Steinschlag und Kälte, hat sich der Bergahorn bestens an die rauen Bedingungen im Gebirge angepasst und war schon vor der letzten Eiszeit in Europa beheimatet. Unter allen, die die Berge ihr Zuhause nennen, sieht man am Bergahorn vielleicht am besten, was Überleben an solchen Orten bedeutet. Gewundene Äste, gekrümmte Rinde, gespaltene, schief gewachsene Stämme – unter schwierigen Bedingungen bestehen vor allem die, die die richtige Balance aus Nachgiebigkeit und Beständigkeit, aus Widerstands- und Anpassungsfähigkeit finden. Gegen Kälte war ich nicht resistent und gegen Steinschlag schon gar nicht, außerdem hatte ich gar nicht vor, das hier für die nächsten sechshundert Jahre zu machen. Aber für die nächsten sechs Tage, und irgendwo in den Ammergauer Alpen wurde mir zum ersten Mal bewusst, dass ich das vielleicht wirklich schaffen konnte.

Nach den ersten Tagen meiner Tour begann ich, kleine Veränderungen wahrzunehmen, die dennoch einen großen Unterschied machten. Ich konnte längere Abschnitte lockerer laufen. Erholte mich nach Anstiegen schneller von der Anstrengung. Fühlte mich insgesamt leichter, trotz zunehmender Müdigkeit, und begann dort neue Energie zu schöpfen, wo es rein rechnerisch vielleicht gar keine mehr geben dürfte. Und mein Fuß, der tat auch nicht mehr weh.

Nach sechs Tagen ging ich abends nicht wie sonst üblich direkt zu meiner im Voraus gebuchten Unterkunft und ließ mich dort mit Supermarkteinkäufen aufs Bett fallen: Stattdessen setzte ich mich wie ein halbwegs normaler Mensch in eine Pizzeria und hielt sogar noch Small Talk mit dem Grüppchen älterer Damen am Nachbartisch. Vielleicht war es pure Resignation, vielleicht doch Anpassung, aber es schien, als würden mein Körper und auch mein Kopf sich zunehmend mit ihrem Schicksal anfreunden. Es war immer noch hart zwischendurch, aber manchmal schien es auch ganz leicht, und solange das der Fall war, konnte man so falsch ja nicht liegen mit dem, was man tat. Wenn die Beine müde waren, dann übernahm der Kopf. Wenn der Kopf müde war, dann übernahmen die Beine. Es gibt nicht den einen richtigen Weg, etwas zu tun, was körperlich und mental herausfordernder ist als alles, was man zuvor getan hat. Es gibt nur viele Wege, ein ganzes Netz davon, durch das man sich irgendwie hindurchwinden muss. Aber keiner davon ist einfach. Warum die Anstrengung? Warum nicht gehen, schlendern, langsam machen? Warum nicht das tun, was man gemeinhin als »einfach genießen« bezeichnet? Weil Laufen eben nicht einfach nur schnelles Wandern ist, bei dem man sich mehr abrackern muss und weniger sieht. Laufen ist so viel mehr als das. Laufen ist absolute Freiheit in der eigenen Bewegung. Laufen heißt, weit über sich hinauszuwachsen, aber auch eng mit sich zusammenzuwachsen. Und mit allem, was einen umgibt: Denn wenn es gut läuft, erscheint alles um einen herum noch viel schöner. Und wenn es schlecht läuft, ist die Natur manchmal das Einzige, woraus man seine Kraft schöpfen kann. Laufen bedeutet, immer präsent und im Moment zu sein. In gewisser Weise deutlich mehr, als man es beim Wandern sein muss. Denn jede Wurzel, jeder Stein bekommt plötzlich eine ganz neue Relevanz. Und auch wenn man beim Laufen bestimmt nicht jeden Schmetterling und jede Blume mitbekommt: Manche vermeintlich kleinen Dinge und Momente bekommen eine ganz neue Bedeutung, werden zu einer ungleich intensiveren Erfahrung und werden als solche besonders fest ins Herz gebrannt. Laufen in der Natur ist für mich wie eine Abkürzung zu meiner Seele. Zum wilden Teil meiner Seele. Die Kombination aus körperlich und mental fordernder Aktivität und Naturerlebnis öffnet Türen, die ich so bisher nur von meinen Fernwanderungen kannte. Und auch dort waren sie meist verbunden mit jenen Momenten, die herausfordernd gewesen waren. Viele Dinge, die ich am Wandern liebe, nehme ich beim Laufen ungleich intensiver wahr. Andere Erfahrungen, die ich am Wandern liebe, fehlen beim Laufen – dafür kommen neue hinzu. Letztendlich ist nichts davon besser oder schlechter, und für mich stellt sich nicht die Frage nach dem Entweder-oder. Laufen ist für mich einfach eine neue Erfahrung und Art, mich selbst, meine Umgebung und die Natur wahrzunehmen. Eine neue Art, die Welt zu entdecken. Und eine, die ich nach Möglichkeit nicht mehr missen möchte.

Offiziell endet der Maximiliansweg in Berchtesgaden, aber die letzten Kilometer von dort bis zum Ufer des Königssees lässt sich wohl niemand nehmen, der den ganzen Weg vom Bodensee bis hierher zurückgelegt hat. Ich stockte in einer Bäckerei ein letztes Mal meine Energiereserven auf und setzte mich wieder in Bewegung. Fast fünfzig Kilometer und knapp zweitausend Höhenmeter steckten bereits in meinen Beinen. Und daran konnte auch die Euphorie darüber, dass ich nun tatsächlich fast an meinem Ziel angelangt war, wenig rütteln. Aber ich lief, wenn auch langsam – sehr langsam –, und das war alles, was ich zu diesem Zeitpunkt noch wollte. Ich fühlte mich fast einer anderen Spezies zugehörig, als ich den Spaziergängern und Tagesausflüglern entgegenstolperte, die sich langsam auf den Heimweg machten. War in meinem eigenen kleinen Universum gefangen, bestehend aus Müdigkeit, brennenden Fußsohlen und der langsam durchsickernden Erkenntnis, dass mein Wecker am nächsten Morgen nicht wie die letzten zehn Tage um vier Uhr dreißig klingeln würde. Die Uferpromenade des Königssees war mit den letzten Tagesbesuchern gefüllt, die meisten Cafés und Souvenirshops waren bereits geschlossen. »German Schnitzel« konnte ich durch meine leicht feucht gewordenen Augen mit Kreide auf einem Schild geschrieben erkennen, und dann drückte ich die Stopptaste an meiner Uhr.

Es ist immer wieder seltsam, wenn man am Ziel eines großen Abenteuers angelangt ist und nichts tun kann, als still in sich hineinzufeiern. Weil niemand um einen herum auch nur die geringste Ahnung hat, was man die letzten Tage, Wochen oder Monate getan hat. Und weil man zu introvertiert und vielleicht auch zu müde ist, um einen Freudentanz in aller Öffentlichkeit aufzuführen. Also tat ich das Nächstbeste: Ich zog meine Schuhe und Socken aus und tauchte meine Füße in den Bergsee. Das eiskalte Wasser ließ den Schmerz in meinen in Mitleidenschaft gezogenen Füßen aufflammen und nahm ihn dann Welle für Welle langsam mit fort. Immerhin: Ein paar Enten hatten mich bemerkt und schwammen auf mich zu, während sich der Platz hinter mir langsam leerte.

Nach einer Weile schaffte ich es, wieder aufzustehen und meine geschwollenen Füße in meine Schuhe zu befördern. Glücklicherweise hatte ich mir in weiser Voraussicht für diese Nacht ein völlig überteuertes Zimmer in einem Hotel direkt am Königssee gebucht. Gegenüber diesem Hotel gab es sogar eine Tankstelle mit kleinem Shop und neben der Tankstelle ein Fast-Food-Restaurant. Normalerweise schätze ich ja eher andere Attribute an einer Unterkunft, aber an diesem Abend kam diese Kombination dem Himmel auf Erden ziemlich nah. Von Pommes und zuckerhaltigen Softdrinks umringt, lag ich auf dem Bett und realisierte so langsam, dass ich es wirklich geschafft hatte. Dazu noch gesund, glücklich und mit zwei intakten Beinen – genauso eben, wie ich es mir vor meiner Tour vorgenommen hatte. Ich nahm einen letzten Schluck aus der Trinkflasche mit den Elektrolyten drin und fiel in einen tiefen Schlaf.

Als ich um Punkt vier Uhr dreißig wieder aufwachte – ausgerechnet heute brauchte ich anscheinend keinen Wecker mehr dafür – und mich gerade daranmachen wollte, ein paar anfeuernde Worte an mich selbst zu richten, fiel mir ein, dass ich heute nur zwei Sachen tun musste: schlafen und essen. Also griff ich ein paarmal beherzt in die Pommestüte neben mir und drehte mich zufrieden auf die andere Seite.

Wann immer ich jetzt von München aus in die Berge fahre, gibt es da diese unsichtbare Linie, die sich durch und über die Voralpen zieht. Sie verbindet den Bodensee mit dem Königssee. Und sie verbindet mich mit den Bergen. Wann immer ich diese Linie sehe, ganz klar vor meinem Auge, flackern die Erinnerungen auf. Und ein Gefühl, das ich zuvor in den Bergen meiner Heimat noch nie so wirklich gehabt hatte: Vertrautheit. Ich habe etwas genommen, was ich bereits kannte, aber nie richtig kannte, und es in etwas anderes verwandelt. Heimat wurde zu Neuland wurde zu richtiger Heimat. Zu wilder Heimat. Indem ich mir diese Landschaft so erschlossen habe, wie ich es mit so vielen anderen zuvor auch getan habe: Ich habe sie als Schauplatz für ein echtes Abenteuer gewählt, für eine Reise ins Unbekannte mit ungewissem Ausgang. Habe mich in diese Landschaft begeben, mit allem, was ich habe, mich dieser Landschaft ganz und gar anvertraut. Und die bayerischen Berge, wenngleich unter ökologischen Gesichtspunkten vor allem Kulturlandschaft, sind immer noch eine der wildesten und abenteuerlichsten Landschaften, die Deutschland zu bieten hat. Nicht die Tatsache, dass ich rund vierhundert Kilometer und zwanzigtausend Höhenmeter in zehn Tagen gelaufen bin, dass ich etwas getan habe, was körperlich und auch mental anstrengender war als alles zuvor, war die größte Errungenschaft dieses Unterfangens. Sondern dass ich mich inmitten dieser heimatlichen Wildheit endlich zu Hause fühle.

Kapitel 3

IN WALD UND FLUR

Es gibt einen Satz in Deinem Buch, der mir einen Stich ins Herz gegeben und mich über die letzten Monate nicht losgelassen hat. Weil an diesem einen Satz fast alles hängt, wofür ich stehe, und weil ich glaube, dass Dich meine Gedanken dazu interessieren könnten, schreibe ich Dir nun. In Teil II des Kapitels »Angekommen« erzählst Du vom unermüdlichen Tun des Eichelhähers und beschreibst ihn als »einen der letzten Soldaten gegen die Monokultur«. Als Försterin bin ich täglich im Wald unterwegs, berate und begleite die Waldbesitzer*innen in unserem Landkreis bei der unschätzbar wichtigen Aufgabe Waldumbau, bei der wir gemeinsam versuchen, aus der Monokultur herauszukommen. Weil dieses Bestreben im Wald schon seit weit mehr als einem Jahrzehnt läuft, haben wir auch schon richtig viel geschafft. Und noch richtig viel vor uns, denn die Folgen der Klimaüberhitzung zeigen ihr Gesicht unverhohlen – auch das spüren wir im Wald seit vielen Jahren und kämpfen wirklich mit größter Kraft. In der Forstpartie brennen die Herzen für unsere Wälder, für dieses wunderbare Ökosystem, das so viel größer und mächtiger ist, als man es mit einem Menschenleben verstehen kann. Der Eichelhäher macht uns mit seiner Arbeit das Leben leichter, *und wir unterstützen ihn, wo wir können. Man könnte sagen, er kämpft in guter Gesellschaft. Der inzwischen recht abgegriffene Begriff »Nachhaltigkeit« stammt ursprünglich aus der Forstwirtschaft, er hat sich über die Jahrhunderte weiterentwickelt und ist, wie ich finde, ein geniales Werkzeug im Umgang mit dem Wald, mit dem Planeten. Wir Förster betrachten die Welt stets durch die Brille der Nachhaltigkeit. Wir glauben, dass diese Brille ausgeliehen und ausprobiert werden kann, denn sicher würde sie sich eignen, um auch andere Bereiche unseres Zusammenlebens zu betrachten. Am Ende geht es mir wirklich nicht darum, unsere Branche vor Dir grünzuwaschen oder egozentrisch auf die Bedeutung unserer Arbeit hinzuweisen. Vielleicht möchte ich uns nur in Erinnerung rufen, auch um ein bisschen Hoffnung zu verbreiten: Es gibt uns, wir arbeiten schwer und leidenschaftlich, und auch wenn der Wald viel Zeit für Veränderung braucht – sie findet statt. Eichel für Eichel.*

Das ist ein Auszug aus einer E-Mail, die mich einige Monate nach Veröffentlichung meines ersten Buches erreicht hat. Der Betreff: »Gedanken aus München zum Tun des Eichelhähers«. Die Absenderin: Astrid Fischer, Revierleiterin Forstrevier Ebersberg. Und damit nicht von irgendeinem Forst, sondern zufälligerweise von dem Forst ganz in der Nähe des Ortes, in dem ich aufgewachsen bin. Hier bin ich meinem allerersten Wildschwein begegnet. Hier habe ich früher viele Stunden mit Pferd und Hund verbracht. Hier habe ich mich zum ersten Mal im Wald verlaufen. Und zu meiner Verteidigung ist Letzteres im Ebersberger Forst nicht sonderlich schwer, denn dort sieht alles ziemlich gleich aus – zumindest für das Nicht-Försterinnen-Auge: unzählige Fichten in Reih und Glied, durchschnitten von symmetrisch angelegten Schotterwegen, die die Baumreihen wie ein Raster durchziehen. Anhaltspunkt, um in diesem Labyrinth nicht gänzlich verloren zu gehen, ist vor allem die viel befahrene Landstraße, die das Forstgebiet der Länge nach durchquert. Ortschaften gibt es keine, und das macht den etwa neunzig Quadratkilometer umfassenden Ebersberger Forst zu einem der größten zusammenhängenden, also nicht von Siedlungen unterbrochenen Waldgebiete Deutschlands. Selbst Astrid musste das ein oder andere Mal einen Blick auf ihre Karte werfen, als wir gemeinsam im Forst unterwegs waren. Ihre E-Mail hat mich so berührt und auch neugierig gemacht, dass ich sie um ein Treffen gebeten habe. Ich wollte noch mehr wissen über ihre Arbeit, ihre Sicht auf die Dinge, ihr Verhältnis zur Natur. Und über den Ebersberger Forst, in dem ich schon so viel Zeit verbracht, aber um den ich mir zum ersten Mal so richtig Gedanken gemacht habe, als im Jahr 2021 bei einem Bürgerentscheid über den Bau von Windrädern abgestimmt werden sollte. Über Wälder und Forste im Allgemeinen habe ich in den letzten Jahren allerdings schon ziemlich viel nachgedacht, denn beide sind beim Wandern in Deutschland allgegenwärtig. Nach den Ergebnissen der Bundeswaldinventur von 2012 ist rund ein Drittel der gesamten Fläche Deutschlands bewaldet, schätzungsweise neunzig Milliarden Bäume waren es, mehr als in jedem anderen Land innerhalb der Europäischen Union. Die vierte Bundeswaldinventur läuft aktuell, und es bleibt abzuwarten, wie die Zahlen ausfallen. Je mehr Zeit ich in Wäldern verbrachte, je mehr unterschiedliche Formen von Wald ich auf meinen Reisen und Wanderungen sah, desto größer wurde auch mein Interesse an Bäumen sowie der Wunsch, mehr über dieses große, vielschichtige System zu erfahren. Aber auch in der breiten Öffentlichkeit fand der Wald in den letzten Jahren mehr und mehr Interesse. Nicht nur durch Bestseller wie die von Deutschlands bekanntestem Förster Peter Wohlleben. Sondern auch durch endlich breiter geführte Diskussionen rund um die Zukunftsaussichten unserer Wälder im Licht des Klimawandels, dessen Folgen für unsere Wälder durch Borkenkäfer und Waldbrände selbst für Laien mittlerweile erschreckend gut erkennbar sind. Wir wissen mittlerweile: Es ist viel falsch gelaufen in Sachen Wald. Auch heute noch läuft längst nicht alles richtig. Und die Fichte, die rund ein Viertel der Waldbestände ausmacht und damit die häufigste Baumart Deutschlands ist, obwohl sie in großen Teilen gar nicht natürlich vorkommen würde, ist der Bösewicht.

»Ich mag dieses Fichten-Bashing nicht«, sagte Astrid, als wir durch einen Forstabschnitt liefen, der aus nichts anderem als genau diesen Fichten bestand. »Die Fichte ist keine schlechte Baumart, die macht eben einfach das, was für sie sinnvoll ist. Und das macht sie sogar ziemlich klug. Da, wo die Fichte herkommt, da ist es wichtig, dass bei Stürmen oder Käferbefall nicht nur eine Fichte umfällt, sondern eine größere Fläche auf einmal. So kommt wieder Licht an den schattigen Waldboden, junge Bäume bekommen eine Chance, der Wald geht in eine neue Runde. Wir sind diejenigen, die das nicht aushalten.«

»Also sollen wir vielleicht doch lieber diejenigen bashen, die diese Fichten gepflanzt haben?«

»Es ist nicht so, dass unsere Vorgänger einfach nur Idioten gewesen wären, die uns diese Reinbestände aus reiner Unwissenheit oder gar Profitgier beschert hätten, und wir müssten das nun ausbaden. Diese Ansicht fände ich sehr vermessen.«

Astrid erzählte mir von den Pflanzfrauen, die in der Zeit nach dem Zweiten Weltkrieg riesige Kahlflächen wieder aufgeforstet haben, auf dem Boden kniend, Baum für Baum, mit nichts als einer Hacke und den bloßen Händen. Nach dem Krieg fehlte es an Geld, Gerätschaften und auch an Saatgut. Ein Grund dafür, warum die Fichte so zahlreich gepflanzt wurde, war schlichtweg ihre gute Verfügbarkeit. Etwa seit dieser Zeit wird auch in der Ökologie das Ökosystem Wald vom Forst abgegrenzt. Der wichtigste Unterschied zwischen den beiden: Der eine wird gepflanzt, den anderen kann man nicht pflanzen. Wald kann nur aus sich selbst herauswachsen. Zudem ist der Wald ein eigenständiges, in sich geschlossenes Ökosystem, in dem alle Zahnräder ineinandergreifen – und wenn eines aus der Reihe tanzt, hat es langfristig keine Chance. Das Problem daran: Solche Ökosysteme sind nicht so richtig gut mit wirtschaftlichen Interessen und unserem steigenden Holzverbrauch vereinbar. Deswegen wird aufgeforstet, gepflegt, gehegt, genutzt, was die Fichte hergibt.

»Der Kampf gegen die Monokultur, der läuft bei uns seit mehreren Jahrzehnten intensiv. Guck mal, das Gestrüpp da, das sieht nach nichts aus, aber das ist schon an die zwanzig Jahre alt!« Astrid zeigte auf eine Fläche mit jungen Bäumen und Büschen, die mit den Fichtenreihen drum herum tatsächlich ziemlich wenig gemeinsam hatte und nicht schön, aber immerhin vergleichsweise lebendig aussah. »Da ist zum Beispiel Buche drin, obwohl man auch einfach Fichten hätte reinstecken können. Jetzt ist es ein bunter Mix. Ich habe in meiner Arbeit immer wieder diese Momente, in denen ich mir denke: Wenn meine Vorgänger das nicht gemacht hätten, dann wäre für mich jetzt alles viel schwieriger.«

Rund siebenundsiebzig der neunzig Quadratkilometer Ebersberger Forst sind in staatlichem Besitz, der Rest gehört Gemeinden und Privatleuten. Letztere berät Astrid im Rahmen ihrer behördlichen Arbeit: »Ich habe Forstwirtschaft studiert, weil ich die Natur liebe und etwas tun wollte, bei dem ich viel draußen sein kann. Aber bald kamen Zweifel: Mathe ist nicht so mein Ding, Geld interessiert mich eigentlich nicht – mein eigenes liegt größtenteils einfach auf dem Girokonto –, und plötzlich soll ich Waldbesitzer zu Themen wie Profit und Erträgen beraten? Erstaunlicherweise sind Kosten, Erträge und Geldwerte in meiner heutigen Arbeit aber eher nachrangig. Wichtiger ist es den Leuten, den Wald in gutem Zustand an die nächste Generation zu übergeben.«

Wir wanderten ein Stück aus dem Forst hinaus auf eine der Endmoränen, die das sonst ziemlich flache Alpenvorland in dieser Gegend prägen. Hoch hinaus muss man hier nirgendwo, um Bergsicht zu haben, und wann immer ich heute in meiner Heimat bin, suchen meine Augen die bucklige Silhouette des Wendelsteins, die irgendwo hinter den Feldern und mit Zwiebeltürmen bestückten Ortschaften liegt.

»Dis Gericht verschafft den Reisenden einen düsteren Anblick: Die vielen Schwarzwaldungen, Möser [= Moore], öden Strecken; die kleinen hölzernen Häuser mit hölzernen Legschindeln oder bemießten [= moosigem] Stroh bedeckt – und vor Holz und Dunghaufen unzugänglich –, bilden im Ganzen eine traurige Landschaft.« Was in meinen Ohren – von der Sache mit den Misthaufen mal abgesehen – eigentlich gar nicht so schlecht klingt, war für den bayerischen Staatsbeamten Joseph von Hazzi ein absolutes Unding. Um 1800 verfasste er Beschreibungen des Herzogtums Bayern, darunter auch Ebersberg, welches damals noch Landgericht Schwaben hieß. Und die Wildnis im Sinne von naturbelassenen Landschaften kam dabei nicht sonderlich gut weg. Deutlich besser gefiel es ihm dort, wo sich Feld an Feld reihte, »[…] die mit allem Fleiß behandelt werden […]. Von allen Seiten werden Raine, Wiesen abgestochen und mit diesem ausgeschlagenen

Koth der Acker überführt [...] der Pflug greift tief in den Boden [...].« Diese Vorliebe teilt er mit dem Landschaftsbeschreiber Ignatz Joseph von Obernberg, dessen *Reisen durch das Königreich Baiern* 1815 erschienen. Der steht der Wildnis zwar ein kleines bisschen wohlgesonnener gegenüber als Hazzi, aber zumindest der Ebersberger Forst kommt seinem Idealbild von schöner Landschaft auch alles andere als nah: »Wollen sie nach diesem reitzenden Ausblicke das contrastreiche Bild einer alt germanischen Wildnis in der Nähe schauen: Sie finden es auf Ebersbergs nördlicher Seite. An dieser drücket der große Forst, welcher sich über zwei Stunden nördlich ausbreitet, und [...] beinahe vier Stunden in der Länge hält [...].«

»Die Natur wurde nicht zu allen Zeiten um ihrer selbst willen geschätzt, ihre Wahrnehmung nicht unbedingt von *interesselosem Wohlgefallen* bestimmt«, so stellt Rainer Beck in seinem Buch *Ebersberg oder das Ende der Wildnis. Eine Landschaftsgeschichte* fest. Was für ein Zufall, dass mir erst eine Ebersberger Försterin schreibt, die die Wildnis liebt, und ich dann noch auf ein Buch stoße, das die Entwicklung der Landschaft parallel zur Gesellschaftsgeschichte der letzten Jahrhunderte am Beispiel Ebersberg skizziert. Lassen wir noch einmal Rainer Beck zu Wort kommen: »Das Streben der praktischen Aufklärer war auf eine *Schönheit* gerichtet, die in *verwirklichter Nützlichkeit* bestand. Und so war es nach Hazzi *traurig [...] für den Freund der Natur, die ungeheuren Filz-, Moos- und Weidestrecken* seiner bayerischen Heimat sehen zu müssen. Was er an weiten Teilen des Landes wieder und wieder bemängelte, war der in seinen Augen viel zu geringe Grad ihrer *Kultivation*.«

Ungeheure Filz-, Moos- und Weidestrecken! Wie gern hätte ich das Ebersberg von damals gesehen, auch wenn selbst damals schon in der von Hazzi beschriebenen »Wildnis«, in den Filzen und Moosen, das Vieh der Bauern weidete und es sich längst nicht (mehr) um die gänzlich naturbelassenen Landschaften handelte, die man aus heutiger Sicht vielleicht erwarten würde und die wir uns heute wieder herbeisehnen. Der Blick über das Ebersberger Land, der sich Astrid und mir dort oben auf dem Hügel bot, hätte Hazzi und seinen Kollegen hingegen bestimmt besonders gefallen. Mir gefiel er in gewisser Weise auch – vor allem wegen des weiten Blicks mit den Bergen am Horizont und weil er sich einfach nach Heimat anfühlte.

Auch im Ebersberger Forst fraß früher das Vieh, allen voran die Schweine, die von Gras und Gestrüpp allein nicht satt wurden und zusätzlich Eicheln und allerlei andere energiereiche Leckereien brauchten. Der Ebersberger Forst der frühen Neuzeit war weit davon entfernt, der eigentumsrechtlich und nutzungstechnisch größtenteils exklusive Staatswald zu sein, der er heute ist. Vielmehr war er eine »komplexe oder multifunktionale Ressource«, ein »unterschiedlich nutzbarer Raum, ein Reservoir der Nahrung und Rohstoffe, eine Einnahmequelle wie ein Ort der Jagd«, wie Rainer Beck es zusammenfasst. Und genauso vielfältig wie seine Nutzung war auch der Wald selbst. Alter und Art der Bäume waren gemischt, die Böden – dort, wo genügend Licht hinkam – mit Gräsern und Kräutern bedeckt. Und genau das wurde ihm Ende des 18. Jahrhunderts zum Verhängnis. Denn die aus heutiger Sicht ökologisch und auch emotional wertvollen Waldbestände waren aus Sicht der damaligen Reformer vor allem eines: ineffizient. »Hingegen müssen alle Waldungen, so genugsam taugliches Holz und schöne Stämme, nicht bloß kurzes struppichtes Gebüsche hervorbringen sollen, sondern dick, eng und geschlossen aufwachsen, in welchem Fall kein Gras darunter zu finden seyn wird.« Das wird im »bayerische(n) und pfälzische(n) Landmann« bereits im Jahr 1769 gefordert. Eine Forderung, die sich nicht nur gegen die wilde, vermeintlich ungeordnete Natur, sondern auch gegen die Nutzung des Forstes durch Bauern und Jäger richtete. Und die später Realität werden sollte, auch wenn das im Falle des Ebersberger Forstes erstaunlich lange dauerte. Erst zu Beginn des 19. Jahrhunderts gingen die Flächen größtenteils in staatlichen Besitz über, innerhalb der kommenden Jahrzehnte wurde hart daran gearbeitet, die weniger effizienten Laubbäume zu roden und die Fichten zu pflanzen. Gegen Ende des 19. Jahrhunderts hatte der Forst seine moderne Gestalt angenommen, war zu einer Monokultur und Plantage geworden, einem intensiv bewirtschafteten und genutzten Ökosystem, das man kaum noch als solches bezeichnen konnte. Ein nachhaltiger Wald, zumindest aus damaliger und rein wirtschaftlicher Sicht.

Die deutsche Naturseele ist fest mit dem Wald verwurzelt. Bäume waren heilig, Sitz von Göttern, Symbol für die Welt und wie alles miteinander zusammenhängt. Die Krone der Esche *Yggdrasil*, Weltenbaum der Nordgermanen, stützt den Himmel und verbindet ihn gleichzeitig mit Erde und Unterwelt. Mit der Vorherrschaft des Christentums wurden Bäume zunehmend dämonisiert, was sogar darin mündete, dass als heilig angesehene Bäume gefällt und Wälder zerstört wurden. Denn die galten nun vor allem als dunkel und schauerlich, als Sitz von Dämonen und Fabelwesen. Und das passte den christlichen Welteneroberern so gar nicht ins Konzept. In den zur Zeit des Mittelalters entstehenden Sagen und Märchen kam der Wald selten gut weg. So schickt zum Beispiel der Schmied Meister Mime im mittelalterlichen Heldenepos *Das Nibelungenlied* den jungen Siegfried mitten in den bösen

Wald, um einen gefährlichen Lindwurm zu besiegen (was ihm – Achtung, Spoiler – auch gelang). Dieses Bild hält sich bis heute in unseren Köpfen: Wer in den dunklen, wilden Wald geht, dazu noch – Gott bewahre – allein und als schwache, unbeholfene Frau, der wird großer Wahrscheinlichkeit nach nicht lebend zurückkehren. Und auf jeden Fall gegen allerlei Böses ankämpfen müssen. Ich persönlich wurde zumindest noch nie gefragt, ob ich nicht manchmal Angst hätte, allein über irgendein Feld oder eine Wiese zu wandern – aber wenn es um den Wald geht, passiert mir das durchaus. Da gibt es jedoch noch ein zweites historisch geprägtes Waldbild in unseren Köpfen, und vielleicht tut uns deshalb das Fichtensterben in unseren Mittelgebirgen besonders weh: Denn mit Beginn der Epoche der Romantik, Anfang des 19. Jahrhunderts, änderte sich die Haltung zum deutschen Wald radikal. Maler und Dichter hoben ihn zum Symbol einer heilen Welt empor. Er wurde ein Gegenpol zu den rasant wachsenden Städten und der schnell fortschreitenden Industrialisierung. Zu einem Sehnsuchtsort, der im Leben vieler Menschen schon außer Reichweite geraten war:

O Täler weit, o Höhen,
O schöner, grüner Wald,
Du meiner Lust und Wehen
Andächtger Aufenthalt!
Da draußen, stets betrogen,
Saust die geschäfte Welt,
Schlag noch einmal die Bogen
Um mich, du grünes Zelt!

(Joseph von Eichendorff, 1810 in seinem Gedicht »Abschied«)

Und je größer die Städte wurden, desto größer wurde die Sehnsucht der Deutschen nach ihrem Wald. Eine Entwicklung, die in heutigen Zeiten vielleicht so etwas wie einen Höhe- und gleichzeitig Wendepunkt erlebt: Denn nicht nur unsere Romantisierung von Städten und Smartphones bröckelt gewaltig, sondern auch die Wälder, wie wir sie aus den letzten Jahrzehnten kannten. Das Gute ist: Wir wagen uns wieder mehr nach draußen. Auf der Suche nach dem, was Wälder wirklich sind und was sie uns geben können. Und lernen: Wälder sind keine Brutstätten des Bösen, keine idyllischen Ideallandschaften. Sondern wertvolle Naturräume, Lebensraum für so vieles, mit oft ganz verschiedenem Charakter, die doch eines gemeinsam haben: Wir können uns dort wohlfühlen. Und wir können dort vielleicht ein bisschen leichter den Rest der Welt ausblenden als anderswo. Denn auch wenn die »echte« Welt oft direkt auf der anderen Seite der Stämme und Kronen liegt, so sehen wir sie doch nicht.

Auch Astrid ist im Alpenvorland, in der Nähe des Ebersberger Forstes, aufgewachsen, genauso wie ich hat sie ihren intensivsten Zugang zur Natur, zur Wildnis aber nicht hier, sondern im Westen der USA entdeckt. Nach ihrem Abitur lebte sie für ein Jahr in den USA und arbeitete im Bundesstaat Montana auf einer Ranch. Selbst in den Vereinigten Staaten gibt es nur wenig Ecken, in denen die Wildnis einem so ins Gesicht springt wie dort im Big Sky Country, zwischen den mächtigen Rocky Mountains und der weiten Prärie der Great Plains. Astrid erzählt: »Dort gab es eine Gruppe Frauen, die für ihren jährlichen Fleischbedarf gejagt hat, und zwar ausschließlich das, was sie wirklich auch brauchte. Das hat mich zum Nachdenken gebracht, und irgendwie bin ich dann vom Wild und der Jagd zum Thema Wald und Forst gekommen.«

Zurück in Deutschland, brach Astrid ihr Lehramtsstudium ab und wechselte zum Forstingenieurwesen. »Meine Eltern waren froh, dass ich nur mein Studium abgebrochen habe und nicht direkt in den Wilden Westen ausgewandert bin«, fügt sie mit einem Lachen hinzu. Nach Montana kehrt Astrid bis heute meist einmal im Jahr zurück, leitet Wanderungen zu Pferde, obwohl sie auch ein waschechtes Quarter Horse zu Hause in Ebersberg hat. Aber drum herum eben nur die Münchener Schotterebene und nicht die Great Plains und die bayerischen Voralpen statt der Rocky Mountains:

»Es gab ein paar Jahre in meinem Leben, in denen ich nicht geritten bin. Das war, nachdem ich damals von meinem ersten USA-Aufenthalt wiedergekehrt war. In dieser Zeit dachte ich mir: What's the point? Soll ich hier jetzt über so eine Forststraße gondeln, wo ich doch gerade noch in den Rocky Mountains war? Ich war in diesem Loch, hab überhaupt keinen Sinn mehr in dieser Sache gesehen, die mir früher so viel Spaß gemacht hat. Da bereitest du dich dann nur noch auf den nächsten Fix vor, bist in Gedanken immer bei der nächsten Reise. Irgendwann hatte ich da keine Lust mehr drauf, zumal ich in Zeiten des Klimawandels bei jedem USA-Flug ein zunehmend schlechtes Gewissen habe. Ich kam an einen Punkt, an dem ich mir dachte: Dir muss das einfach gelingen, dieses Glück auch im Kleinen, auch zu Hause zu finden, ohne erst um die halbe Welt zu fliegen.«

Eine endgültige Antwort hat Astrid auf ihrer Suche nach der Wildnis bisher noch nicht gefunden. Wir waren uns einig, dass die ausgelebte Begeisterung für die Natur ein wichtiger Teil davon ist und dass das selbst an einem Ort wie dem Ebersberger Forst ganz gut funktionieren kann. Wir waren uns auch einig, dass zum Erlebnis von Wildnis ein Aufbruch ins Unbekannte gehört und ein gewisses Gefühl von Unsicherheit. Und dann ist da natürlich noch die Sache mit dem Draußenschlafen, wie Astrid meint: »Für mich würde es viel ändern, wenn es mehr legale Übernachtungsmöglichkeiten in der Natur gäbe. Trekkingplätze sind hier ein guter Anfang, aber es gibt noch nicht so viele. Wenn man sorglos unter freiem Himmel einschlafen könnte, würde das mit der Wildnis und mir auch in Deutschland, sogar hier zu Hause in Bayern funktionieren.« Als Astrid und ich uns nach einem dreistündigen Dauermarsch durch den Ebersberger Forst voneinander verabschieden, fühlte ich mich erleichtert. Nicht nur, weil ich gelernt habe, dass der Eichelhäher da draußen wirklich Hilfe bekommt und Menschen wie Astrid zur Seite hat, Menschen, denen es gelingt, ihre Liebe zur Natur mit viel Wissen und rationalem, realitätsnahem Denken zu verbinden und so in eine Art von Handeln zu kommen, die wirklich etwas bewegen kann. Sondern auch, weil ich mich zutiefst verstanden gefühlt habe in meiner Sehnsucht und Suche nach der Wildnis. Weil wir in vielerlei Hinsicht den gleichen Weg gegangen sind. Und weil wir beide die Suche nach der Wildnis noch nicht aufgegeben haben.

Natürliche Wälder, viel mehr noch echte Urwälder, gibt es in Deutschland kaum noch. Aber es gibt sie zumindest in halbwegs urwaldartiger Form. Im Jahr 2011 wurden sechs Buchenwaldgebiete in Deutschland zum UNESCO-Weltnaturerbe erklärt. Ihre Überbleibsel in insgesamt achtzehn europäischen Staaten stehen heute unter dem gar nicht mal so kurzen Namen »Alte Buchenwälder und Buchenurwälder der Karpaten und anderer Regionen Europas« unter besonderem Schutz. In Deutschland gibt es sechs solcher Gebiete, auch wenn diese im Vergleich zu den ausgedehnten Wäldern der Karpaten weitaus weniger naturbelassen und unberührt sind. Aber immerhin:

Sie sind die wertvollsten verbliebenen Reste großflächiger naturbelassener Buchenbestände in Deutschland und umfassen ausgewählte Waldgebiete in den Nationalparks Hainich in Thüringen, Jasmund auf Rügen und im Müritz-Nationalpark in Mecklenburg-Vorpommern, im Waldgebiet Grumsin im Brandenburger Biosphärenreservat Schorfheide-Chorin sowie im Nationalpark Kellerwald-Edersee in Hessen. In Letzterem war ich einmal für ein paar Tage unterwegs, um ganz ausführlich durch das Fenster zu blicken: mitten hinein in die Waldwildnis, die große Flächen Europas einst waren. In drei Tagen bin ich einmal rund um den Edersee gewandert, den zweitgrößten Stausee Deutschlands. An dessen mitunter steilen Hängen tummeln sich die alten Buchen und knorrigen Eichen – und Laubwald ist dabei längst nicht gleich Laubwald. Im Nationalpark gibt es bodensauren Buchenwald, Block- oder Schluchtenwälder, Eichen-Trockenwälder, Eichen-Hainbuchenwälder und Orchideen-Kalkbuchenwälder sowie feuchte Erlen- und Eschenwälder (und bestimmt noch einige mehr). Ich weiß nicht, was was ist, aber dass Wald nicht gleich Wald ist und dass diese Wälder ganz anders sind als die anderen, das habe ich schon auf den ersten Wanderkilometern gespürt. Manche der Bäume sind Hunderte von Jahren, einige vielleicht sogar über eintausend Jahre alt. Stille Lebewesen, in denen die Erinnerung der Welt verborgen liegt. Wandert man zwischen ihnen hindurch, wird man von Ehrfurcht getragen. Und der wehmütige Gedanke an das, was einst war, drängt sich unweigerlich auf. Moosüberzogene Wurzeln liegen wie dicke Schlangen über dem Weg, knorrige Zweige strecken ihre Finger in alle Richtungen aus. In drei Tagen habe ich mehr Spechte als Menschen gesehen, und wenn es ein universelles Qualitätsmerkmal für Wanderungen gibt, dann doch wohl dieses. Mal wachsen ausladende Rotbuchen auf einem luftigen Teppich aus Herbstblättern, mal krümmen sich kleine Eichen auf abenteuerlichen Felsvorsprüngen. Die Morgen eisig, die Tage warm, bunt gefärbtes Laub, wohin meine Augen auch sahen. Für mich waren Laubwälder schon immer etwas Besonderes gewesen, weil es dort, wo ich aufwuchs, keine gegeben hatte. Mein Papa kommt allerdings aus Hessen, und immer, wenn wir auf Verwandtschaftsbesuch waren, verbrachten wir viel Zeit in den Wäldern, die das kleine Dorf an der Fulda umgaben. Das fühlte sich jedes Mal an wie ein Ausflug in eine andere Welt, und ich denke noch heute regelmäßig an den Tag, als wir einen Steinpilz mitten auf dem Weg gefunden haben – so groß, dass (in meiner Erinnerung) die ganze Familie davon satt wurde. Spätestens seit diesem Tag war ich mir sicher, dass Laubwälder wie diese Geheimnisse bargen. Ich wollte diesen Wäldern noch näherkommen, aber mitten im Nationalpark durfte und wollte ich nicht übernachten. Also wanderte ich nach den drei Tagen am Edersee einfach noch weiter durch die hessischen Wälder, die immerhin zu knapp sechzig Prozent aus Laubwald bestehen. Auf der Suche nach einer Verbindung zum Wald, die man nur dann erleben kann, wenn die Sonne längst untergegangen ist.

Kapitel 4

UNTER FREIEM HIMMEL

Wo bin ich? Was war das? War da wirklich was? Oder habe ich das doch nur geträumt? Ich zwängte meine Hände durch die Öffnung des Schlafsacks. Versuchte, das Zugband zu greifen, welches ich so fest zugezogen hatte, dass nur noch Nase, Augen und Mund mit der eisigen Luft in Berührung kamen. Wie immer dauerte das viel zu lange. Aber immerhin: Währenddessen fiel mir wieder ein, wo ich mich befand. Und eigentlich war das auch nicht weiter schwer zu erkennen, zumindest, wenn man nicht so wie ich gerade aus einem unruhigen Tiefschlaf gerissen wurde und dementsprechend verwirrt war. Ich war im Wald. Mitten im Wald. Mitten in der Nacht. Eine Erkenntnis wie diese konnte auch ein Jahrzehnt nach meiner ersten Zeltnacht in der freien Natur manchmal noch überraschend für mich sein.

Ich löste die Kapuze meiner Thermojacke, die mich zusammen mit dem Schlafsack warm gehalten hatte, um meine Ohren freizulegen, und setzte mich auf, so gut es ging. Hörte hin. Hörte nichts, also wirklich gar nichts, außer dem Rascheln des Biwaksacks bei jeder meiner vorsichtigen Bewegungen. Umständlich und einigermaßen widerwillig schob ich meine Arme aus dem wohlig warmen Schlafsack, um mich besser bewegen zu können, und sah mich langsam suchend um. Es war die Art von Suche, bei der man hofft, nichts zu finden. Daher ließ ich meine Augen gleichermaßen zögerlich und hektisch über die schwarzblaue Umgebung wandern. Ich befand mich auf einer kleinen Anhöhe, um mich herum knorrige Eichen, die ihre blattlosen Zweige und Zweiglein ziellos in alle Richtungen ausstreckten. Ein paar dichte Büsche bildeten blinde Flecken in meinem Sichtfeld. Die Nacht war mondlos, aber klar, und so erkannte ich mehr, als man es so mitten in der Nacht und mitten im Wald vermuten würde. Nach einem ausführlichen Blick in jede Richtung ließ ich es schnell wieder gut sein, bevor mein Gehirn mir noch einen Streich spielen und irgendwelche Schatten oder Sträucher zu etwas zusammenformatieren konnte, das dort eigentlich gar nicht war. Zu lange in die Dunkelheit zu starren ist in solchen Situationen selten eine gute Idee. Gerade wollte ich meinen Kopf wieder in die Kapuze packen und dann die Arme in den wohlig warmen Schlafsack, da fuhr es erneut in mein Ohr: ein lautes Fauchen, herausforderndes Bellen, ausgestoßen mit ganzer Kraft, direkt in meine Richtung. Mein Kopf fuhr herum: dorthin, woher das Geräusch gekommen war – zumindest, soweit es mein etwas steifer Nacken zuließ. Das Geräusch war mir nicht neu, ich hatte es schon öfter gehört, aber ich brauchte in meinem durch Schlaf und Kälte dämmrigen Zustand eine Weile, um es zuzuordnen. Dann fiel es mir wieder ein, und im selben Moment sah ich sie auch schon zwischen den Bäumen: die unscheinbare, schattige, schlanke Silhouette. Dass das gruseligste Geräusch, dem man nachts im Wald begegnen kann, ausgerechnet von einem der schönsten und elegantesten Tiere ausgeht, fasziniert mich immer wieder aufs Neue. Die Augen des Rehs konnte ich in der Dunkelheit nicht erkennen, aber ich war mir ziemlich sicher, dass sie in meine Richtung starrten.

Das hundegebellähnliche Geschrei, welches mich aus dem Schlaf gerissen hatte, wird in der Fachsprache als Schrecken bezeichnet. Ein Zeichen von Beunruhigung, eine Warnung an Artgenossen, die Benachrichtigung, dass man entdeckt wurde und Angriff zwecklos ist. Einen Angriff hatte ich wahrlich nicht im Sinn, und selbst wenn, wäre ich, derart in meinen Schlafsack eingezwängt, gar nicht in der Lage dazu gewesen. Das Reh spürte das vielleicht, denn nachdem wir uns gegenseitig durch die dunkle Stille eine Weile regungslos angestarrt hatten, senkte es den Kopf und setzte seinen nächtlichen Streifzug in fast schon erstaunlicher Ruhe fort. Ich hörte zu, wie sich die staksenden Beine langsam durchs trockene Laub entfernten, und packte mich dann wieder in meine Schlafstätte. Alles in allem war die nächtliche Begegnung ziemlich entspannt verlaufen, und doch beschlich mich mal wieder das schlechte Gewissen, als ich den Kragen um mein Gesicht herum zuzog. Gehörte ich überhaupt hierhin? Wäre es nicht besser, aller Rücksicht zum Trotz, den Tieren einfach die wenigen Rückzugsräume und Ruhezeiten zu überlassen, die sie heute bei uns überhaupt noch haben? Wieso musste ich überhaupt hier draußen schlafen, auf dem frostigen Waldboden herumliegen, statt zu Hause auf der warmen, weichen Matratze? Immerhin: Langsam wurde es wieder warm im Innern meines Schlafsacks. Ich lag auf dem Rücken, die eisige Nachtluft in meinem Gesicht, und blickte nach oben, auf die mit funkelnden Farbspritzern übersäte, tiefdunkle Leinwand. Versuchte, wie so viele Male zuvor, zu begreifen, dass ich eben nicht auf eine Leinwand blickte, sondern mitten hinein in die Unendlichkeit. Und scheiterte, wie ebenfalls viele Male zuvor, an diesem Vorhaben. Es war einfach nicht vorstellbar, dass ich in diesem Moment nicht nur mitten in einem Wald lag, sondern dass dieser Wald und ich uns auf einem, im Vergleich zu anderen, klitzekleinen und doch ziemlich großen Planeten befanden, der gemeinsam mit uns mit 107000 Stundenkilometern durchs All schoss. Dass uns lediglich ein bisschen Physik auf seiner Oberfläche zusammenhielt und sich dabei erstaunlicherweise noch nicht mal das trockene, federleichte Laub um mich herum auch nur einen Millimeter bewegte. Das Gefühl von Weite war für mich schon immer eng mit dem Erleben von Wildnis verbunden gewesen. Die Art von Weite, die so groß ist, dass sie einfach nicht mehr in einen Kopf passen will. Egal, wie sehr man versucht, sie dort hineinzupressen, zu konservieren und für harte Zeiten immer griffbereit zu halten. Die man nicht nur sehen, sondern auch fühlen kann, weil sie überhaupt erst den Platz dafür schafft. Allein schon, indem man fast schon automatisch immer ganz tief ein- und wieder ausatmet, sobald man ihr begegnet – ganz gleich, ob man nun auf einem Monolithen im Outback Australiens steht oder auf einem Voralpengipfel in den bayerischen Alpen. Doch eigentlich gibt es keine größere Weite als die, die man beim Blick nach oben sehen oder zumindest erahnen, jedoch keinesfalls begreifen kann. Und auch wenn in Nordhessen wegen der Lichtverschmutzung deutlich weniger funkelnde Sterne zu sehen sind, als es im Outback Australiens oder der Steppe Patagoniens der Fall ist, so ist der Anblick des hessischen Nachthimmels keineswegs weniger augen- und seelenöffnend. Ich zählte Sternschnuppen, suchte nach einzelnen Punkten, die ich in meinem Kopf zu Mustern und Bildern verbinden konnte. Und zwischendurch musste ich immer wieder die Augen schließen, damit mir dabei nicht schwindlig wurde. Etwa dreitausend Sterne kann man bei entsprechenden Bedingungen von einem festen Standpunkt aus sehen. Dreitausend von insgesamt etwa einhundert bis vierhundert Milliarden Sternen, die zu unserer Galaxie gehören. Im ganzen uns »bekannten« Universum sind es schätzungsweise eine Quadrillion – das ist eine Eins mit vierundzwanzig Nullen. Und während ich zumindest einen kleinen Teil davon zählte, tummelten sich im Waldboden unter mir allein auf einem einzigen Quadratmeter rund eine Million Insekten und Kleinstlebewesen sowie rund eine Milliarde Pilze. Schiere Unendlichkeit gab es nicht nur beim Blick nach oben, sondern auch in dem Universum unter meiner Isomatte. Und ich war in diesem Moment ein Teil davon, weil es nichts gab, was zwischen uns war. Ein Zelt ist oft Symbolbild für Freiheit, für Draußensein und Naturerlebnis. Und das ist es auch, allein schon, weil es viele Unternehmungen überhaupt erst ermöglicht. Gleichzeitig ist es aber immer noch eine Form von Drinnen im Draußen, die Zeltwand eine Barriere zwischen der Person, die darin liegt, und dem Rest der Welt. Mitunter überlebenswichtig, weil sie Wind, Wetter und zumindest nerviges, wenn nicht gar potenziell gefährliches Getier draußen hält. Mit einem Zelt kann man sogar an Orten wie dem südafrikanischen Busch in freier Wildbahn übernachten, denn solange die Tür geschlossen ist, identifizieren beispielsweise Löwen das komische Ding nicht als potenzielle Beute. Wenngleich es letztendlich nicht mehr ist als eine dünne Schicht Plastik, die zwar erstaunlich widerstandsfähig, aber eben doch ziemlich leicht zu durchbrechen ist. Sie kann ein großes Gefühl von Sicherheit und Geborgenheit vermitteln, selbst in den unwirtlichsten Gegenden der Welt. Aber sie schränkt auch das persönliche Erleben ein. Im Zelt sieht man weniger, hört weniger, fühlt weniger, wenngleich natürlich deutlich mehr als inmitten von festen Wänden. Der Sternenhimmel bleibt dennoch auch im Zelt verborgen, das Rascheln im Laub nimmt man nur noch gedämpft wahr, die Luft ist immer ein paar Grad wärmer als draußen und das Bellen der Rehe ein bisschen weniger erschreckend. Ich liebe die Geborgenheit, die man in einem Zelt verspüren kann. Wenn man nach einem langen, anstrengenden Tag endlich alles aufgebaut hat, hineinkrabbelt, sich in trockene, warme Klamotten wirft und der Gaskocher leise surrt, dann kann so ziemlich jeder Ort zu einem Zuhause werden. Aber ich liebe auch die intensive, ungefilterte Erfahrung von Natur mit (fast) allem, was dazugehört. Dennoch hat es ziemlich lange gedauert, bis ich mein Zelt zum ersten Mal zu Hause gelassen und stattdessen den Biwaksack auf eine Solotour eingepackt habe. Denn auch wenn man in dieser wasserfesten Hülle, die man über den Schlafsack zieht, prinzipiell ziemlich gut vor Wind und Wetter geschützt ist, man fühlt darin noch mal eine ganz neue Art von Verwundbarkeit. Und braucht noch mal ein ganz anderes Maß an Vertrauen in sich und die Welt, um sich als von moderner Zivilisation geformter Mensch einfach so ganz allein irgendwo auf den Boden zu legen und dort das wache Bewusstsein gegen Träume zu tauschen.

Ich muss beim Sternezählen irgendwann eingeschlafen sein, denn als ich meine Augen das nächste Mal öffnete, war der Himmel etwas weniger dunkel, die Sterne etwas weniger hell, und in die Stille der Nacht mischten sich die Rufe von Eulen. Aus mindestens drei unterschiedlichen Richtungen konnte ich sie hören. Waldkäuze sind schon ab dem frühen Winter voll mit der Balz und der Markierung ihres Reviers beschäftigt, und ich glaube, ein Uhu war irgendwo in der Ferne auch dabei. Sie klangen, als wären sie ganz nah, waren es aber vermutlich gar nicht, denn das hingebungsvoll vorgetragene »Huu-hu-h uhuhuhuu« kann weit reisen. Insbesondere, wenn die Bäume kahl sind und der Raum dazwischen so windstill wie in einem Vakuum. Einfach nur die Augen zu öffnen und sofort und unmittelbar von Dingen wie Bäumen, Sternen und Eulen umgeben zu sein, scheint mir jedes Mal aufs Neue die schönste Sache der Welt. Nie fühle ich mich geerdeter, ruhiger und gleichzeitig lebendiger als in diesen Momenten. Mitten im Wald, mitten in der Nacht oder der frühen Morgendämmerung. Irgendwann verstummten die Eulen, wurden vom wispernden Piepsen einiger Meisen abgelöst, die es sich selbst jetzt im frühen Winter nicht nehmen lassen wollten, den Tag anzukündigen. Für mich war damit die Zeit gekommen, Frühstück zu machen. Und glücklicherweise musste ich dafür noch nicht mal meinen Schlafsack verlassen.

Als ich mein Müsli löffelte, hörte ich im Gebüsch ein Rascheln, musste wieder an die Begegnung mit dem Reh von letzter Nacht denken. Wenn es nach der Natur ginge, wäre es in der kompletten Dunkelheit wahrscheinlich gar nicht mehr unterwegs gewesen, denn Rehe sind von Natur aus eigentlich primär tagaktiv. Dass sie bei uns vermehrt in der Dämmerung und nachts umherstreifen, ist Untersuchungen zufolge eindeutig auf menschlichen Einfluss zurückzuführen. Auf Autoverkehr und Siedlungen. Auf Freizeitsportler und Menschen wie mich, die gern mal im Wald herumturnen. Und in nicht kleinem Maße auch auf die Jagd, die vor allem tagsüber und zur Dämmerung durchgeführt wird. Eine Studie, die 2020 unter anderem im Nationalpark Bayerischer Wald durchgeführt und in der renommierten Fachzeitschrift *Journal of Animal Ecology* publiziert wurde, konnte anhand von GPS-Bewegungsdaten belegen, dass Rehe unter gewissen Umständen sogar stärker auf menschliche Einflüsse reagieren als auf die Anwesenheit natürlicher Fressfeinde, in diesem Fall des Luchses. Natürlich kann es bei alldem große Unterschiede geben, abhängig zum Beispiel davon, wie sehr die Tiere generell an Menschen gewöhnt sind und wie intensiv das Gebiet bejagt wird. Eine eindeutige Studienlage zu diesem großen und vielschichtigen Thema gibt es nicht. Aber anzunehmen ist: Für die Tiere des Waldes sind längst nicht alle Menschen gleich. Und so wie viele andere Wildtiere, die in unmittelbarer Nähe zu Menschen leben, lernen Rehe mit der Zeit, Menschen und ihre Aktivitäten einzuschätzen. Insbesondere, solange Menschen auf den Wegen bleiben und nicht klammheimlich durch den Wald schleichen, wissen sie oft, dass keine Gefahr droht. Treten keine panische, damit kräftezehrende und vor allem im Winter auch potenziell sogar tödlich endende Flucht an, sondern lediglich den geordneten Rückzug. Anders kann das aussehen, wenn man abseits der Wege auf die Tiere trifft. Dort also, wo sie nicht damit rechnen. Und das ist wohl auch mit die größte Problematik in Bezug auf das wilde Übernachten im Wald – von der Gesetzeslage mal abgesehen. So richtig erlaubt ist wildes Campen nur selten, insbesondere nicht ohne Zustimmung des Eigentümers. Denn der Hintergrund all dieser Gesetze ist oft eher der Schutz von Eigentum und weniger der Schutz von Natur. Allerdings gibt es auch viele Grauzonen oder gar legale Varianten, und eine davon ist das Biwakieren, also das Übernachten ohne Zelt. Die Sache ist allerdings die: Dem Reh und anderen Wildtieren, also denjenigen, die im Zweifelsfall am meisten durchs Übernachten gestört werden, dürfte es relativ egal sein, ob nun jemand in einem Zelt, unterm Tarp, im Biwaksack oder der Hängematte schläft. Ob jemand gerade dem Waldgesetz Bayerns oder Brandenburgs unterliegt. Ein Nachtlager dort aufzuschlagen, wo Tiere mit der Anwesenheit von Menschen rechnen, oder zumindest nicht während der Dämmerung noch querfeldein durch den Wald zu schleichen, sind grundsätzlich wohl zwei der besten Maßnahmen, um Wildtiere nicht unnötig in ihren Abläufen zu stören. Gleichzeitig erscheint es fast schon absurd, dass in Zeiten, in denen immer noch wichtige Lebensräume für Autobahnen und Parkplätze plattgemacht werden, ausgerechnet diejenigen zum Problem gekürt werden, die sich einfach nur für ein paar Stunden irgendwo auf den Boden legen und die Augen zumachen wollen. Denn mehr als das machen die meisten Menschen nicht, die draußen schlafen, auch wenn viele beim Wort »Wildcamping« vielleicht als Erstes an Bierflaschen, Gettoblaster und illegale Lagerfeuer denken. Natürlich ist es ein Problem, wenn wie zu Beginn der Corona-Pandemie plötzlich ungekannte Mengen an Menschen durch die Wälder ziehen, Müll verteilen und sämtliche Hinweisschilder links liegen lassen. Nicht nur für die Natur, sondern auch für diejenigen, denen die jeweilige Waldfläche gehört oder die sie bewirtschaften. Aber das ist nicht die Regel, und ich würde fast meine Hand dafür ins Lagerfeuer legen, dass viele jener Menschen das als einmaliges Erlebnis abhaken und fortan lieber wieder in richtigen Betten schlafen. Der Großteil meines Bekanntenkreises würde im Traum nicht daran denken, nachts in irgendeinem Wald herumzuliegen. Und selbst innerhalb meiner Outdoor-Community gibt es viele, die das Übernachten in festen Unterkünften meistens vorziehen. Es ist ja auch in vielerlei Hinsicht wirklich nicht unbedingt erstrebenswert, irgendwo auf dem Boden im Dreck zu liegen, bei jedem noch so kleinen Geräusch wieder aufzuwachen und morgens wieder in die kalten und vielleicht noch nassen Klamotten vom Vortag schlüpfen zu müssen. Schlafen in der Natur ist erholsam, aber bisweilen kein Urlaub. Und doch bin ich der Meinung, dass die Welt ein besserer Ort wäre, wenn mehr Menschen zumindest ab und an mal eine Nacht im Wald verbrächten. Eine Meinung, über die ich in den vergangenen Jahren im Rahmen meiner Arbeit immer wieder mal mit verschiedenen Menschen gesprochen habe: mit Förstern und Försterinnen, Rangern und Rangerinnen sowie Wildtierbiologen und -biologinnen. Unerwarteterweise habe ich in solchen Gesprächen so gut wie nie Widerspruch geerntet. Und oft war sogar ich selbst diejenige, die noch am meisten Bedenken geäußert hat. Vor allem, wenn ich wandernd unterwegs war und mich somit langsam und berechenbar durch die Natur bewegt habe, habe ich meist die Erfahrung gemacht, dass Wildtiere erstaunlich gelassen und wohlvertraut auf solche Begegnungen reagieren. Vom Wildschwein bis zum Baummarder, vom Waldkauz bis zum Reh. Und wenn man weitestgehend auf den Wegen bleibt, Nationalparks und andere sensible Gebiete meidet, nicht nur seinen eigenen Müll, sondern am besten auch noch den von anderen wieder mitnimmt und nicht unbedarft den ganzen Wald in Brand steckt, wird man vergleichsweise wenig dazu beitragen, dass die heimische Flora und Fauna zugrunde gehen. Natürlich wäre es in unseren zerschnittenen und dicht besiedelten Landschaften theoretisch am besten, wenn einfach niemand irgendwo unterwegs wäre. Aber das kann kaum die Lösung sein. Die Natur ist ein essenzieller Bestandteil des menschlichen Lebens. Nur wenn Menschen eine Verbindung zur Natur entwickeln können, kann das Bedürfnis, sie schützen zu wollen, überhaupt erst so richtig entstehen. Und es gibt wohl kaum eine bessere und einfachere Möglichkeit, diese Verbindung herzustellen, als sich unter den freien Himmel zu legen und die Augen zu schließen. Man findet viele Anleitungen und Schlupflöcher im Internet, wie und wo man wild campen kann, ohne das Gesetz zu brechen. Ich möchte dafür plädieren, dass man sich nicht nur Gedanken darum macht, ob man nun im Zelt oder doch nur in der Hängematte schlafen darf, sondern vor allem auch darum, wie man sich grundsätzlich so verhalten kann, dass man einen möglichst wenig störenden, vielleicht ja sogar im Gegenteil einen positiven Einfluss auf Umwelt und Mitmenschen haben kann. Und ich bin überzeugt davon, dass das möglich ist, möglich sein *muss*. Denn während es zwar wahr und besorgniserregend ist, dass wilde Tiere und Natur immer weniger echten, wertvollen Lebensraum bei uns zur Verfügung haben, trifft das Gleiche auch auf uns Menschen zu. Der Wald ist oftmals der einzige Rückzugsort, der uns allen noch bleibt: Die Hälfte der Gesamtfläche Deutschlands wird landwirtschaftlich genutzt, weitere fünfzehn Prozent für Siedlungen und Verkehr. Das, was neben ein paar Prozent Wasser und sonstigen Flächen übrig bleibt, sind knapp dreißig Prozent Wald. Unter diesen Bedingungen erscheint selbst eine Fichtenplantage schnell als Naturparadies. Was viele vielleicht gar nicht wissen: Auch in Deutschland gibt es eine Art Jedermannsrecht wie in Skandinavien, zumindest was den Wald angeht. »Das Betreten des Waldes zum Zwecke der Erholung ist gestattet. Das Radfahren, das Fahren mit Krankenfahrstühlen und das Reiten im Walde ist nur auf Straßen und Wegen gestattet«, so steht es im Bundeswaldgesetz, auch wenn Bundesländer für bestimmte Bereiche und aus besonderen Gründen Betretungsverbote festlegen können. So kann zum Beispiel der Zugang verwehrt oder ein Wegegebot ausgesprochen werden, wenn Forstarbeiten stattfinden oder wenn es sich um ein besonders geschütztes Gebiet handelt. Darüber hinaus darf man grundsätzlich überall im Wald zu Fuß unterwegs sein, zu jeder Tages- und Nachtzeit, auch abseits der Wege. Ob man das sollte, ist eine andere und mitunter komplizierte Frage, die sich nicht eindeutig beantworten lässt.

Ich habe im Rahmen der Arbeit an diesem Buch natürlich überlegt, wie ich die Sache mit dem Wildcamping am besten angehe. Denn trotz all der oben genannten Punkte gehe ich mit dem Thema sehr sensibel um, veröffentliche zum Beispiel keine Übernachtungsplätze, wenn diese nicht zumindest offiziell geduldet sind, und versuche regelmäßig, über naturverträgliche Verhaltensweisen aufzuklären. Zudem halten sich meine wilden Nächte in Deutschland sowieso sehr in Grenzen, denn da geht es mir wie Astrid: Es macht mir einfach weniger Spaß, wenn immer das Gefühl im Nacken sitzt, dass man eigentlich nicht dort sein dürfte. Und irgendwo in einem Graben möchte ich mich auch nicht ständig verstecken müssen, nur um nicht entdeckt zu werden. Auch wenn an dieser Stelle angemerkt sei, dass viele Waldbesitzer und Waldbesitzerinnen oder auch Jäger und Jägerinnen durchaus sehr freundliche und wohlwollende Menschen sind, die friedliche und rücksichtsvolle Absichten erkennen und honorieren können. Und die nicht selten selbst wissen, wie wohltuend eine Nacht im Wald sein kann.

Dass es auch andere Wege gibt, mit dem gestiegenen Interesse an Naturerlebnissen umzugehen, hat kürzlich Polen gezeigt: Bei unseren Nachbarn gibt es eine sehr ausgeprägte Survival- und Bushcraft-Szene, also Menschen, die salopp gesagt gern mal im Wald schlafen und irgendwas aus Stöckchen bauen. Im Mai 2021 hat die polnische Forstbehörde beschlossen, rund 600 000 Hektar Waldfläche, verteilt auf 425 Waldgebiete, für diese und andere Menschen zum legalen Übernachten freizugeben. Eine kluge Vorgehensweise, denn so kann man Erholungssuchende gezielt lenken und aus sensiblen Naturzonen fernhalten. Wie dieses Pilotprojekt sich entwickelt, wird sich zeigen müssen. Angenommen wird es bisher gut, und auch ich habe im Rahmen einer Reise um das Stettiner Haff schon in so einem polnischen Waldstückchen übernachtet. Der relativ uncharmante Fichtenforst hätte im Prinzip überall sein können und machte die Nacht im Wald gewiss nicht zu etwas Speziellem. Aber das Gefühl, dort wirklich willkommen und nicht nur maximal geduldet zu sein, machte doch einen riesigen Unterschied. In Deutschland ist diese Herangehensweise vielleicht utopisch, denn hierzulande ist viel mehr Waldfläche in privater Hand, während in Polen rund achtzig Prozent vom Staat verwaltet werden. Ich möchte die Hoffnung aber nicht aufgeben. Und bis es so weit ist, gibt es mittlerweile ja immerhin einige Alternativen ...

—

Irgendwo hier musste es doch sein, dachte ich mir und suchte mit den Augen die Flächen zwischen den Fichtenstämmen ab. Ich konnte keine Trampelpfade oder Ähnliches erkennen, konnte eigentlich gar nichts erkennen außer dem immer gleichen Anblick des Waldes. Aber ich hatte die GPS-Koordinaten, und ich war ganz in ihrer Nähe. Ich manövrierte mein bepacktes Fahrrad zwischen den Bäumen hindurch, Reifen und Füße verfingen sich zwischen dem dünnen Geäst. Ich war müde und durstig vom letzten Anstieg. Aber jetzt konnte es nicht mehr weit sein, bis der Tag geschafft war. Nach einer kurzen Suche fand ich endlich, was ich wollte: zwei helle Holzquadrate auf einer großen Lichtung am Hang, jedes von ihnen mit einer Sitzgelegenheit versehen, mit einem schmalen Trampelpfad als Verbindung. Ansonsten gab es nur noch eine rudimentäre Toilette, versteckt hinter den Büschen. Ich wusste, wo sie war, weil ich zwei Jahre zuvor schon mal auf diesem Platz gewesen war, als er noch ganz neu war. Er sah genauso aus wie damals, nur dass die Holzplanken mittlerweile mit einigen Metallösen versehen waren, an denen man die Abspannleinen des Zeltes befestigen konnte. Ich lehnte mein Rad an die Plattform und öffnete die Apfelschorle, die ich mir im einige Kilometer entfernten Supermarkt gekauft hatte. Zischender Luxus in der Wildnis, von dem man in echter Wildnis nur träumen darf (und das in der Regel auch ausgiebig tut). Die Beschreibung »Luxus« trifft auch auf die kleine Sitzbank zu, denn einfach nur bequem irgendwo sitzen zu können zählt ebenfalls zu den Dingen, die bei Outdoortouren plötzlich gar nicht mehr so selbstverständlich sind. Genauso wenig wie die Möglichkeit, das Zelt auf einer komplett ebenen und trockenen Stelle aufbauen zu können. Das alles ist nicht viel, verglichen mit dem, was man gemeinhin als Luxus bezeichnen würde, aber vielleicht doch schon zu viel, wenn man sich nach einem echten Wildniserlebnis sehnt. Mir kam das in diesem Moment nur recht, und ich genoss meine kleine Luxusunterkunft tief im Nationalpark Hunsrück-Hochwald. Nachdem ich mein Zelt aufgebaut, mich häuslich eingerichtet und mir einen Tee gekocht hatte, machte ich es mir mit meiner Isomatte auf dem Tisch bequem. Der Blick nach oben war mitten im Wald eben immer noch die beste Aussicht, die man haben konnte. Die dunkelgelbe Sonne blitzte durch die Bäume, der Himmel über mir bekam die ersten pinken Schlieren, und ich musste nicht mehr lange warten, bis auch die Fledermäuse wieder über die Lichtung huschten, während der Wald langsam in der Dunkelheit versank.

Trekkingplätze wie dieser sind in den letzten Jahren über die ganze Republik verteilt wie Pilze aus dem Waldboden gewachsen. Ausgewiesene Plätze fürs Übernachten im Freien, oft mit ein oder mehreren Holzplattformen versehen, auf denen man vegetationsschonend das Zelt aufbauen kann. Eine Trockentoilette ist ebenfalls stets vorhanden, manchmal noch eine Sitzgelegenheit oder Feuerstelle. Das war es dann aber meist auch schon wieder mit den Annehmlichkeiten. Für die Tourismusregionen ist das eine gute Möglichkeit, Wander-

und Radwege noch attraktiver zu machen und die wachsende Outdoorleidenschaft der Menschen für sich zu nutzen. Für Wanderer und Radfahrer ist es wiederum eine gute Möglichkeit, unter den Sternen zu schlafen – ganz legal und ohne direkt mit den gesammelten Herausforderungen einer Wildcamping-Tour konfrontiert zu sein. Ich finde diese Trekkingplätze großartig und hoffe, dass es in Zukunft noch viel mehr davon geben wird. Gleichzeitig sind sie aber nur bedingt Ersatz für eine wirklich wilde Mehrtagestour. Denn deren Verlockung ist ja nicht zuletzt gerade, eben nicht zu wissen, wo man abends schlafen wird, und sich seinen Schlafplatz auch nicht mit anderen teilen zu müssen. Mitunter sind die Trekkingplätze sogar eher eine Erfahrung von Überfluss als von Reduktion. Andererseits: Hauptsache, ich würde mitten im Wald schlafen, mit nichts als einer dünnen Zeltwand zwischen mir und dem Himmel, mir und den Bäumen, mir und den Tieren. Das war der eigentliche Reiz einer jeden Nacht in der freien Natur, ganz unabhängig davon, ob man nun auf einer Holzplattform oder irgendwo mitten im Wald liegt.

Die Nacht im Hochwald war eisig kalt, obwohl es August war. Ich hatte nur einen relativ dünnen Sommerschlafsack eingepackt – und das wurde mir nun zum Verhängnis. Meine Füße hatte ich längst aufgegeben, den Rest des Körpers versuchte ich mit zusätzlichen Kleidungsschichten einigermaßen auf Betriebstemperatur zu halten. Als es dämmerte, wachte ich zum mindestens zehnten Mal auf, und endlich war es spät genug, dass ich wach bleiben und mir einen heißen Kaffee kochen konnte. Dann erwachte nicht nur ich, sondern auch der Wald langsam zu neuem Leben. Eigentlich war ich für einen Auftrag ins Saarland gekommen, fuhr eine Woche lang eine neue, speziell fürs Bikepacking mit Gravelbikes gemachte Radroute ab, um darüber zu berichten. Solche Reisen können niemals an die Erfahrungen herankommen, die man macht, wenn man ganz frei von Verpflichtungen ist. Und gleichzeitig war dieser Auftrag an diesem Morgen gedanklich ganz weit weg. Die restlichen Nächte verbrachte ich auf Campingplätzen, manchmal auch in Unterkünften. Dort musste ich nicht frieren, nicht mehrere Liter Wasser mit mir tragen, konnte abends duschen und mich in ein bequemes Bett legen. Und doch war es vor allem diese kalte, zwischenzeitlich fast schon zermürbende Nacht im Wald, die mir von allen die liebste gewesen war.

Kalt waren auch die Nächte, die ich einige Wochen später auf dem Forststeig erlebte. Ich war Ende Oktober unterwegs und damit kurz vor Saisonschluss. »Das Problem sind im Winter vor allem die Trockentoiletten, die dann zufrieren«, erklärte mir der Mitarbeiter des Forstamtes, der die Plätze betreut. »Deswegen machen wir die Plätze zum November hin dicht.« Jeden Tag fuhr er einen Teil der Biwakplätze und Trekkinghütten entlang des Weitwanderweges ab, um nach dem Rechten zu sehen. Ob ich mein Ticket schon in den Kasten geworfen hätte, fragte er mich noch, bevor er wieder ging. Ich bejahte, und ein Wort schien hier noch etwas wert zu sein. Zehn Euro kostet ein offizielles Biwak im südelbischen Grenzgebiet zwischen Deutschland und Tschechien. Dort, wo das Elbsandsteingebirge noch ein bisschen wilder und einsamer ist als auf der anderen Seite der Elbe. Die Tickets kann man vorab kaufen, und sie gelten für alle Plätze und Hütten, unabhängig vom Datum. Ich hatte vier davon in meinem Rucksack, zusammen mit einem groben Wanderplan, aber ohne genaue Etappenziele. Im Gegensatz zu den meisten anderen Trekkingplätzen in Deutschland muss man sich hier nicht festlegen, wann man wo übernachtet. Und man baut sein Zelt auch nicht auf Plattformen auf, sondern direkt auf dem Waldboden oder den Wiesen. An diesem Tag hatte ich spontan etwas früher Schluss gemacht. Nachdem ich mein Zelt zwischen zwei Fichten aufgestellt hatte, ging ich hinunter zur offenen Lichtung neben dem Bach und setzte mich in die zumindest noch halbwegs warme Spätherbstsonne, um ein wenig zu lesen. Irgendwann sah ich aus dem Augenwinkel eine Person den Weg hinaufwandern. Der Rucksackgröße nach zu urteilen, würde das wohl mein erster Mitbewohner für diese Nacht werden. Ein bisschen hatte ich ja ehrlich gesagt schon die Hoffnung gehegt, dass ich den Platz vielleicht für mich haben würde, so spät im Jahr. Aber mein Realitätssinn hatte mir schnell klargemacht, dass eine Hoffnung wie diese unbegründet sein würde. Allzu viele Angebote wie dieses gab es dann eben doch noch nicht in Deutschland, und dementsprechend beliebt waren diejenigen, die es gab.

Lukas hatte noch nie zuvor draußen übernachtet. Die Wanderung auf dem Forststeig war seine erste Mehrtagestour. »Warum ich das mache, weiß ich gar nicht so genau«, sagte er, nachdem ihn gefragt hatte. »Ich wollte das einfach mal ausprobieren.« Wir unterhielten uns über Hängematten, Trekkingnahrung und die Wanderwege dieser Welt, bis nach und nach noch zwei Zweiergespanne auf dem Platz eintrudelten. Alle waren nett, wir plauschten und tauschten Schokolade gegen Gummibärchen. Von den Sternen und Fledermäusen bekamen wir allerdings nichts mit, und als ich im Zelt lag, während die anderen noch ihr Abendessen beendeten, fühlte ich mich eher wie auf einem Campingplatz als mitten in der Natur. Als ich mein Zelt am nächsten Morgen möglichst früh zusammenpackte, standen die anderen tragbaren Behausungen noch scheinbar unbelebt im Wald. Nur Lukas winkte mir aus seiner Hängematte zu, als ich den Platz verließ. Bald überquerte ich die Grenze nach Tschechien – der Forststeig ist ein internationales Projekt – und machte mich an den Anstieg hinauf in Richtung Hoher Schneeberg, dem mit 722 Metern höchsten Berg des Elbsandsteingebirges. Als ich den Rand des Plateaus erreicht hatte, fand ich mich auf einer Felskanzel wieder, die wie ein großes Raumschiff über einem See aus Bäumen schwebte. Ich war an diesem Morgen ohne Frühstück aufgebrochen und hatte nun den perfekten Platz gefunden, um das nachzuholen. Schnell waren Müsliriegel und Gaskocher aus dem Rucksack befördert, und als ich mit einer Hand die heiße Kaffeetasse hielt, während die andere auf dem rauen, warmen Sandstein ruhte, schien die Welt vollkommen. Der Mäusebussard rief, und ich musste – wie so oft – zurückdenken an meine erste Wildzeltnacht. Ich wollte das damals eben mal ausprobieren, genauso wie Lukas. Hatte diesen Wunsch, ohne genau zu wissen, wieso. Und ich bin froh, dass ich ihm damals gefolgt bin, aller Unsicherheiten zum Trotz. Heute, zehn Jahre später, kann ich die Nächte gar nicht mehr zählen, die ich unter den Sternen verbracht habe. Manche davon waren perfekt, die meisten ehrlich gesagt nicht. Zu kalt, zu windig, zu unbequem, zu nass, zu viele Moskitos, zu wenig gut gekühlte Softdrinks, zu viel Gesellschaft und manchmal auch zu wenig Gesellschaft. Und doch war jede einzelne Nacht es wert gewesen. Nicht immer wegen der Übernachtungen an sich, aber weil sie alle Erlebnisse drum herum so viel wertvoller gemacht hatten. Und weil es manchmal wohl genau das Gegenteil von Komfort ist, das uns Menschen erst so richtig zufrieden macht. »Wir leben zunehmend behütete, sterile, temperaturgeregelte, überfütterte, unterfordernde, gesicherte Leben. Und das schränkt den Grad ein, zu dem wir unser ›einziges wildes und kostbares Leben‹ erleben […].« Der Journalist Michael Easter hat sich in seinem Buch *The Comfort Crisis* (Die Komfort-Krise) auf die Suche nach dem begeben, was wir oft intuitiv meiden und mehr brauchen, als uns bewusst ist: *Discomfort*, für das es im Deutschen gar kein richtiges Wort gibt, außer vielleicht Unbehagen. Das Gegenteil von Komfort eben: größere physische und mentale Herausforderungen, echter Hunger, die Möglichkeit von Gefahr, aber zum Beispiel auch Langeweile und Monotonie. All das klingt erst einmal nicht sonderlich erstrebenswert. Und doch sind es oft nicht zuletzt diese Aspekte, die Menschen besonders hervorheben, wenn sie versuchen, den Reiz von beispielsweise Fernwanderungen zu erklären. Wie kann das sein? »Der Komfort und die Annehmlichkeiten, die heute unseren Alltag bestimmen, [...] beeinflussen unsere Spezies erst seit einhundert oder weniger Jahren. [...] Konstanter Komfort ist radikal neu für uns Menschen.« Michael Easter geht in seinem Buch vielen der oben genannten Erfahrungen auf den Grund, zeichnet durch eigene Erlebnisse und im Gespräch mit Experten und Expertinnen ein Bild davon, welche Vorzüge sie für unsere mentale und körperliche Gesundheit haben. Es geht darum, wie die ständige Verfügbarkeit von Essen uns ungesund leben lässt und wie gemütliche Sessel die Arbeit unserer Muskeln übernehmen. Wie unser Gehirn nicht mehr zur Ruhe kommt, weil wir jedem noch so kleinen Anflug von Langeweile mit einem Blick aufs Smartphone aus dem Weg gehen, wie der Mangel an physischer und mentaler Herausforderung unzufrieden oder sogar krank macht und um vieles mehr. Und nach und nach scheint vieles von dem zumindest in Ansätzen Sinn zu ergeben, was oft so unerklärbar zu sein scheint. Was einfach nur gefühlt, aber nicht wirklich mit Worten begründet werden kann.

Dieses Kapitel ist eines der ersten, die ich begonnen, und das letzte, das ich beendet habe. Weil es zwischenzeitlich fast unmöglich schien, die Frage nach dem Warum zu beantworten. Gehörte ich hierhin? Wieso musste ich überhaupt hier draußen schlafen, auf dem frostigen Waldboden herumliegen statt zu Hause auf der warmen, weichen Matratze? Ich wollte so gern eine gute, nachvollziehbare und überzeugende Antwort auf diese Frage finden. Zumal das Draußenschlafen und das Erleben von Wildnis so eng miteinander verbunden sind, wenngleich ich aufgrund der Umstände in Deutschland längst nicht für alle Touren davon Gebrauch gemacht habe. Fakt ist: Meine erste Solo-Zeltnacht in der schottischen »Wildnis«, damals vor zehn Jahren, hat alles für mich verändert. Und ich weiß, dass es vielen Menschen genauso geht. Draußen zu schlafen hat dabei meist wenig mit dem romantisierten Bild von Wildcamping zu tun, auch wenn es sie durchaus gibt, diese perfekten Nächte unterm Sternenhimmel. Dennoch beinhaltet es vor allem viel von dem, was in unserem auf maximalen Komfort ausgelegten Leben fehlt: Das »Bett« ist unbequem, der Schlafsack mitunter zu kalt, das Essen rationiert, der Fernseher nicht existent, und irgendwo könnte doch immer ein wildes Tier lauern (zumindest in unseren Köpfen). Draußen zu schlafen ist die wohl einfachste Möglichkeit, aus unserem komfortablen Leben auszubrechen, das oft Segen, aber eben in gewisser Weise auch Fluch ist. Denn unser Gehirn ist nicht darauf ausgelegt, in ständigem Komfort zu schwelgen, wenngleich es andererseits evolutionär bedingt ständig versucht, alles jenseits der Komfortzone zu meiden. Was dann passiert, ist das, was in *The Comfort Crisis* als »problem creep« bezeichnet wird: Wenn wir weniger Probleme haben, werden wir nicht zufriedener, sondern wir erachten einfach solche Dinge als Probleme, die eigentlich keine sind. Luxusprobleme eben. Oder wie Michael Easter sagt: »Der Komfort von heute ist die Unannehmlichkeit von morgen.« Schon eine Nacht in der Natur kann dieses Empfinden wieder ein Stück weit zurechtrücken. Und vielleicht ist die Antwort, die ich gesucht habe, eben einfach nicht mehr als das. Aber auch nicht weniger.

Kapitel 5

VON SCHAFEN UND WÖLFEN

Beinah hätte ich den schönsten Moment des Tages, der Woche, vielleicht sogar des Jahres verpasst. Aber ich kann einfach nicht an einem Pärchen Schwarzspechte vorbeigehen, ohne zumindest kurz stehen zu bleiben. Beim Schwarzspecht sehe ich immer zuerst die Augen, gleißend hell, wie aufgeklebt. Erst dann fällt mein Blick auf den großen, ebenso hellen Schnabel, auf den leuchtend roten Kopffleck. Und zuletzt auf den massigen, schwarzen Körper, der in seinem Umfang dem einer Krähe ähnelt. Der Sitzruf, ein in die Länge gezogenes »Kiääääh«, geht beim ruhigen Waldspaziergang durch Mark und Bein. Und zwar jedes. Einzelne. Mal. Schwarzspechte wirken auf mich stets wie aus der Zeit gefallen. Ein bisschen zu groß für unsere kleinteilige Welt, ein bisschen zu sehr auf die Art von Wald spezialisiert, von der es nicht mehr allzu viel gibt: vorzugsweise alte Buchen- oder zumindest Mischwälder, mit viel Totholz und viel Platz. Glücklicherweise haben dessen Bestandszahlen einen positiven Trend, ein gewisses Umdenken in Sachen Waldumbau kommt den Tieren zugute. Anders erging es da dem Elfenbeinspecht, an den ich jedes Mal ganz automatisch denken muss, wenn ich einen Schwarzspecht sehe oder auch nur höre. Der Elfenbeinspecht war (oder vielleicht doch »ist«?) der zweitgrößte Specht Nordamerikas, in etwa so groß wie ein Mäusebussard, und dem Schwarzspecht gar nicht so unähnlich. Gesehen habe ich ihn bisher nur in den naturhistorischen Museen in Wien und Berlin (die einzige Art von Museum, die ich zuverlässig besuche, wann immer es mich mal in eine größere Stadt verschlägt). Denn seit 1994 gilt der Elfenbeinspecht endgültig als ausgestorben. Der letzte sichere Nachweis seiner Existenz stammt aus dem Jahr 1944. Angebliche Sichtungen und sogar daraus resultierende ganze Suchexpeditionen gab es seitdem allerdings so einige. Zuletzt ist der Vogel, der als so etwas wie der Heilige Gral der Ornithologie gilt, angeblich von dem Wissenschaftler Steven C. Latta und seinem Team entdeckt worden, die 2022 eine Studie zu ihren Erkenntnissen herausgegeben haben. Zehn Jahre lang hatten die Forscher zuvor ein dreiundneunzig Quadratkilometer großes Waldgebiet im Bundesstaat Louisiana im Süden der USA untersucht, legten sogar Nachweise in Form von Fotos und Videos vor. Die Skepsis war groß, so richtig eindeutig und überzeugend waren die Belege und Erkenntnisse nicht. Und doch geriet die weltweite Gemeinschaft der Vogelfreunde einmal mehr gesammelt aus dem Häuschen. Die Chance, dass der Elfenbeinspecht wirklich noch irgendwo da draußen zu finden ist, ist alles in allem eher als gering zu betrachten. Auch wenn die im 20. Jahrhundert rasant abgeholzten Sumpfwälder im Südwesten der USA sich vielerorts wieder gut erholt haben. Bleibt zu hoffen, dass zumindest der Schwarzspecht noch lange die Wälder mit uns teilt. Oder eben eine kleine Allee inmitten der Lüneburger Heide, die »mein« Schwarzspechtpaar sich an diesem Morgen für die Suche nach Frühstück ausgesucht hatte. Es gibt Vögel, die beobachten zurück, wenn man sie beobachtet. Zumindest für einen kurzen Moment. Auf Spechte trifft das leider nie zu, Spechte sind stets viel zu beschäftigt mit dem, was Spechte eben so tun. Und wenn man ihnen zu nahe kommt, verharren sie keine Sekunde, sondern verstecken sich entweder auf der anderen Seite des Stammes oder flattern einfach direkt zum nächsten. Meine Spechte entschieden sich für Letzteres, und im Nachhinein muss ich ihnen dafür dankbar sein. Denn ein paar Minuten später und ich wäre zu spät zu einer großartigen Vorstellung gekommen.

Ich sah bereits, wie die Wipfel der großen Linden um mich herum sich verfärbten, sah den Beginn der Heideflächen ein paar Hundert Meter vor mir und begann zu rennen, als liefe ich Gefahr, meinen Zug zu verpassen (und der nächste führe erst übermorgen). Rennen mit großem Rucksack, das fühlt sich selbst dann leicht entwürdigend an, wenn man dabei lediglich von zwei großen schwarzen Vögeln gesehen wird, die sich sowieso nicht für einen interessieren. Aber es musste sein. Bis zum Ende der Allee, ein Stück den ersten Hügel hinauf – gerade noch rechtzeitig. Die Sonne hatte sich erst zur Hälfte über den Rand der Hügel auf der anderen Seite geschoben, zwischen mir und ihr lag nichts mehr als die Heide. Jeder Zentimeter von ihr war von einer dünnen Frostschicht überzogen, die die Farben der aufgehenden Sonne reflektierte. Noch ein bläuliches Weiß, bald schon ein milchiges Pink, dunkel leuchtendes Orange, dann Gelb, welches immer heller und gleißender wurde. Ich lief ein Stück weiter, drehte mich langsam im Kreis, versuchte, aus allen Blickwinkeln gleichzeitig zu sehen. Ich kniete mich auf den Boden, fotografierte die filigranen Eiskristalle auf der Vegetation. Wie kleine Fächer hingen sie an den trockenen Blüten des Heidekrauts, wie feine Speere an den Nadeln der Wacholderbüsche. Dann ging ich noch ein bisschen weiter den Hügel hinauf, von hier aus hatte ich einen guten Blick über das geschwungene Heidetal. Einzelne Nebelschwaden hielten sich zwischen den Bäumen und Büschen, ein verwitterter Weidezaun brachte etwas Struktur in die zusammengewürfelte Landschaft. Der dazugehörige Bauernhof lag still in der Ferne, ich hörte keine Autos, keine Menschen, nur das Piepen einiger Singvögel und den kullernden Ruf eines Birkhuhns, den ich erst später zuordnen konnte. Das ist der schönste Morgen, den ich je erlebt habe, schoss es mir durch den Kopf. Wohl wissend, dass ich mir das schon oft gedacht hatte und ziemlich sicher auch noch oft denken würde. Ich versuchte, ihn gleichzeitig fotografisch, aber auch mit ganzem Herzen festzuhalten. Ein Spagat, der nicht immer gelingt, aber an diesem Morgen erstaunlich gut funktionierte. Ich war randvoll mit Dankbarkeit, wusste gar nicht so richtig, wohin damit. Alles war so unwirklich perfekt, und obwohl ich auf einen Morgen wie diesen gehofft hatte, hatte ich nicht damit gerechnet, ihn auch wirklich zu erleben. Immerhin muss dafür nicht nur die Temperatur stimmen, sondern auch der Wind und die Feuchtigkeit in der Luft. Und mit Wolken am Himmel wäre das frostige Heidekleid vielleicht auch nur halb so schön gewesen.

Erst als die Sonne jegliche Farbnuancen verloren hatte und nur noch in beißender Helligkeit schien, gab ich meinen eiskalten Händen nach und kramte die Handschuhe aus meinem Rucksack hervor. Noch waren die Sonnenstrahlen nicht kräftig genug, um sie zu wärmen. Oder auch nur, um die weiße Frostschicht auf dem Boden zum Schmelzen zu bringen. Sie knackste und knisterte bei jedem meiner Schritte, den ich auf dem Heidschnuckenweg machte. Der rund 223 Kilometer lange Weitwanderweg, der in Nord-Süd-Richtung vom Süden Hamburgs bis nach Celle führt, hatte schon seit vielen Jahren auf meiner Wanderwunschliste gestanden. Ich glaube, es war sogar der allererste Weg gewesen, den ich vor rund zehn Jahren auf diese damals noch recht leere Liste gesetzt hatte. Irgendwo hatte ich eines dieser Bilder gesehen. Ein weißes, wolliges Schaf inmitten blühender Heidelandschaft, und schon war es um mich geschehen. Manchmal bin ich leicht zu beeindrucken, und von Dingen wie Schafen und Heide eigentlich immer. Doch dann war die nächste Reise über die Landesgrenze hinaus stets verlockender gewesen. Zur Heideblüte sei der Weg am schönsten, so liest man in so ziemlich jedem Artikel, der sich mit dem Heidschnuckenweg beschäftigt. Ich möchte nach diesem Morgen inmitten der glitzernden Winterheide gerne das Gegenteil behaupten.

Einige Stunden später hatte ich mich der Handschuhe und auch einem großen Rest meiner winterlichen Wanderkleidung wieder entledigt. Die letzten Eiskristalle waren längst verschwunden, selbst im Schatten der dichten Wacholderbüsche, wo sie sich besonders lange gehalten hatten. Der Wind war noch so eisig wie am Morgen, aber die Sonne hielt zunehmend standhaft dagegen. Schleichend war der Wintermorgen in einen Frühlingstag übergegangen. Wie um diese Tatsache zu unterstreichen, begegnete ich später am Tag meinem ersten Zitronenfalter des Jahres. Was für ein Fest. Während ich in den frühen Morgenstunden keine Menschenseele gesehen hatte, nutzten nun auch andere Wanderer den schönen Tag für eine Tour durch die Lüneburger Heide. Dass diese heute das größte zusammenhängende Heidegebiet in Mitteleuropa ist, ist einerseits schön und andererseits traurig. Denn bis zu Beginn des 19. Jahrhunderts bedeckten solche Flächen noch einen Großteil Niedersachsens. Heute ist davon fast nichts mehr übrig. Und dennoch könnte man beim Blick vom Wilseder Berg, dem mit 169 Metern höchsten »Berg« der norddeutschen Tiefebene, das Gefühl bekommen, dass diese Heide schier endlos ist: Bei klarer Sicht kann man von seinem Gipfel im Herzen des Naturparks Lüneburger Heide aus immerhin bis nach Hamburg blicken. Der Wilseder Berg ist das Ergebnis eines durch Gletscher verursachten Sand- und Geröllstaus. Die großen (und heute deutlich weniger großen) Heideflächen hingegen konnten nur durch menschliches Zutun entstehen. In der Jungsteinzeit, die vor etwa 10 000 Jahren begann und etwa 2000 vor Christus endete, besiedelten die ersten Bauern die Flächen der Lüneburger Heide. Sie rodeten den damals vorherrschenden Wald, um Ackerbau zu betreiben. Und dort, wo gerade kein Acker bestellt wurde, weil die Böden sich erholen mussten, hatte das eher anspruchslose und genügsame Heidekraut freie Fahrt. Damit weiterhin auch Nutzpflanzen auf den Flächen wachsen konnten, wurden im Mittelalter die Heidschnucken in das Gebiet gebracht. Sie produzierten dringend benötigten Dünger, natürlich auch Wolle, und wurden zu einem wichtigen Pfeiler im bäuerlichen Einkommen. Genauso wie die Honigbiene, denn die weiten, offenen Flächen waren für die Gewinnung von Honig und Bienenwachs wie gemacht. Auch heute noch gehören die Heidschnucke, die Honigbiene und natürlich die Besenheide fest zur Lüneburger Heide. Das liegt allerdings eher daran, dass diese bewusst bewahrt wurden und werden. Im Laufe des 19. Jahrhunderts bekam der Honig durch den Rohrzucker starke Konkurrenz, die Heidschnucken konnten nicht mit den Merinoschafen mithalten, und immer neue Düngemittel machten es möglich, auch auf den trockenen, sandigen und nährstoffarmen Heideböden Getreide und Kartoffeln anzubauen. Die Heideflächen verschwanden in Deutschland, genauso wie in vielen anderen Teilen Europas, rasant von der Bildfläche. Und es gäbe die Lüneburger Heide in ihrer heutigen Form nicht mehr, wenn dort nicht durch pionierartige Bemühungen eines der ersten

Naturschutzgebiete Deutschlands entstanden wäre. Bis heute sorgt der Verein Naturschutzpark e. V., dessen erste Hauptversammlung bereits im Jahr 1910 stattfand, für den Erhalt und die Pflege der letzten großen Heidefläche in Deutschland. Und gepflegt werden, das muss die Kulturlandschaft Heide. Sogar ziemlich intensiv. Beim Plaggen zum Beispiel wird die gesamte obere Vegetationsschicht abgetragen, zusammen mit der Rohhumusauflage und manchmal sogar einer dünnen Schicht des obersten Mineralbodens. So können stark vergraste Flächen wieder in Heideland umgewandelt und Bodenflächen offen gehalten werden. Viele Jahrhunderte lang wurde das ausschließlich mit der Hand gemacht – und ja, das Wort »Plackerei« kommt von genau dieser Arbeit. Heute übernehmen Bagger oder spezielle Plaggmaschinen die anstrengende Prozedur. Eine weitere Maßnahme zur Heidepflege ist das Entkusseln: Dabei werden mit der Hand, dem Spaten oder der Säge Pionierbaumarten wie Birken und Kiefern entfernt – die vielleicht größten Feinde jeder Heidelandschaft. Denn würde das nicht geschehen, würde sich so ziemlich jede Heidefläche hierzulande wieder zu einem Wald entwickeln, und zwar erstaunlich schnell. Auch das kontrollierte flächige Abbrennen von Heidevegetation und eines Teils der Rohhumusauflage ist nach wie vor eine gängige Methode. Doch vermutlich keine davon ist so schonend, effektiv und vor allem auch so putzig anzuschauen wie die Beweidung. Auch heute noch gibt es einige Heidschnuckenherden, die ganzjährig mampfend über die Flächen ziehen und so durch moderaten Verbiss zur konstanten Verjüngung der Heide beitragen. Allerdings finden nie alle Maßnahmen überall statt, damit möglichst viel Strukturreichtum und Vielfalt erhalten bleiben. Während sich auf durch das Plaggen offen gehaltenen Flächen Grab- und Wegwespen, Ödlandschrecken, Kreuzottern, Steinschmätzer und Zauneidechsen wohlfühlen und Bärlappe, verschiedene Moose und Erdflechten gedeihen, ist die Besenheide selbst zum Beispiel Futterpflanze für viele und teils seltene Schmetterlingsarten wie die Heidekraut-Bunteule oder den Komma-Dickkopffalter. Diese Artenvielfalt ist es auch, die Kulturlandschaften wie die Heideflächen besonders schützenswert macht. Und während man Naturschutz eigentlich erst einmal mit dem Schutz möglichst ursprünglicher und sich selbst überlassener Landschaften in Verbindung bringt, drehen sich die allermeisten klassischen Naturschutzmaßnahmen in Deutschland um genau solche von Menschenhand geformten Kulturlandschaften. Landschaften, die mit Wildnis im Sinne von wilder, sich selbst überlassener Natur gar nicht viel zu tun haben, für die Biodiversität aber immens wichtig ist. Und gemeinsam mit dem selbstregulierenden System in Wildnisgebieten, die zwar manchmal weniger artenreich, dafür aber nicht weniger wichtig sind, können und müssen sie dazu beitragen, die biologische Vielfalt zu bewahren.

In Deutschland gibt es drei Kategorien für großflächig geschützte Gebiete: Nationalparks, Biosphärenreservate und Naturparks. Diese verfolgen jeweils unterschiedliche Ziele und wenden dafür unterschiedliche Maßnahmen an. Daneben existieren noch die flächenmäßig kleineren Naturschutzgebiete sowie Landschaftsschutzgebiete, Schutzgebiete gemäß NATURA 2000 und die verhältnismäßig neuen Nationalen Naturmonumente. Während Nationalparks und Naturschutzgebiete vor allem die Bewahrung und Wiederherstellung von Natur beziehungsweise natürlichen Prozessen im Blick haben, geht es bei Biosphärenreservaten und Naturparks sowie Landschaftsschutzgebieten nicht nur um reinen Naturschutz, sondern auch um die Bewahrung von Kultur und das Verhältnis zwischen Mensch und Natur. Was der Nationalpark für den Wildnisschutz ist, ist der Naturpark für den Schutz dieser Kulturlandschaften.

In die Arbeit dieser beiden Institutionen konnte ich vor einigen Jahren im Saarland etwas tiefer eintauchen: Einen Tag lang habe ich dort eine Mitarbeiterin des Naturparks Saar-Hunsrück bei ihrem Arbeitsalltag begleitet. Ein wichtiger Teil der Arbeit des Naturparks ist es, durch eine nachhaltige Landschaftspflege und -nutzung die wertvollen Lebensräume der im Naturpark heimischen Tier- und Pflanzenarten zu bewahren. Und so haben wir unter anderem eine Streuobstwiese besucht und ein Schutzprojekt für *Arnica montana*, die echte Arnika, begutachtet. Letztere wuchs auf einer Wiese hinter einer Tankstelle, und mehr als das braucht man über die Unterschiede zwischen der Arbeit von Naturparks und Nationalparks eigentlich gar nicht zu wissen. Ich wollte trotzdem mehr erfahren und habe daher auch dem Nationalpark Hunsrück-Hochwald einen Besuch abgestattet. Mit einem Ranger des Nationalparks Hunsrück-Hochwald war ich einen Tag lang im »Urwald von morgen« unterwegs. Wir haben Borkenkäfer-»Schäden« inspiziert, Wildkatzenspuren gesucht, renaturierte Moorflächen bewandert und bewundert. Ich habe gelernt, was Wildnisbereiche von Entwicklungsbereichen und Pflegezonen unterscheidet und was Ranger in Deutschland eigentlich den ganzen Tag so machen. Ranger, die kannte ich bisher eigentlich nur aus den USA. Dort sind sie in allen Nationalparks (und anderen Schutz- und Erholungsgebieten) zu finden, vom Grand Canyon bis zu den Everglades, gut erkennbar an den grünen Hosen, gräulichen Hemden und den eingedellten, ein wenig unförmig wirkenden Hüten mit breiten Krempen. Und wahrscheinlich würde man sie auch ohne ihre Uniform erkennen, denn ausnahmslos alle, die ich bisher getroffen habe, waren ein ganz besonderer Menschenschlag. Ranger haben meine Tickets kontrolliert und mir Feuerholz verkauft. Sie haben abends an mein Zelt geklopft und gefragt, ob ich all mein Essen im Auto verstaut habe, weil eine Grizzlybärin auf dem Campingplatz gesichtet worden war. Sie haben mir Tipps fürs Wandern gegeben und mich vor eingestürzten Brücken gewarnt. Und immer haben sie dabei ein Stück ihrer Begeisterung für die Wildnis, ihrer eigenen Wildnis mit mir geteilt. Ich erinnere mich noch gut an meinen allerersten Ranger Talk – ein Angebot für kostenlose Vorträge zu allen möglichen Themen, das in allen US-amerikanischen und auch kanadischen Nationalparks zu finden ist. Ich denke oft an diesen Abend zurück, und das nicht nur, weil er am Glacier Point im Yosemite-Nationalpark in Kalifornien, einem der ziemlich sicher besten Aussichtspunkte auf diesem Planeten, stattfand, wo ich zusehen konnte, wie ein Meer aus Granit im Sonnenuntergang versank. Vielmehr ist es eine Aussage des Rangers, die bis heute niemals endend in meinen Ohren nachhallt: »Wenn ich in den Urlaub fahre, dann komme ich todmüde zurück. Es gibt da draußen so viel zu sehen, und ich will alles davon sehen.« – Das will ich auch!, war alles, was ich in diesem Moment denken konnte, während in der Ferne der ikonische Berg Half Dome zu brennen begann. Und vielleicht wurde in genau diesem Moment auch die Reiseleidenschaft in mein Herz gebrannt, denn so einen richtig klassischen Urlaub, den habe ich seitdem nie wieder gemacht.

Auch erinnere ich mich bestens an diesen einen Abend an einem kleinen Campground im Kluane-Nationalpark im kanadischen Yukon. Das Wasser in der gusseisernen Teekanne auf dem Feuer blubberte schon, als ich es mir zusammen mit ein paar wenigen anderen Besuchern auf einer der Holzbänke gemütlich machte. Ich war allein auf dieser Reise unterwegs, fühlte mich inmitten der unendlich großen Natur meist angenehm, manchmal aber auch unangenehm klein. In diesem Moment jedoch, den ich mit ein paar Fremden teilte, die ebenfalls den weiten Weg bis in den Norden Nordamerikas auf sich genommen hatten und nun ausgestattet mit Wolldecken und dampfenden Tassen neben mir saßen, fühlte ich mich genau richtig. Die Rangerin erzählte uns mit solcher Hingabe von Fledermäusen, dass mir fast die Tränen kamen, als es um das Weißnasen-Syndrom ging: verursacht durch einen Pilz, der den Tieren millionenfach zum Verhängnis wird. Und dann wurden wir von einem aufgeregten Camper unterbrochen, der gerade einem Grizzly etwas weiter unten am See begegnet war. Gleich neben der großen, verwitterten Wurzel, auf der auch ich etwas früher am Abend noch gesessen hatte. Ich konnte in diesem Moment kein einziges Gesicht in der Runde entdecken, in dem sich im Schein des Lagerfeuers kein zufriedenes Lächeln abzeichnete. Und vielleicht lernte ich in genau diesem Moment, was die unmittelbare Anwesenheit von Wildnis nicht nur mit dem menschlichen Herzen macht, wenn es nur weit genug geöffnet ist. Doch die vielleicht allerwichtigste Erkenntnis hatte ich wohl im Glacier-Nationalpark in Montana: Dort hat nicht der Ranger selbst den Talk gehalten, sondern ein Mann namens Ernie Heavy Runner, Angehöriger der *Niitsitapi*, der Blackfeet Nation. Die Blackfeet sind ein indigener Stamm, der schon lange vor den ersten europäischen Einwanderern im Nordwesten des heutigen Bundesstaates Montana ansässig war. Und zum ersten Mal hörte ich jemandem zu, der sich nicht als Besucher, sondern als integraler Teil von Wildnis zu begreifen schien – obwohl auch er selbstverständlich in vielerlei Hinsicht längst das gleiche moderne Leben lebte wie der Rest der nordamerikanischen Bevölkerung. Er sah Wildnis nicht als irgendeinen weit entfernten einsamen Landstrich an, sondern als etwas, das uns alle umgibt, das in uns allen ist. Er sprach über die Wildnis, indem er über sich selbst, seine Familie, seine Vorfahren sprach. Dabei erzählte er Geschichten über die Natur. Und er sprach über Wildnis, ohne das Wort je in den Mund zu nehmen. Denn das, was für viele von uns wohl der Inbegriff von Wildnis ist – der Regenwald des Amazonas, das Outback Australiens oder eben auch die einsamen Landstriche Nordamerikas –, war beziehungsweise ist seit mitunter Zehntausenden von Jahren die Heimat von Menschen. Menschen, die nicht nur mit dieser »Wildnis« leben, sondern sich auch aktiv um sie kümmern, um Natur zu bewahren. Während westliche Kulturen Wildnis als von Menschenhand unbehelligte Natur sehen und damit den Menschen als etwas, das Wildnis zumindest stört, wenn nicht sogar zerstört, sehen sich die Menschen vieler indigener Völker als Bewahrer des Landes, auf dem sie leben. Der westliche Garten Eden, Gegenentwurf zu einer immer moderneren, durchindustrialisierten Welt, ist für indigene Völker genau das: ein Garten, den sie mitunter hegen und pflegen, von dem sie nicht nur nehmen, sondern dem sie auch etwas zurückgeben. Schätzungsweise 120 000 geschützte Naturgebiete gibt es weltweit aktuell, die etwa fünfzehn Prozent der Erdoberfläche ausmachen. Und während die Natur dadurch alles in allem durchaus gewonnen hat, weil dort keine Straßen gebaut, Flüsse verseucht oder Hotelkomplexe errichtet werden können (zumindest in der Theorie), haben Millionen von Menschen, für die diese Gegenden Heimat waren, verloren. Zumindest ihr Zuhause, auch ihre Identität und Lebensgrundlage und viel zu oft ihr Leben selbst. Mit ihnen ging all das Wissen verloren, welches die Gebiete oft erst zu dem gemacht hat, was sie waren. Nicht unberührt, aber in Balance und reich an Leben. Die amerikanischen Nationalparks werden oft als »Amerikas beste Idee« bezeichnet, und das sind sie ganz bestimmt in vielerlei Hinsicht. Aus historischer, menschenrechtlicher Perspektive betrachtet sind sie jedoch vor allem eines: ein Tatort. Mitte des 18. Jahrhunderts machte sich die US Army gemeinsam mit lokalen Jägern daran, über vierzig Millionen Büffel innerhalb weniger Jahrzehnte einfach auszulöschen. Für die Blackfeet (und viele andere indigene Stämme) bedeutete das Hunger, und genau das war das Ziel. Denn der Hunger brachte sie dazu, etwas zu tun, was sie unter normalen Umständen nie getan hätten: Die Blackfeet verkauften ihr Land, nachdem sie regelrecht zu Verhandlungen gezwungen worden waren. Land, das sie nach ihrer Ansicht eigentlich gar nicht verkaufen konnten, weil es ihnen nicht gehörte. Weil es niemandem gehören *konnte*. »Es gehörte sich selbst; es war ein Geschenk, keine Ware, und niemand konnte es kaufen oder verkaufen«, schreibt die Professorin und Schriftstellerin Robin Wall Kimmerer in ihrem eindrucksvollen Buch *Geflochtenes Süßgras* über die Geschichte ihrer eigenen Vorfahren, denen damals ganz Ähnliches widerfuhr. »Für unser Volk [...] war Land alles: Identität, Verbindung zu unseren Vorfahren, Heimat unserer nichtmenschlichen Verwandten, Apotheke, Bibliothek, Quelle von allem, was uns am Leben hielt.«

Drei Millionen Dollar wollten die Blackfeet für »ihr« Land, wurden von Regierungsvertretern auf eineinhalb Millionen heruntergehandelt. Und die bekamen sie nicht etwa ausgezahlt, wie es bei einem Handel zwischen gleichberechtigten Geschäftspartnern der Fall ist. Das Geld wurde in einem Treuhandfonds angelegt und über viele Jahre hinweg ausgezahlt, so wie man es bei Kindern machen würde, denen man den Umgang mit Geld nicht zutraut. Der Vertrag über den Verkauf des heutigen Glacier-Nationalparks, der für die

Blackfeet der heiligste Ort war, das »Rückgrat der Welt«, räumte ihnen ursprünglich das Recht ein, auf dem Gebiet zu jagen, zu fischen und ihre jahrtausendealte Kultur auszuleben. Bis US-Gerichte anders entschieden und ihnen dieses Recht wieder entzogen.

Es ist leicht, sich in der dualistischen Idee von Zivilisation und Wildnis zu verlieren, sie geradezu heraufzubeschwören. Letztendlich ist diese Idee aber wohl vor allem ein Produkt der Umstände, unter denen wir hier in unserer durchindustrialisierten Zivilisation leben. Sie ist ein Zeichen dafür, dass wir die natürliche Welt größtenteils verloren haben – und dass wir sie doch brauchen, vielleicht mehr denn je. Was Wildnis ist, ist letztendlich immer auch eine persönliche Sichtweise. Meine Wildnis ist nur eine von vielen. Und unzählige Landstriche, die wir aus westlicher Perspektive als besonders wild – weil menschenleer – erachten, sind das nur, weil diejenigen, die dort beheimatet waren, mitunter gewaltsam verdrängt wurden. Vielleicht nicht die Uckermark oder das Ammergauer Gebirge, aber solche Gebiete, in denen sicherlich viele Reisende zum ersten Mal Bekanntschaft mit »echter Wildnis« schließen: vom Grand Canyon in den USA bis zum Kakadu-Nationalpark in Australien oder dem Bwindi-Nationalpark in Uganda. Glücklicherweise gibt es seit einiger Zeit seitens einiger Landesregierungen Bemühungen, derartige Verbrechen aus der Vergangenheit offen anzuerkennen. Gestohlene Landflächen werden zurückgegeben, Reparationszahlungen geleistet, größere Rechte eingeräumt. Keine Wiedergutmachung – und wie sollte man Vergehen dieses Ausmaßes auch nur irgendwie gutmachen können? –, aber immerhin mehr als zuvor. Auch Naturschutzbemühungen beziehen sowohl Existenz als auch Wissen indigener Völker mitunter mehr in ihr Tun mit ein. Viel zu oft jedoch passiert auch heute noch das, was schon damals den Blackfeet widerfuhr: In Indien zum Beispiel werden Menschen auch heute noch in großem Stil für Tigerreservate von »ihrem« Land vertrieben, teils gewaltsam ferngehalten, während Touristen mit offenen Armen auf demselben Land empfangen werden. Und längst nicht nur dort. Auch wenn sich Zeiten und Umstände ändern: Indigene Völker haben gezeigt – und tun es immer noch, dort, wo man sie lässt –, dass Wildnis und Menschen nicht nur koexistieren, sondern sich gegenseitig befruchten können.

Brücken zu schaffen zwischen Mensch und Wildnis, oder besser gesagt eigentlich gar nicht vorhandene Barrieren wieder einzureißen, ist eine große Aufgabe in der heutigen Zeit. Vielleicht eine der wichtigsten, die es aktuell zu erledigen gibt. Glücklicherweise gibt es viele Menschen, die sich genau das zur (Lebens-)Aufgabe gemacht haben. Wie zum Beispiel die rund fünfhundert Rangerinnen und Ranger, die es mittlerweile in Deutschland gibt. Jan Brockmann ist einer davon, und ich konnte ihn schon von Weitem erkennen. Der Heideranger trug eine ähnlich anmutende Uniform wie die Parkranger, die ich in Nordamerika gesehen hatte. Und sogar der obligatorische Hut befand sich auf seinem Kopf. Lediglich Hund Winston unterschied ihn von seinen amerikanischen Kollegen. Die Lüneburger Heide ist Heimat und heutige Arbeitsstätte von Jan. Er war als Kind viel draußen in der Heide unterwegs, so erzählte er mir. Streifte dort mit seinem Großvater durch die Natur, angelte, ging auf die Jagd und erlebte seine erste Birkhahnbalz. Schon als Schüler wollte er Ranger werden, allerdings gab es da ein Problem: Der Beruf existierte damals in Deutschland noch gar nicht. Also betreute Jan erst mal ehrenamtlich ein Naturschutzgebiet, absolvierte seinen Zivildienst als Wattführer und Vogelwart im Nationalpark Schleswig-Holsteinisches Wattenmeer, studierte anschließend Biologie. Und beschloss später, seinen Wunschberuf, den es noch nicht gab, einfach zu etablieren. In einem von der Deutschen Bundesstiftung Umwelt geförderten Projekt des WWF half er, ein Berufsbild für Ranger in Deutschland zu entwickeln, und trug so maßgeblich dazu bei, dass es heute den bundesweit anerkannten Fortbildungsberuf »geprüfte/r Natur- und Landschaftspfleger/in« gibt. Anschließend leitete er einige Jahre die Naturwacht Brandenburg, die heute mit über einhundert Rangern und vielen Freiwilligen fünfzehn Großschutzgebiete (also Nationalparks, Biosphärenreservate und Naturparks) betreut. Die Aufgaben von Rangern in Deutschland sind vielfältig und reichen von Informations- und Öffentlichkeitsarbeit über Besucherbetreuung und Umweltbildung bis hin zu Landschaftspflege, der Begleitung wissenschaftlicher Untersuchungen sowie Überwachung und Kontrolle von Schutzbestimmungen. Das Ziel jedoch, das ist eigentlich immer dasselbe: Die Vermittlung zwischen Mensch und Natur, hin zu einem ausgeglichenen Verhältnis der oft miteinander konkurrierenden Bedürfnisse. Oder anders gesagt: genau das, was Natur und auch Wildnis in Deutschland brauchen. Jan ist nach vielen Jahren 2005 in seine Heimat, die Lüneburger Heide, zurückgekehrt und arbeitet dort gemeinsam mit seiner Frau Bettina, ebenfalls Biologin, heute als selbstständiger Heideranger. Er führt Touristen durch die Heide, kümmert sich um Wege, erstellt Kartierungen und Gutachten, die für Natur- und Artenschutz relevant sind, und vieles mehr. Außerdem setzen sich die beiden für den Ranger-Nachwuchs ein und bieten Trainings an. Denn gerade in Naturparks, in denen es darum geht, Naturschutz und Erholung zusammenzuführen, sind solche Vermittler dringend erforderlich, um die Natur dauerhaft zu erhalten, aber vor allem auch, um die Augen der Besucher für den Wert dieser Natur zu öffnen. Denn genau diese Wertschätzung macht Naturparks überhaupt erst so richtig schützenswert. Und gleichzeitig sichert ihnen genau diese Wertschätzung langfristig Schutz.

Jan zeigte mir eine Übersichtskarte mit den Heideflächen Niedersachsens, früher und heute. Wie so ziemlich jede Naturkartierung in Deutschland verfehlt auch diese nicht ihre Wirkung. Wehmütig blickte ich auf die Karte, dann langsam über das bucklige Heidetal, durch das Jan und ich spazierten. Es ist vielleicht nicht jene unberührte Wildnis, die außerhalb dieses geschützten Gebietes verloren gegangen ist, aber eine vielfältige, artenreiche und nicht zuletzt auch einfach wunderschöne Kulturlandschaft, deren vielerorts trockengelegte Moorflächen wir in Anbetracht des Klimawandels aktuell ganz besonders gut gebrauchen könnten. Wer sich auf die Suche nach Wildnis begibt, kommt nicht umhin, sich mit dem Thema Verlust auseinanderzusetzen. Immer, wenn ich ein Stück Wildnis fand, hatte ich woanders eines verloren. Das, was an einem Ort existierte, erinnerte mich fast automatisch an all die Orte, an denen es das eben nicht mehr gab. Und vermutlich ist das der Grund dafür, dass das Erleben von Wildnis immer auch mit einer gewissen Melancholie einhergeht.

Wo man denn eigentlich am besten Heidschnucken sehen könne, fragte ich Jan am Ende unseres gemeinsamen Spaziergangs durch seine Heide. »Die größten Chancen auf eine Begegnung hast du eigentlich schon verpasst«, so seine geradezu niederschmetternde Antwort. »Weiter unten in der Südheide gibt es aber noch zwei oder drei Herden, also halte da mal die Augen offen. Und falls du sie nicht siehst, kannst du sie vielleicht wenigstens hören.«

Ich hörte keine Schafe. Und auch sonst hörte ich nicht sonderlich viel, als ich zwei Tage und rund achtzig Kilometer später die Südheide erreicht hatte. Zumindest, wenn man die regelmäßigen Explosionen auf den militärischen Übungsgeländen ausblendete. Das gelang mir nicht immer, auch weil an diesem Tag meiner Wanderung Putins Truppen in die Ukraine einmarschiert sind. Und weil ich bei jedem neuen Knall daran denken musste, dass genau das für die Menschen dort nun längst nicht mehr nur am Rand von Truppenübungsplätzen bittere Realität war. Eine Realität, die Dinge wie Wandern und putzige Schafe in recht belanglosem Licht erscheinen ließ. Abends in meinen Unterkünften informierte ich mich in diesen Tagen über die aktuelle Lage. Tagsüber beschloss ich aber, das Smartphone in der Tasche zu lassen. Und viel hätte ich damit sowieso nicht anfangen können, denn auf Instagram wollte ich aus Respekt vor den Geschehnissen in diesen Tagen sowieso nicht über meine Tour berichten. Ich zog mich zurück in die weite Stille der Südheide. Was für ein Luxus, was für ein Privileg. Breit und ausgetreten wand sich der sandige Pfad durch ein Meer von Heidekraut. Vereinzelte Schwarzkiefern und Wacholderbüsche ragten daraus empor, trockene Grasflächen sorgten zumindest für ein wenig Kontrast zur braunen Heide. Fast unmerklich gewann der Pfad an Höhe, bis ich weit ins Land blicken konnte. Ich setzte mich an den Rand des Weges, zog die Schuhe aus und badete meine Füße in Sand und Sonnenlicht. Den ganzen Morgen war ich noch niemandem begegnet, und von hier oben konnte ich auch sehen, wieso das so war. Straßen und Dörfer schienen hier nicht zu existieren, auch wenn das eine oder andere davon sich bestimmt zwischen den Baumreihen verbarg. Die Landschaft bestand nur aus wenigen Elementen: braune Heide, dunkelgrüne Nadelwälder, hie und da eine helle Birke, ein Fleckchen

Sand oder Magerrasen. Darüber ein großer Himmel mit Wolken aus geronnener Milch. Ein Rotmilan zog still seine Kreise, und für einen Moment herrschte Frieden – zumindest in meinem Kopf. Ab und zu piepte irgendwo sachte ein Vogel, ansonsten gab es nichts, was ein Geräusch hätte verursachen können. Wind, der in meinen Ohren hätte pfeifen, der die Bäume zum Rauschen oder Geräusche aus weit entfernter Zivilisation hätte herübertragen können, existierte nicht. Und die Straßen, die es in der Nähe vielleicht gab, waren zu klein und zu wenig befahren. Auf den Truppenübungsplätzen schien Mittagspause zu sein, genauso wie bei den Forstarbeitern in den Wirtschaftswäldern der Umgebung. Irgendwas muss doch zu hören sein, dachte ich mir. Irgendwas ist in Deutschland schließlich immer zu hören. Ich lauschte noch ein bisschen angestrengter. Ergebnislos. Ich glaube, ich habe Deutschland noch nie so still erlebt. Und plötzlich war sie wieder da. Diese tiefe Dankbarkeit, diesen Moment erleben, an diesem Ort sein zu dürfen. Es war diese Art von Dankbarkeit, die mich schon zuvor auf dieser Wanderung und auf vielen vergangenen Touren in wilder Natur ganz plötzlich ergriffen hat. Das tiefe, durchdringende Gefühl von: Ich will genau jetzt genau hier sein. Und nirgendwo sonst. In einem Stadtpark, einer Bar oder einem Museum hatte ich das noch nie in dieser Form. Und auf der heimischen Couch eigentlich nur, wenn ich gerade erst von einer Tour zurückgekommen war.

Meine Wandertage waren lang angesetzt, ich nutzte das Tageslicht voll aus. An den meisten von ihnen legte ich zwischen dreißig und vierzig Kilometer zurück. Höhenmeter gibt es auf dem Heidschnuckenweg kaum, der Weg verläuft ausschließlich über gut ausgebaute Wege und ist bestens markiert. Ein Weitwanderweg wie aus dem Lehrbuch. Lediglich die Folgen der Orkantiefs Ylenia und Zeynep, die im Februar 2022 über Deutschland und ganz besonders auch im Norden gewütet hatten, verlangsamten mein Vorankommen. Noch waren die Aufräumarbeiten lange nicht abgeschlossen, und so lagen manchmal ganze Reihen von Kiefern wie Mikadostäbe vor mir auf dem Weg, die ich mühsam überklettern oder umgehen musste. Eine Prise Abenteuer auf einer Wanderroute, die man ganz wertfrei durchaus als eher eintönig bezeichnen kann. Die Abschnitte durch die Heideflächen wurden ergänzt von vielen Kilometern durch Wälder und über Felder. Dort teilt man sich die Wege nicht mit Heidschnucken und Wanderern, sondern auch mal mit Traktoren und Harvestern. Auf einer dieser Forstautobahnen musste ich beim Blick in meine Routenplanungsapp schmunzeln: In der App konnte man Orte markieren, an denen es einem besonders gut gefallen hatte, und diese mit Bildern und Beschreibungen versehen. Dort fand ich auch ein Foto des Forstweges, auf dem ich mich gerade befand. Links und rechts dichte grüne Fichten in Reih und Glied. Immer wieder waren Spuren der schweren Forstmaschinen tief in den Boden gegraben, suchten sich in regelmäßigen Abständen ihren Weg ins Unterholz. »Wildnis pur« stand unter dem Foto, welches zugegebenermaßen im Sommer und somit mit etwas mehr grünem Bewuchs inmitten der Massenbaumhaltung entstanden war. Mit Wildnis im eigentlichen Sinne hatte diese Landschaft dennoch rein gar nichts gemein. Und gleichzeitig liegt Wildnis eben anscheinend doch vor allem im Auge des Betrachters. Ich fand die Vorstellung schön, dass jemand vor mir diesen Weg gegangen war und ganz einfach für sich selbst beschlossen hatte, dass das hier Wildnis sei. Denn letztendlich mache ich mit diesem Buch nichts anderes. Und ein bisschen konnte ich nachempfinden, was diese Person vielleicht gefühlt haben mochte.

Denn die Abgeschiedenheit, das Unbekannte und Geheimnisvolle füllte den lichtarmen Raum zwischen den Fichtenstämmen. Dieser Person war es egal, ob sie nun durch echte Wildnis streifte oder durch ein Freiluft-Gewächshaus, solange sie nur fand, was sie suchte und brauchte. Und manch wildem Tier in Niedersachsen geht es da ganz genauso.

X

4015 Meter zeigte der Höhenmesser meiner Uhr. Noch nie zuvor bin ich dem Himmel so nahe gekommen. Längst hatte Stein und Geröll die karg bewachsenen Grashänge der niedrigeren Lagen abgelöst. Die Brocken und Platten lagen lose aufeinander, jeder Schritt wollte gut gewählt sein. In Senken und Schneisen sammelte sich der Schnee, bevor er sich zu eisblauen Lagunen verflüssigte. Gegen die Seen und Tümpel aus Schmelzwasser sah selbst der strahlend blaue Himmel farblos aus. Und auch die weißen Wolkenfetzen schienen fad und grau im Vergleich zum weißen Schnee. Es war, als hätten Himmel und Erde die Rollen getauscht. Und wo, wenn nicht hier, im Tien Shan, was so viel wie Himmelsgebirge bedeutet. Ich griff nach hinten, um meine hochtourentaugliche Sonnenbrille aus der Seitentasche meines Rucksacks zu befördern. Eigentlich wollte ich sie gar nicht aufsetzen, denn ihre getönten Gläser dämpften zwar die Strahlkraft der Sonne, aber auch die Schönheit des Augenblicks. Die Gesundheit und dauerhafte Funktionsfähigkeit meiner Augen waren mir letztendlich dann aber doch wichtiger. Und Vernunft ist mitten im Tien Shan im Zweifelsfall immer die bessere Wahl. Ich blickte nach oben, es war nicht mehr weit bis zum Grat. »We found it!«, hörte ich aus einiger Entfernung eine aufgeregte Stimme rufen. Na endlich, dachte ich erleichtert. Und während die anderen die Kamerafalle bargen, die wir trotz bekannter GPS-Koordinaten über eine halbe Stunde lang gesucht hatten, kletterte ich die letzten Meter nach oben. Auf der anderen Seite hatte der Gletscher ein breites Tal gegraben, umgeben von wuchtigen Gipfeln und messerscharfen Graten, die noch höher waren als meiner. Ich sah nichts außer Schutt und Eis, das einzige Leben hier oben schien die orangefarbene Flechte zu sein, die sich in dieser unwirtlichen Gegend ausgerechnet ein paar kahle Schieferplatten als Lebensraum ausgesucht hatte. Ich versuchte, nicht auf sie zu treten, um ihr Leben nicht noch schwerer zu machen, als es sowieso schon war. Mir bot sich ein Anblick, der zu groß war, um ihn wirklich zu begreifen. Der sich eher nach einem Blick auf die Fototapete als nach Realität anfühlte. Mir wurde leicht schwindlig, ich setzte mich, aß ein paar Hände voll Nüsse und probierte gar nicht erst, die Dimensionen in meinen Verstand oder gar in Gedanken oder Worte zu zwängen. Anblicke wie dieser können nur mit dem Herzen begriffen werden. Dort, wo die Wildnis eine Resonanz in den tiefsten Schichten unseres Bewusstseins erzeugt.

Nach ein paar Minuten kletterte ich wieder zurück zu meiner Gruppe, denn wir hatten noch einen langen Abstieg ins rund tausend Meter tiefer gelegene Hochtal vor uns. Bald tauchten die ersten Blüten und Grasbüschel zwischen den Steinen auf, Bienen und Schmetterlinge waren bemüht, das Beste aus dem kurzen kirgisischen Bergsommer zu machen. Einige rote Punkte, buschiger Körper, hellbeige, fast durchsichtige Flügel mit schwarzgräulichem Einschlag. *Parnassius tianschanicus* aus der Familie der *Papilionidae*. Mir gelang ein schnelles Foto, welches ich zusammen mit den Standortdaten in einer eigens für die Erfassung von kirgisischen Schmetterlingen erstellten Smartphone-App erfasste. Ein Nebenprojekt unseres

Expeditionsleiters und eine willkommene Abwechslung zu unserer eigentlichen Arbeit. Immer wieder blieben wir stehen, hoben unsere Ferngläser und scannten die Umgebung. Der Schriftsteller und Philosoph Baptiste Morizot hat für diesen Akt die schönste Beschreibung gefunden, die ich jemals gelesen habe: »[...] in einem Halbkreisbogen werden sie gezückt, von der Brust zum Gesicht, so wie man eine Maske aufsetzt. Eine Falkenmaske, die uns die übermächtige Sehkraft des Raubtiers verleiht und eine übernatürliche Intimität mit jenen Unbekannten.« In seinem Buch *Philosophie der Wildnis oder die Kunst, vom Weg abzukommen* beschreibt er verschiedene Streifzüge durch die Natur, um wilden Tieren nachzuspüren. Unter anderem führten ihn seine Reisen auch nach Kirgistan: um Schneeleoparden zu finden. Zu Pferd war er elf Tage lang mit einer Gruppe Rangern und Wissenschaftlern im Schutzgebiet unterwegs, um mehr über das Gebiet und seine Bewohner zu erfahren und zu erfassen. »Wir verderben uns die Augen mit den Feldstechern, indem wir wieder und wieder die Bergkämme absuchen nach der Silhouette des Steinbocks, der Bewegung des Leoparden«, schreibt Baptiste Morizot. Ich kannte das Gefühl nur allzu gut.

Ein paar Stunden später war unsere fünfköpfige Gruppe zurück bei den anderen im Basislager. Einige Zelte und Jurten am Rande eines dröhnenden, gletschergespeisten Flusses, in einem einsamen Hochtal auf dreitausend Metern Höhe. Rund sieben Stunden Fahrt, die letzten davon über holprige Schotterstraßen, von der Hauptstadt Bischkek entfernt. Außer uns wohnten dort lediglich ein paar Hirten mit ihren Familien, die den kurzen Sommer im Hochtal verbrachten. Ansonsten gab es da »nur« Murmeltiere und Wasseramseln, Steinböcke und Bartgeier, zusammen mit den halbwilden Pferdeherden. Wir verstauten unsere Ausrüstung in dem Anhänger, der Materiallager und Büro in einem war. GPS-Geräte, Kartenausschnitte, Kompasse, kleine Plastikröhrchen für Proben – alles hatte seinen ordnungsgemäßen Platz. Und dann war da ja noch die Kamerafalle, die wir beinahe nicht mehr wiedergefunden hätten, weil sie so gut im Geröll versteckt gewesen war. Während wir im eiskalten Fluss den Schweiß des Tages abwuschen, sichteten der leitende Wissenschaftler und der Expeditionsleiter die Fotos auf der Kamerafalle. Und am Abend, als wir nach dem Abendessen alle in der größten der Jurten zusammensaßen, um die Funde des Tages zu besprechen, hatten sie eine Überraschung für uns. Zwischen Fotos von Raben und Steinböcken, Mäusen und Hirten, die mit ihren Pferden nach oben in die Berge geritten waren, weil das der einzige Ort war, an dem es vielleicht etwas Handyempfang gab, verbarg sich ein besonderes Foto. Ein Foto, auf das wir alle gewartet hatten. Ein hellgrauer Fleck mit zwei überbelichteten Augen, der sich schemenhaft vor der dunklen Silhouette der Berge abzeichnete. Kleine runde Ohren, ein massiger Kopf an einem eindeutig katzenartigen Körper. Es war eine große Katze. Die Art von Katze, wegen der wir alle hier waren. Zum ersten Mal seit dem damals fünfjährigen Bestehen des Projekts war es gelungen, einen Schneeleoparden auf einem Foto festzuhalten. Das schrie nach einer Runde Wodka für (fast) alle.

Es war der letzte Abend eines fast zweiwöchigen Aufenthaltes in der Bergwelt Kirgistans. Zwei Wochen lang wohnte ich dort mit einer kleinen Gruppe von Freiwilligen, die sich für das Projekt von *Biosphere Expeditions* angemeldet hatten. Vom Basislager aus sind wir jeden Tag an die Ränder der Gletscher gewandert, streng nach auf Karten eingezeichneten Planquadraten und immer auf der Suche nach den Geistern der Berge, oder vielmehr ihren Spuren. Denn Schneeleoparden zu sehen, das ist aufgrund ihrer Seltenheit und der guten Tarnung weitestgehend unmöglich, wenngleich allein die Suche um der Suche willen schon lohnenswert genug ist.« »Versuchen zu sehen, ohne zu sehen. Freude am Absuchen, ohne etwas zu finden, Freude, die sich verselbstständigt. Die Erwartung, die Empfindung etwas unmittelbar Bevorstehenden, die brennende Geduld. Suchen und versuchen, das gefleckte Äußere des Schneeleoparden zu sehen, und zwar vergebens, tut dem Inneren des Menschen gut«, wie Baptiste Morizot es ausdrückt. Wir hatten es letztendlich vor allem auf ihre potenziellen Beutetiere wie Steinböcke, Schneehühner und Murmeltiere abgesehen. Ziel des Projekts war und ist es unter anderem, zu beweisen, dass das Gebiet geeigneter Lebensraum für Schneeleoparden ist und als solcher unter Schutz gestellt werden sollte. In Anbetracht der Seltenheit und guten Tarnung der Tiere war das Foto ein Meilenstein. Wildtierexperten und -expertinnen oder gar ausgebildete Forschende mussten wir dafür nicht sein. Auch die Gruppe rund um Baptiste Morizot hatte neben den Rangern vor allem aus Hobbyforschern bestanden, hatte ebenso wie wir kein Glück in Sachen Sichtung, was jedoch nicht bedeutete, dass wir alle den Tieren nicht nahegekommen wären: »Der Leopard aus Fleisch und Blut ist unsichtbar geblieben auf den Bergkämmen. Aber wir tragen ihn von nun an unter der Haut […], und weil wir ihn so intensiv gesucht haben, indem wir seinen Blick auf die Welt übernahmen, haben wir ihn sogar kennengelernt.« Einige Monate nach Ende der Expedition bekam auch Morizot eine E-Mail: Angehängt war das Foto eines Schneeleoparden aus der Kamerafalle, die sie angebracht hatten.

Citizen Science nennt man das, zu Deutsch Bürgerwissenschaften, wenn Menschen ohne expliziten wissenschaftlichen Hintergrund Forscherinnen und Forscher auf Zeit werden und primär durch das Sammeln von Daten maßgeblich zu Projekten wie diesem beitragen. Im Rahmen dieses Konzepts hat *Biosphere Expeditions* weltweit Projekte ins Leben gerufen, die Menschen die Möglichkeit geben, das Reisen mit aktivem Naturschutz und echter wissenschaftlicher Arbeit in gemeinnützigem Rahmen zu verbinden. Von den Korallenriffen der Malediven zu den Stränden Costa Ricas, von der wilden Bergwelt Kirgistans bis in die dichten Wälder Niedersachsens …

—

Gerade noch war Molly ein ganz normaler Hund gewesen. Ein beigefarbener, wenn auch mit stolzen fünfzehn Jahren schon ziemlich betagter Labrador. Gemütlich trottete sie vor sich hin, mal vorneweg, mal hinterher, schnupperte größtenteils desinteressiert an Grasbüscheln oder Baumstämmen. Und dann, vom einen Moment auf den anderen, war Molly kein normaler Hund mehr. Ihre Bewegungen wurden energischer, ihre Nase arbeitete zielstrebig. Und als sie fand, was sie suchte, setzte sie sich, blickte eindringlich in Richtung ihrer (menschlichen) Kollegin Lea Wirk und wartete geduldig, aber vehement auf ihre Belohnung. Immer dann, wenn Molly ein bestimmter Geruch in ihre feine Nase wehte, war sie vor allem eines: ein ausgebildeter Artenspürhund. Ihre Spezialität: Wölfe. Oder vielmehr das, was Wölfe zurücklassen, wenn sie im zügigen, zielgerichteten Trab die Grenzen ihrer zweihundert bis dreihundert Quadratkilometer großen Reviere abschreiten. Nachdem Molly ihre Arbeit erledigt und ihr wohlverdientes Leckerli vertilgt hatte, begann unsere Arbeit. Im GPS-Gerät musste ein Punkt für den Fundort gesetzt werden. Dann wurde die Wolfslosung vermessen, meist ist sie zwischen zwei bis drei Zentimeter dick und fünfzehn bis zwanzig Zentimeter lang. Die Maße trugen wir auf einem standardisierten Formular ein, zusammen mit allerlei weiteren Infos wie den Koordinaten, der Uhrzeit und näheren Angaben zu Fundort und Beschaffenheit. Wolfslosung enthält häufig Haare und Knochenstücke, teilweise auch Zähne und Hufteile von Beutetieren. Oft wird der Kot zur Reviermarkierung mitten auf Wegen und Wegkreuzungen platziert, was ihn auch ohne Begleitung eines Spürhundes recht leicht auffindbar macht. Nachdem alles auch noch sorgfältig fotografisch dokumentiert wurde, fand die haarige Mischung in einer beschrifteten Plastiktüte Platz. Wenn sie vermeintlich jünger als zwei Tage war, landete ein Teil auch in einem mit hochprozentigem Alkohol gefüllten Plastikgefäß. Und wem dabei einmal der Geruch von Wolfslosung in die Nase stieg, der wird ihn – ähnlich wie Molly – so schnell nicht wieder vergessen. Die Proben dienen der Nahrungsanalyse im Labor, und wenn sie frisch genug sind, auch der DNS-Analyse. Und Beutel für Beutel, Formular für Formular kann man so ein Bild von der aktuell in Niedersachsen lebenden Wolfspopulation zeichnen.

Molly arbeitet eigentlich vor allem in der sächsischen Oberlausitz, dort, wo im Jahr 2000 rund hundertfünfzig Jahre nach ihrer Ausrottung in Deutschland zum ersten Mal wieder Wolfswelpen in Freiheit geboren wurden. Seitdem erobern sich die Tiere Stück für Stück ihren alten Lebensraum zurück. Zum Ende des Monitoring-Jahres 2021/2022 wurden offiziell 161 Rudel in Deutschland gemeldet, die im Durchschnitt aus 8 Einzeltieren bestehen. Hinzu kommen 44 Paare und 21 territoriale Einzeltiere. Letztere finden sich quasi in allen Ecken Deutschlands, etablierte Rudel vor allem im Nordosten des Landes. In Niedersachsen leben etwa 34 Rudel, 10 Paare und 5 territoriale Einzeltiere.

Ich bin ein paar Monate nach meiner Wanderung auf dem

Heidschnuckenweg zurück in die Lüneburger Heide gereist, um mehr über diese Tiere zu erfahren. Tiere, die wie vielleicht kein anderes sinnbildlich für die Wildnis stehen. Oder vielmehr noch für das Verhältnis von Mensch und Wildnis, welches wahrlich kein einfaches ist. Dabei haben Wölfe mit Wildnis per se gar nicht so viel am Hut: Wölfe brauchen lediglich ausreichend Nahrung, ruhige Gebiete zur Welpenaufzucht – und die Akzeptanz der Menschen, mit denen sie ihren natürlichen Lebensraum gegebenenfalls teilen. An Letzterem feilt Peter Schütte, der maßgeblich daran beteiligt war, das Wolfsmonitoring-Projekt von *Biosphere Expeditions* 2017 ins Leben zu rufen. Dabei ist Peter eigentlich primär gar kein Wolfsschützer, sondern vielmehr Schafsschützer. Mit seinem Projekt »Herdenschutz Niedersachsen« bietet er Beratung, Wissenstransfer und Unterstützung für Weidetierhaltende in Wolfsgebieten. Wolfabweisende Zäunungen oder der Einsatz von Herdenschutzhunden setzen viel Know-how voraus und erfordern einen zeitlichen und finanziellen Aufwand. »Viele Tierhalter sind gar nicht gegen den Wolf. Sie sind im Zweifel einfach für ihre Tiere, schlichtweg überfordert und wissen nicht, wie sie den Mehraufwand des Herdenschutzes stemmen sollen. Immerhin war es in den letzten rund 150 Jahren nicht notwendig, Weidetiere gegen den Wolf zu schützen«, erklärt Peter uns. Ob Wölfe in den zersiedelten Kulturlandschaften Deutschlands überhaupt noch einen Platz haben, diese Frage stellt sich für ihn nicht. Mal ganz abgesehen davon, dass der Schutz dieser Tiere internationaler Konsens und geltendes Recht ist. »Der Wolf ist hier zu Hause. Er hat entschieden, dass er (wieder) hier leben möchte. Und gezeigt, dass er wieder hier leben kann. Es liegt einfach nicht an uns, diese Entscheidung zu treffen.« Dass dieses Zusammenleben gelingen kann, davon ist er fest überzeugt. Dass es aber auch zu Problemen führen kann und viele Menschen vor neue und mitunter große Herausforderungen stellt, das sieht er in seiner alltäglichen Arbeit. Oft wird »Wolfsschützern« vorgeworfen, sie seien verklärte Städter mit einem romantisierten Blick auf die Natur, der mit der Realität nichts zu tun habe. Da spaltet sich die öffentlich wahrnehmbare Meinung dann ganz schnell in zwei Lager: Wolfsverehrer und Wolfshasser. Was auf beiden Seiten wohl oft fehlt, ist ein Blick auf die Fakten. Auch weil diese Fakten eben oft gar nicht vorhanden sind, da flächendeckendes Wolfsmonitoring eine aufwendige Angelegenheit ist. Wolfszahlen werden dann passend zur individuellen Agenda entweder viel zu hoch oder viel zu niedrig geschätzt. Und wenn die lokale Tageszeitung mal wieder in großer Aufmachung ein blutiges Bild gerissener Schafe abdruckt, dann sieht man direkt die komplette deutsche Weidetierpopulation vor dem Aus. »Ein Wolf, keine Schafe, kein Deich, kein Leben« stand auf einem riesigen Banner, das ich letztes Jahr auf einer Radtour entlang der Weser in Niedersachsen sah. Die faktenbasierte Evidenz dieser These dürfte recht dünn ausfallen. Echte Fakten zu schaffen ist das Hauptziel der Wolfsexpedition von *Biosphere Expeditions*, die in enger Zusammenarbeit mit dem Wolfsbüro Niedersachsen, der zentralen Koordinations- und Anlaufstelle in Sachen Wolf, jährlich stattfindet. Beim Wolfsbüro laufen Informationen aus vielen Richtungen zusammen, werden von Experten und Expertinnen bewertet und analysiert. Oft mangelt es aber an genügend Informationen über Bewegungsmuster, Lebensweise und Genetik frei lebender Wölfe in Deutschland. Ein aussagekräftiges Bild der Population und ihrer Entwicklung ist allerdings wichtig, um Zusammenhänge zu verstehen und zukünftige Entwicklungen besser einschätzen zu können. Und um Maßnahmen rund um Natur- und Artenschutz, Wolfsmanagement und Herdenschutz an der Realität ausrichten zu können und nicht an Emotionen oder politisch orientierten Ideologien.

Ein gewisses Faible für Wölfe und die Rückkehr der Wildnis in die Zivilisation muss man wohl dennoch haben, wenn man Geld dafür bezahlt, um den eigenen Urlaub mit dem Sammeln von Wolfslosung in einem niedersächsischen Forst zu verbringen. Ansonsten war unsere kleine Gruppe so bunt durchmischt, wie sie nur sein kann. Tom aus England hatte zum Beispiel schon an vielen Projekten von *Biosphere Expeditions* teilgenommen und war bereits zum zweiten Mal in Deutschland dabei. Barbara aus Stuttgart arbeitete in einer öffentlichen Verwaltung und wollte einfach mal was ganz anderes in ihrem Urlaub machen. Thorsten wohnte ganz in der Nähe und hatte viele Fragen an Peter, weil er selbst Pferde hielt und sich Gedanken um deren Schutz machte. Caitlin aus Australien wusste bis vor Kurzem nicht, dass es überhaupt Wölfe in Deutschland gibt. Und ich wollte nicht nur über das Projekt schreiben, sondern wohl vor allem auch einen Realitätsabgleich für meine wilde Hoffnung, dass Mensch und Wildnis koexistieren können.

Unser erster Expeditionstag bestand aus jeder Menge Training. Woran kann man Wolfslosung erkennen? Wie vermisst man diese richtig? Wann lohnt es sich, den Fund in einen Plastikbeutel zu packen? Wie benutzt man die GPS-Geräte richtig? Welche Informationen muss man notieren, damit die Funde auch wissenschaftlich verwertet werden können? Und vieles mehr. Unsere Köpfe rauchten, doch am Ende des Tages wussten wir alles, was wir wissen mussten, um sachdienliche Bürgerwissenschaftler und -wissenschaftlerinnen zu sein. Nach absolvierter Intensivschulung zogen wir fortan jeden Morgen von unserem Basislager, einem alten Gutshof im südlichen Teil der Heide, los. Durchstreiften meist in Zweierteams stundenlang vorgegebene Kartenabschnitte, den Blick vor allem auf den Boden gerichtet, die Umgebung aber nie ganz aus den Augen lassend. Denn auch wenn es höchst unwahrscheinlich war: Insgeheim hegten wir alle die leise und eher unbegründete Hoffnung, vielleicht doch einen Wolf zu Gesicht zu bekommen. In der ersten von insgesamt drei Gruppen, die in diesem Sommer an dem Projekt arbeiteten, hatten tatsächlich zwei Expeditionsteilnehmerinnen dieses Glück gehabt. Und wir bekamen immerhin ein vor Aufregung leicht zittriges Handyvideo zu sehen: Ein vermutlich noch recht junger Wolf trottete in circa hundert Metern Entfernung auf dem Waldweg auf die beiden zu. Sobald er sie bemerkte, blieb er wie angewurzelt stehen, zögerte einige Augenblicke und drehte dann um, um zügig in die Richtung zu laufen, aus der er gekommen war. Ein letzter Blick zurück, wie um zu überprüfen, dass niemand ihm folgte. Und weg war er. So laufen Begegnungen zwischen Wanderern und Wölfen in aller Regel ab. Sofern es zu so einer Begegnung kommt, denn falls möglich, machen Wölfe einen weiten Bogen um Menschen. In all den Tausenden von Jahren, in denen Wölfe und Menschen die gleichen Gebiete bevölkern, haben Wölfe nie gelernt, den Menschen als Konkurrenten oder gar als potenzielle Beute zu sehen. Alles, was Wölfe wollen, ist ihre Ruhe. Und die finden sie in den weitläufigen Heide- und Waldgebieten Niedersachsens genauso, wie ich sie auf meiner Wanderung fand. Angst vor einer solchen Begegnung zu haben ist unbegründet. Ein mulmiges Gefühl oder Ehrfurcht zu empfinden ist dagegen völlig legitim. Das Unbekannte löst immer Unbehagen aus. Vor allem, wenn es mit großen Pfoten und scharfen Zähnen daherkommt. Und wenn es schauriges Element von so vielen Märchen und Gruselfilmen ist.

Auch Theo Grüntjens war seine erste Wolfsbegegnung

nicht ganz geheuer. Es geschah im Jahr 2006 an seinem Arbeitsplatz, einem über sechzig Quadratkilometer großen Stück Land im Besitz des Waffen- und Munitionsproduzenten Rheinmetall. Eigentlich war Theo auf der Suche nach Rehwild, und plötzlich stand da ein Wolf. Seit über dreißig Jahren war der Diplom-Forstingenieur für dieses Stückchen Land verantwortlich, hatte dabei weitestgehend freie Hand – und eine Vision von der Wildnis. Nicht ohne Stolz erzählt er mir, was er in dieser Zeit alles geschafft hat: »Schwarzstorch, Birkwild, Seeadler, Ziegenmelker – auf meinem Gebiet leben mittlerweile so ziemlich alle Tiere, die in dieser Umgebung überhaupt nur leben können.« Und auch den Wölfen gefällt es dort schon lange. 2012 gab es den ersten Wolfsnachwuchs in Niedersachsen, auf dem Truppenübungsplatz bei Munster. Wölfe leben gerne auf militärischen Geländen, denn dort haben sie viel Platz und weitestgehend Ruhe. Theo Grüntjens kennt »seine« Wölfe mittlerweile in- und auswendig, fotografiert sie regelmäßig und beobachtet ihr Verhalten mithilfe von zahlreichen Kamerafallen. Und auch die Reaktionen der Beutetiere entgehen seinem Auge nicht: »Das Rotwild war zuerst natürlich schon beunruhigt und stand vermehrt unter Stress. Mittlerweile haben sich die Tiere aber längst an die Wölfe gewöhnt, haben sich merklich entspannt und ihr Verhalten einfach an die Umstände angepasst.« Theos Leben ist seit seiner ersten Begegnung eng mit dem Wolf verbunden. Und seit seiner Pensionierung ist sein Ehrenamt als Wolfsberater sozusagen sein Vollzeitjob. Damit ist er Schnittstelle zwischen Mensch und Wolf, zwischen Zivilisation und Wildnis. »Wildnis ist kein Luxus, sondern ein Bedürfnis des menschlichen Geistes. [...] Die Liebe zur Wildnis ist mehr als ein Hunger nach dem, was außerhalb unseres Einflussbereiches liegt; sie ist Ausdruck der Loyalität zur Erde«, so zitiert er den amerikanischen Schriftsteller und Naturschützer Edward Abbey. Und stellt im Rahmen eines Vortrags vor unserer kleinen Forschertruppe die Frage: »Sind wir wirklich gewillt, mehr Wildnis zuzulassen?« Theo Grüntjens glaubt, dass es dafür vor allem Zeit braucht. So wie das Rotwild im Angesicht des Wolfs irgendwann zur Normalität zurückgefunden hat, so werden auch wir Menschen in Westeuropa uns an unseren alten und gleichzeitig neuen Nachbarn wieder gewöhnen. Gewöhnen *müssen*, denn dass der Wolf gekommen ist, um zu bleiben, da ist sich Theo sicher. Und dass die Population in Deutschland mittlerweile ein halbwegs stabiles Ausmaß erreicht hat. »Aber brauchen wir den Wolf überhaupt?« Ich stelle die Frage bewusst provokativ, weil ich manchmal selbst nicht weiß, was ich darauf antworten soll. Theo Grüntjens beantwortet die Frage mit den Worten von Ulrich Wotschikowsky, einem mittlerweile verstorbenen Wildtierbiologen und Förster, der sein Leben der Koexistenz von Mensch und Natur gewidmet hat: »Wir brauchen keinen Enzian und kein Edelweiß, keine Opern und Kunstwerke. Aber die Welt wäre ärmer ohne sie.«

Obwohl ich keinen Wölfen begegnet bin, habe ich diesen Reichtum gespürt, den sie in unsere Wälder bringen. Selbst in solche vermeintlich leblosen wie die niedersächsischen Kiefern- und Fichtenplantagen. Während meiner Wanderung auf dem Heidschnuckenweg und natürlich auch während der bürgerwissenschaftlichen Forschungsarbeit. Es war wie damals in Alaska, als ich vier Wochen lang an der *Last Frontier* unterwegs war und bis auf einen Grizzly in sehr weiter Entfernung keinerlei Bären erspäht habe. Es ging mir damals nicht darum, die Bären wirklich zu sehen. Ich wollte einfach nur dort sein, wo diese Tiere lebten und wo ich sie theoretisch treffen könnte. Und mit den Wölfen in Niedersachsen oder auch den Schneeleoparden in Kirgistan ging es mir da ganz genauso.

Es gibt viele Faktoren, die für Wölfe in unseren Landschaften sprechen. Während jede Spezies, jedes Individuum seinen Platz im Ökosystem hat, gibt es solche, die noch ein bisschen wichtiger sind als andere. Als Schlüsselarten (abgeleitet aus dem englischen *Keystone Species*) werden in der Ökologie Arten bezeichnet, die schon mit vergleichsweise wenigen Vertretern ein Ökosystem überproportional beeinflussen können und die, sofern sie in einem Ökosystem fehlen, nicht durch andere Arten in ihrer Funktion ersetzt werden können. Seeotter gehören zum Beispiel dazu, die sich zu einem großen Teil von Seeigeln ernähren, die wiederum hauptsächlich Seetang fressen, ohne den viele Fischbestände zusammenbrechen würden. Und ohne kleine Fische gäbe es keine Raubfische wie den Lachs, ohne den wiederum Tiere wie Seevögel und Bären ein Problem hätten. Ein anderes Beispiel ist der Hai, der gemeinsam mit einigen anderen großen Raubfischarten kleinere Raubfische in Schach hält. Wenn diese sich zu stark vermehren würden, dann würden die Planktonfresser überhandnehmen, wodurch wiederum die Korallenriffe unter einer Überlast von Algen schlichtweg ersticken würden. Und auch der Wolf als großer Beutegreifer ist eine solche Schlüsselart, dessen Funktion wir momentan mit dem Einsatz von viel Geld und Munition zu ersetzen versuchen.

Ein eindrucksvolles Beispiel dafür, wie Wölfe ein komplettes Ökosystem verändern können, ist der US-amerikanische Yellowstone-Nationalpark. Vor rund dreißig Jahren sind die Wölfe nach siebzig Jahren Abwesenheit in den Park zurückgekehrt. Die Befürchtung, dass die Tiere die dortigen Wapitihirsche ausrotten könnten, haben sich nicht bestätigt. Vielmehr sind die Herden gesünder und widerstandsfähiger denn je, denn Wölfe können ganz hervorragend schwache und kranke Tiere selektieren. Darüber hinaus änderten die Wölfe auch das Verhalten der Hirsche: Diese begannen, die weitläufigen Flusstäler zu meiden, wo sie leichte Beute waren. In der Folge erholte sich die Vegetation entlang der Flussläufe, wodurch Lebensräume für Tiere wie Wasservögel und Biber entstanden. Die Biber wiederum schufen Refugien für Fische, Amphibien, Reptilien, Bisamratten oder Otter. Und auch die Flusslandschaft an sich profitierte letztendlich durch die Wölfe: Ihre Ufer und Verläufe wurden stabiler. Nun ist Niedersachsen zwar nicht Wyoming – auch wenn es sich vor allem in der Südheide ehrlich gesagt manchmal ein bisschen so anfühlte –, aber auch dort können Wölfe einen positiven Einfluss auf Ökosysteme ausüben, können darüber hinaus kulturell und sogar ökonomisch eine positive Rolle spielen. Ja, es gibt viele gute Gründe, die für die Anwesenheit von Wölfen in Deutschland sprechen. Diese Gründe sind alle wichtig, aber für mich ganz persönlich sind sie noch nicht mal das Wichtigste. Ich möchte, dass Wölfe bei uns leben, weil ich schlichtweg von den Wundern der Natur umgeben sein möchte. Weil ich in dem Wissen durch unsere Wälder wandern möchte, dass diese Wälder und alles, was darin lebt, in einer gewissen Balance existieren, die auch uns selbst wieder ein Stückchen gerader rücken kann. Und dass diese Balance wieder ein bisschen mehr natürlichen Gegebenheiten unterliegt und nicht – wie ein großer Teil unserer Welt – vor allem von Menschen, viel mehr noch: von Menschen mit Waffen, reguliert wird. Ich möchte wandern und dabei nicht wissen, was ich vielleicht hinter der nächsten Kurve sehe. Oder was mich in genau diesem Moment beobachtet, ohne dass ich es bemerke. Ich möchte ein Lebewesen unter Lebewesen sein. Und wenn das dann als verklärte Naturromantik abgetan wird, dann kann ich nur sagen: Wir könnten vielleicht alle noch etwas mehr davon gebrauchen. Als naturverbundener Mensch in Zeiten des Artensterbens in Deutschland zu leben bedeutet, ständig, immer und überall mit dem Gefühl von Verlust konfrontiert zu sein. Oder wie es der britische Dokumentarfilmer Tom Mustill ausdrückt: »Heute heißt leben und die Natur erkunden, im Licht einer brennenden Bibliothek zu lesen.« Die Rückkehr der Wölfe hingegen ist ein unermesslicher Gewinn auf so vielen Ebenen. Wölfe sind keine unberechenbaren Naturgewalten. Sie sind weder Feind noch Freund des Menschen, weder Haustier noch Bestie, und vielleicht tun wir uns mit ihnen deswegen so schwer: weil sie nicht in unsere üblichen Kategorien passen. Letztendlich sind Wölfe vor allem eines: extrem kluge und anpassungsfähige Tiere. Nun liegt es an uns, zu zeigen, dass wir das auch sind.

Kapitel 6

FLÜGEL UND FLOSSEN

»Wir könnten heute Glück haben.«

Als der Kapitän diese Worte ins Bordmikrofon sprach, wusste er vielleicht selbst noch nicht, wie viel Glück wir wirklich haben würden.

Dreißig Minuten vorher: Es war kurz vor acht Uhr morgens, die *Viewfinder* lag schaukelnd im Hafen von Seward, Alaska. Fischerboote rekelten sich neben Segelbooten in den frühen Sonnenstrahlen. Viele der Anlegestellen waren bereits leer, denn das Wetter war so, wie man es sich an einem Tag im kurzen Sommer Alaskas nur erträumen kann. Die See smaragdfarben und still, der Himmel blau und leer, dazwischen die steil aufragenden Berge der Kenai-Halbinsel, die nur noch in ihren Furchen und Rinnen mit Schnee bedeckt waren. Mit rund dreißig anderen Passagieren balancierte ich über die kleine Brücke auf das Schiff. Im Rucksack jede Menge Ersatzakkus für die Kamera und eine Notfalldosis Reisetabletten. Ich hatte die längste Tour im Angebot des Veranstalters gebucht, die gleichzeitig auch diejenige mit dem kleinsten Boot gewesen war. Wennschon, dennschon! Rund acht Stunden Rundfahrt durch die Fjorde vor Kenai lagen vor mir. Acht Stunden, gefüllt mit Gletschern und Eisschollen, Seelöwen und Ottern, Adlern und Papageitauchern und – zumindest, wenn das Glück uns wohlgesonnen war – auch dem ein oder anderen Wal. Denn die Wale waren es wohl, warum wir alle hier auf diesem Schiff waren. Und auch wenn der Ausflug sich so oder so ziemlich sicher lohnen würde, so würde es letztendlich doch immer die Tour sein, auf der man Wale in Alaska gesehen hatte – oder eben nicht. Oder aber, wie in unserem Fall: die Tour, auf der man so viele Wale gesehen hatte, dass man gar nicht wusste, wo man zuerst hinsehen sollte, falls man überhaupt noch etwas sehen konnte und die Sicht nicht vor lauter Glück und Überwältigung durch dicke Freudentränen verdeckt war.

Pünktlich um acht Uhr tuckerte das kleine Ausflugsboot los. Es wurden Sandwiches zum Frühstück serviert, garniert mit Blicken auf ein Paar Weißkopfseeadler im Hafenbecken. Wir fuhren an einer Kolonie Seeotter vorbei, die auf dem Rücken liegend im leichten Wellengang faulenzten und ihre wohlgenährten Bäuchlein der Sonne entgegenstreckten. Jede Menge Seehunde tummelten sich rund um das Boot und demonstrierten ihre Schwimmkünste. Ja, der Einstieg in den Tag auf See war gar nicht mal so schlecht. Jetzt erst mal gemütlich zurücklehnen, soweit die nicht ganz so gemütlichen Bänke das erlaubten, und warten, was als Nächstes passierte. So lautete zumindest mein Plan. Aber aus dem gemütlichen Zurücklehnen wurde nichts, denn – wir hatten die Resurrection Bay noch nicht ganz verlassen – da kamen auch schon die magischen Worte durch den Lautsprecher:

»Alle mal aufpassen! Wir könnten heute *wirklich* viel Glück haben.«

Und obwohl das Wort Wal nicht gefallen war, wussten wir natürlich alle sofort, worum es ging. Sandwiches und Kaffeebecher wurden zur Seite geschoben, Köpfe gereckt, Blicke und Plätze getauscht. Eine nervöse Stimmung machte sich unter uns Passagieren breit, und doch herrschte erwartungsvolle Stille. Kameras wurden vorbereitet, Jacken übergezogen. Niemand wollte *den* Moment verpassen, wenn er denn kommen sollte. Noch war alles viel zu weit weg, um irgendetwas erkennen zu können. Wir sahen lediglich zwei andere Ausflugsschiffe in der Ferne, die ruhig im Wasser lagen und sich nicht von der Stelle bewegten. Und einen großen Schwarm Möwen, der aufgeregt kreischend in einiger Entfernung über dem Wasser kreiste.

»Okay, Leute, wir haben da vorne ein paar Wale, so wie's aussieht. Kommt mal raus.«

Der Satz, auf den wir alle gewartet hatten. Da war er, und das noch vor dem Frühstück. Diejenigen, die nicht sowieso schon die Kabine verlassen hatten, taten es spätestens jetzt. Wir drängten uns an der Reling zusammen, den Blick auf die anderen Boote gerichtet. Unser Kapitän machte keinerlei Anstalten, näher an sie und das, was da wohl unter der Wasseroberfläche war, heranzufahren. Stattdessen hielt er einigen Abstand, schaltete den Motor aus – und plötzlich war alles ganz still.

»Behaltet die Vögel im Auge.«

Und kaum hatte er diesen Satz beendet, war es auch schon so weit. Wie aus dem Nichts brach drüben in der Nähe der anderen Boote ein großes Gekreische los, die Möwen flogen in einem dichten Kreis über der Wasseroberfläche und schossen im nächsten Moment gesammelt nach unten. Zeitgleich begann die Wasseroberfläche zu beben, und die riesigen Mäuler von geschätzten fünfzehn Buckelwalen schossen aus dem Wasser. Niemand auf unserem Boot wusste so recht, wie uns geschah. Die Reaktionen reichten von aufgeregten Rufen über ungläubiges Staunen bis hin zu panischen Versuchen, das alles irgendwie aus der Ferne mit der Kamera festzuhalten. Ich entschied mich für eine Mischung aus alldem. Die Mäuler der Wale verschwanden wieder im Wasser, und im nächsten Moment sahen wir ein Meer von Rücken, Wasserfontänen und Schwanzflossen.

»Wenn wir Glück haben, machen sie es noch einmal. Lasst die Vögel nicht aus dem Auge!«

Und das taten wir. Vor allem, weil die Vögel langsam auf uns zukamen. Immer näher. Immer näher. Die werden doch nicht ... die werden doch nicht etwa wirklich ... Mit einem Mal wurde es ganz still auf dem Boot. Niemand wagte mehr zu sprechen. Und sie taten es doch. Vielleicht zwanzig Meter neben uns begann das Wasser zu schäumen. Und dann waren da wieder die Mäuler, die eher riesigen Klappen glichen, und wenn man genau hinsah, konnte man die Fische darin verschwinden sehen. Die Mäuler selbst verschwanden nur kurz, wurden dann wieder zu Rücken, Finnen und Flossen. Bis plötzlich ein Wal direkt neben mir war. Spätestens jetzt begannen meine Hände zu zittern, meine Augen wurden feucht, mein Magen zog sich zusammen. Ich sah die schwarze Walhaut mit all ihren Unebenheiten direkt vor mir, spürte die Wassertröpfchen der Fontäne in meinem Gesicht. Und das Raunen des Wals sprach zu mir, auch wenn ich nicht verstand, was er sagte. Ich hielt den Atem an, bis der ganze Walrücken in einem langen Bogen an mir vorübergezogen war. Die Größe dieses Tieres sprengte jede mir bekannte Dimension.

»Oh my god, oh my god, oh my gooood.«

Die Frau neben mir konnte sich gar nicht mehr beruhigen. Und ich war kurz davor, einfach nach einer fremden Hand zu greifen, weil ich nicht wusste, was ich sonst tun sollte. Das Fotografieren hatte ich jedenfalls schon lange aufgegeben, zumal die Wale für mein Zoomobjektiv viel zu nah am Boot waren.

Was die Wale da vor unseren Augen getan hatten, nennt sich *Bubble Net Feeding*. Bei dieser Jagdtechnik treibt eine Gruppe von Buckelwalen mithilfe von Luftblasen einen Fischschwarm langsam immer enger zusammen und an die Oberfläche. Anschließend tauchen die Wale auf Kommando eines Wals alle zur gleichen Zeit mit offenen Mäulern durch den Fischschwarm an die Oberfläche. So können sie bis zu einer Tonne Hering pro Tag verschlingen. Und das erklärt auch das Verhalten der Möwen, denn die versuchen gleichzeitig, von oben was von den Fischen abzubekommen.

Unsere Walschule zog langsam weiter, einer von ihnen wurde regelrecht übermütig, klatschte mit den Flossen mehrmals auf die Wasseroberfläche und legte sogar einen Luftsprung hin. In diesem Moment zückten sogar die Fischer auf einem sich nähernden Kutter ihre Smartphones. Dann entschied unser Kapitän, dass es Zeit war, aufzubrechen. Immerhin standen ja noch ein paar andere Dinge auf unserem Zeitplan: ein Besuch des Anchor-Gletschers zum Beispiel, an dessen Ausläufern wir für einige Zeit mit ausgeschaltetem Motor stehen blieben, um dem knarzenden Eis zu lauschen und die großen Eisbrocken zu bestaunen, wenn sie ins Wasser stürzten. Wir sahen Robben, die auf Eisschollen Mittagsschlaf hielten, Papageitaucher bei der Jagd, große rote Seesterne an glatten Felswänden, eine Orcafamilie mit Nachwuchs und einen sehr kleinen Vogel, den die Schiffsbesatzung viel aufregender fand als die Wale, weil er scheinbar nur sehr selten hier zu sehen war. Ich wünschte, ich hätte mir gemerkt, was das für einer gewesen ist, aber damals führte ich leider noch kein Vogeltagebuch in meinem Kopf.

Dieser Tag im Kenai-Fjord war einer der schönsten meines

Lebens. Wegen all dieser Dinge, vor allem aber natürlich wegen der Wale. Es war das erste Mal in meinem Leben, dass ich Wale gesehen hatte. Buckelwale, die allein schon wegen ihrer Größe, die mit Zahlen eigentlich gar nicht so richtig zu beschreiben ist, so scheinen, als seien sie nicht von dieser Welt. Und irgendwie sind sie das auch nicht, wenn man bedenkt, dass da unten unterhalb der Wasseroberfläche der Welt nicht weniger als ein uns größtenteils unbekanntes Universum existiert. Selbst Buckelwale können nur dorthin tauchen, wo diese geheimnisvolle Welt gerade erst beginnt. Ab rund zweihundert Metern unter dem Meeresspiegel spricht man von der Tiefsee, der Marianengraben ist rund 11 000 Meter tief. Und selbst über den Mond wissen wir mehr als über die Welt dort unten, die über achtzig Prozent der Ozeane ausmacht. Schätzungen sagen, dass gerade einmal rund fünf Prozent davon erforscht sind. Aber wie soll man solche Ausmaße schon wirklich begreifen, wenn selbst die fünf Meter breite Fluke eines Buckelwals schon Ungläubigkeit auslöst. Ich werde sie niemals vergessen, all die Schwanzflossen und Finnen und hungrigen Mäuler. Und ihren Gesang, der mir noch heute durch Mark und Bein hallt. Seit dieser ersten Walbegegnung habe ich die Meeressäuger nur noch ein paarmal gesehen, und nur in der Ferne vom Festland aus. Erstaunlich lange wusste ich nicht, dass man das auch in Deutschland tun kann – Walen begegnen. Buckelwale gibt es hier zwar nicht, aber Wal ist in gewisser Weise nun mal Wal, auch wenn Schweinswale eng mit Delfinen verwandt sind und man sie definitiv eher mit einem solchen als mit einem Buckelwal verwechseln könnte. Vielleicht habe ich nie so richtig von ihnen gehört, weil viel zu wenig über sie geredet wird. Und es scheint mir absurd, dass man ausgerechnet den einzigen Wal Deutschlands verschweigen will. Vielleicht habe ich aber auch nie von ihnen gehört, weil es gar nicht so viele von ihnen gibt – und weil sie immer weniger werden.

Der erste Schweinswal, den ich jemals gesehen habe, war natürlich ein toter. Es geschah während einer langen Strandwanderung auf der niederländischen Insel Texel, und schon als ich den grauen, leblosen Körper von Weitem erspähte, wusste ich, was ich dort finden würde. Gut eininhalb Meter lang, die kleinen Augen noch geöffnet, die Rückenflosse zur Seite hängend. Der Mund zu einem Lächeln verzogen, weil Schweinswale selbst tot noch so aussehen, als würden sie ein kleines bisschen grinsen. Die graue Haut und der weiße Bauch waren fahl und wie aus Marzipan, der Körper von länglichen Einschnitten durchzogen. Ich hatte gerade erst mit einem Blogartikel die Petition einer Walschutzorganisation zum Schutz der Schweinswale unterstützt und wusste durch meine Recherche daher nur zu gut, was diese Schnitte aller Wahrscheinlichkeit nach zu bedeuten hatten. Stellnetze sind eine der häufigsten Todesursachen für Schweinswale. Einige Hundert Tiere sterben dadurch schätzungsweise allein vor Deutschlands Küsten, europaweit sind es mehrere Tausend Individuen jährlich. Bei dieser Art der Fischerei werden die Netze nicht geschleppt, sondern sind je nach Netzart am Boden verankert oder hängen an Bojen im Wasser. Eigentlich sind die Maschen der Netze so konstruiert, dass nur Fische einer bestimmten Größe – wie Kabeljau oder Scholle – darin hängen bleiben. Allerdings sind die Maschen so dünn, dass sie von den Schweinswalen, die sich akustisch orientieren, nicht geortet werden können. So können sie sich leicht in den Netzen verfangen und ertrinken dort jämmerlich. Ein Schicksal, das sie mit vielen tauchenden Seevögeln teilen. Wenn die Fischer die Netze aus dem Wasser holen, schneiden sie die toten Schweinswale frei und werfen sie über Bord. Viele davon sinken irgendwann zum Grund, andere werden an die Strände der Nord- und Ostsee gespült. Dort kann man die Netze oft ganz leicht und eindeutig als Todesursache ausmachen, durch abgerissene Flossen zum Beispiel, oder eben die Einschnitte, die die Netze auf der Walhaut hinterlassen haben. Der kleine Wal schien noch nicht allzu lange dort gelegen zu haben. Alles an ihm war intakt, die Möwen hatten ihn noch nicht für sich entdeckt. Ich hockte mich neben ihn und spürte, wie die Trauer in mir aufstieg. Ich habe schon immer um tote Tiere getrauert, wenn ich welche gesehen habe. Nicht, weil ich dem Tod nicht ins Auge blicken kann, sondern weil da nun mal ein Leben vor mir lag, das keines mehr war. Und das ist immer eine durch und durch traurige Angelegenheit. Insbesondere, wenn dieses Leben so unnötig erloschen ist, einfach weil es dem Menschen zu nahe gekommen war. Beifang – ein recht harmlos klingendes Wort, mit dem man die vielen Millionen Lebewesen bezeichnet, die in Fischernetzen so ganz nebenbei ihren Tod finden. Und das ist längst nicht nur ein Problem von Schweinswalen. Schätzungen zufolge sterben jedes Jahr etwa hundert Millionen Haie und Rochen, dreihunderttausend Wale und Delfine und einhunderttausend Albatrosse so ganz nebenbei in den Fischernetzen dieser Welt. Und das ist nur eine kleine Auswahl.

Ich sah mich am Strand um, bis mein Blick auf eine daumengroße, rosa leuchtende Muschel fiel. Ich hob sie auf und legte sie vor den Wal. Ich mache so etwas oft, wenn ich beim Wandern auf ein totes Tier treffe. Einfach vorbeigehen, das kann ich nicht. Für ein totes Känguru, das mitten auf dem Bibbulmun Track in Westaustralien lag, habe ich sogar mal einen kleinen Blumenstrauß gepflückt. Für das Tier macht das selbstverständlich keinen Unterschied mehr. Für mich dafür umso mehr. Und vielleicht ist es in solchen Fällen wie bei dem Schweinswal auch ein wenig der Versuch, mich für meine

Spezies zu entschuldigen. Ich machte mir eine Notiz zum Standort, um den Schweinswal später zu melden, und überließ ihn dann denen, die noch von ihm profitieren konnten. Es war nun wirklich an der Zeit, auch mal ein lebendes Exemplar zu sehen ...

—

Oben auf der Düne lag mir die Welt zu Füßen. Auf der einen Seite das Meer, auf der anderen das wellige Land, mit braunem Heidekraut und blondem Gras überwuchert. Das Glas des Leuchtturms reflektierte den glühenden Streifen Morgenlicht, der Rest von ihm sah aus wie frisch gestrichen – strahlendes Weiß, leuchtendes Rot, so wie es sich für einen Leuchtturm gehörte. In Südnorwegen habe ich mal in einem übernachtet. Eigentlich im Leuchtturmwärterhäuschen nebenan, aber ich hatte meinen eigenen Schlüssel für den Turm bekommen und konnte spätabends noch hinaufsteigen, auf der kreisrunden Plattform sitzen und die Welt bestaunen. Die kleine geflickte Straße war menschenleer gewesen, genauso wie hier. Viel mehr als an Südnorwegen erinnerte mich alles, aber auch wirklich alles hier an die schottischen Highlands. Und an den frühen Morgen vor vielen Jahren, als ich dem nördlichsten Punkt des britischen Festlandes einen Besuch abgestattet hatte. Damals gab es nur den Leuchtturm, das Land, das Meer und mich. Genauso wie jetzt, auch wenn ich bis zum nördlichsten Punkt Deutschlands noch ein paar Kilometer wandern musste.

Die Düne fiel seeseitig stark ab, und als ich unten angekommen war, waren meine Schuhe bereits voller Sand. Ich hatte mit der Zeit gelernt, solche Probleme einfach sofort zu beheben, anstatt lange darüber nachzudenken und es dann letzten Endes sowieso zu tun. Also Schuhe wieder aus, ausschütteln, anziehen – zum Barfußlaufen war es noch viel zu kalt. Dann konnte es losgehen, immer am Meer entlang in Richtung Norden, bis es nördlicher nicht mehr ging. Der Sandstrand lag verlassen vor mir, lediglich die zahlreichen Fußstapfen im Sand zeugten davon, dass sich auch andere Menschen hierher verirrt hatten. Aber nicht jetzt, nicht an diesem frühen Morgen so früh im Jahr. Die offene Nordsee lockte die Fischkutter aufs Wasser, vier Stück konnte ich am Horizont ausmachen. Vögel sah ich nur wenige, und ich ahnte schon, wo sie sich aufhielten. Ich trat auf den nassen Sand in der Hoffnung, dass es sich dort leichter gehen ließe. Aber er war genauso zäh wie der lockere Sand nebenan, und somit kämpfte ich mal mit dem einen, mal mit dem anderen, um wenigstens ein bisschen Abwechslung in die Mühsal zu bringen. Das Wandern war anstrengend, aber vielleicht musste das so sein, damit sich der nördlichste Punkt Deutschlands nicht ganz so leicht erobern ließ. Schritt für Schritt wanderte ich ihm entgegen, ohne meinen Fortschritt großartig zu bemerken. Die Dünen, das Meer, jeder Tritt war gleich, egal, wie weit ich mich vorwärtsbewegte. Inmitten dieser Gleichförmigkeit schienen sich Raum und Zeit einmal mehr in sich selbst aufzulösen, und nur das Licht, das zunehmend heller wurde, zeugte davon, dass die Erde sich noch drehte. Ich liebe dieses Gefühl beim Wandern.

Irgendwann warf ich doch mal wieder einen Blick auf die Karte, um den nördlichsten Punkt auch bloß nicht zu verpassen. Dort gab es nämlich dankenswerterweise weder Currywurstbude noch Selfie-Hotspot, sondern nur ein einfaches Schild, das auf diese besondere und gleichzeitig wenig relevante Koordinate verwies. Und das konnte man inmitten der eintönigen Sandflächen eigentlich nicht verpassen – doch tauchte es einfach nicht auf. Nach einiger Zeit stellte ich beim Blick auf die Karte fest, dass ich zu weit gelaufen war, drehte mich um, stapfte einige Hundert Meter durch den mittlerweile noch tiefer gewordenen Sand zurück. Ein Schild sah ich nicht, lediglich eine abgesperrte Zone, die temporär zum Schutz von brütenden Vögeln errichtet worden war. Das Schild musste für diese Zeit entfernt worden sein, um nicht doch Besucher dort hineinzulocken. Die Vögel hatten den nördlichsten Punkt Deutschlands übernommen. Das sollte mir recht sein, denn von mir aus könnten Vögel so ziemlich alles übernehmen. Ich ließ mich vor der Absperrung in den Sand fallen und packte mein Frühstück aus. Noch immer war ich ganz allein, hatte bisher keine Menschenseele zu Gesicht bekommen. Der nördlichste Punkt Deutschlands fühlte sich an diesem Morgen so abgelegen an, wie sein Name vermuten ließ. Ein Strandläufer flitzte an der Wasserkante entlang, weit hinter ihm die Silhouette der dänischen Insel Rømø. Meine ersten Kindheitserinnerungen an die Nordsee stammen von einem Familienurlaub auf genau dieser Insel. Und seitdem hat mich die Nordsee nie wieder losgelassen. Jetzt saß ich auf der anderen Seite, knapp dreißig Jahre später, und ich liebte sie immer noch so wie früher. Ob ich schon damals diese Sehnsucht nach der Wildnis in mir getragen hatte? Vermutlich tut das jedes Kind, denn immerhin fühlt sich in jungen Jahren jeder noch so kleine Ausflug in die Natur so an wie eine Expedition. Kinder sind kleine Abenteurerinnen und Abenteurer, jeden einzelnen Tag. Bis dieses Gefühl der Ungewissheit, des Staunens, der Grenzüberschreitung langsam abnimmt und wir beginnen, unseren Radius zu erweitern, um das Gleiche zu erleben. Vom Vorgarten in den Garten, vom Garten in den Wald nebenan, vom Wald nebenan über die Stadtgrenze hinaus, bis wir irgendwann auf einem Boot in Alaska stehen und nicht mehr Forellen im Teich, sondern Buckelwale im Nordpazifik bestaunen. Je weiter wir reisen, desto enger fassen wir in gewisser Weise die Begriffe von Wildnis und Abenteuer, pressen sie in Formen und drängen sie in Nischen. Degradieren sie manchmal regelrecht zu einem Spektakel, das man buchen kann – am besten noch mit Reiserücktrittsversicherung, falls etwas dazwischenkommt. Wildnis wird zu etwas, das man nicht überall erleben und finden kann, sondern für das man in die große weite Welt ziehen muss. Dort findet man sie schnell, keine Frage. Aber es ist eben auch der einfache Weg und längst nicht der einzige. Ich habe oft darüber nachgedacht, ob man diesen Weg gehen muss, der zwar weit, aber in gewisser Weise auch simpel ist. Ob man nach Alaska oder irgendwohin ganz weit weg reisen muss, um zu verstehen, dass man das eigentlich gar nicht tun muss. Ich werde die Frage wohl nie beantworten können, weil man sie nur für sich selbst beantworten kann – und dies war nun mal mein Weg gewesen. Gleichzeitig bin ich davon überzeugt, dass ich mich für Wale vielleicht genauso hätte begeistern können, wenn ich nicht die *Viewfinder* bestiegen hätte, sondern die *MS Nordfriesland* oder irgendeinen anderen Kutter, der mit mir auf Schweinswalsuche gegangen wäre. Genau genommen hatte ich mich ja schon lange zuvor für Wale begeistert, ohne auch nur einen einzigen Wal jemals mit eigenen Augen gesehen zu haben. Genauso wie Kinder, die sich für Dinosaurier begeistern können, ohne dass einer von ihnen noch auf dieser Erde weilte (wobei Vögel ja streng genommen sogar Dinosaurier sind oder zumindest ihre letzten noch lebenden Nachkommen).

Whalewatching ist in Deutschland kein boomendes Geschäft. Nicht so wie in Norwegen oder Island, wo die Einnahmen durch Walbeobachtung die des nach wie vor präsenten Walfangs bei Weitem übersteigen. Und vielleicht muss man froh sein, denn Whalewatching ist zwar natürlich besser als

Walfang, kann aber ebenfalls viel Schaden anrichten, wenn die zahlenden Touristen um jeden Preis glücklich gemacht werden sollen. Ein paar Angebote gibt es manchmal in deutschen Gewässern, vom NABU zum Beispiel oder vom Nationalpark. Darüber hinaus kann man die kleinen Wale aber oft auch gut vom Land aus sehen. Und Sylt ist einer der Schweinswal-Hotspots in Deutschland. In der gesamten Nordsee gehören die noch einigermaßen intakten Meeresgewässer vor den Inseln Sylt und Amrum zu den beliebtesten Aufenthaltsgebieten der Kleinen Tümmler. Bereits im Jahr 1999 wurde der Nationalpark Schleswig-Holsteinisches Wattenmeer dort um eine Schutzzone für Kleinwale sowie Meeresvögel erweitert, das erste (und bisher einzige) offizielle Walschutzgebiet Europas. Ab Ende Mai nutzen die Schweinswale diese Gebiete gern als Kinderstube, denn dort finden die Walmütter ausreichend Makrelen, Heringe, Sandaale und andere kleine Fische, die auf ihrer Speisekarte stehen.

Ich war an diesem Tag etwas früh dran für die Hochsaison der Schweinswalbeobachtung und gab mir dennoch alle Mühe, vielleicht doch irgendwo eine kleine graue Finne in den seichten Wellen zu entdecken. Immerhin: In Sachen Wetter hatte ich für April außerordentliches Glück. Es war kalt, aber sonnig und ausgesprochen windstill. Wenn da irgendwo ein Kleiner Tümmler war, dann würde ich ihn ziemlich sicher entdecken können. Nach einer Weile verließ ich den nördlichsten Punkt Deutschlands und wandte mich nach Westen, um den Sylter Ellenbogen weiter zu umrunden. Die nördlichste Spitze wird aufgrund ihrer Form so genannt und ist weitestgehend unbebaut und naturbelassen. Überhaupt hatte die Insel bisher einen erstaunlich wilden Eindruck auf mich gemacht. Dabei stand Sylt auf der Liste der Nordseeinseln, die ich besuchen wollte, eigentlich immer ziemlich weit unten.

Und beim Thema Wildnis würde einem Sylt vermutlich auch nicht zuallererst einfallen. Zu groß die Vorurteile, zu abschreckend die Vorstellung, durch ein Labyrinth aus Ferraris und Champagnerbars wandern zu müssen. Es gab sie durchaus, die Ferraris und Champagnerbars. Sie ließen sich aber, von dem Geräusch eines ab und zu aufheulenden, völlig grundlos übermotorisierten Gefährts mal abgesehen, ziemlich gut umgehen. Denn dazwischen gab es sehr viel von dem, was mir das Liebste war. Weitläufige, unerschlossene Dünenlandschaft, Heide, Wälder und Weidelandschaften. Dazu die weiten Sandstrände und die offene Nordsee auf der einen Seite der Insel, das Wattenmeer auf der anderen. Vor dem Sylter Ellenbogen treffen sie beide aufeinander, beim Wechsel von Flut und Ebbe fließen mehr als fünfhundert Millionen Kubikmeter Wasser von einer auf die andere Seite und später wieder zurück.

Der zweite Leuchtturm des Ellenbogens war gerade in mein Blickfeld gerückt, da sah ich aus dem Augenwinkel eine Bewegung auf dem Wasser. Ich drehte den Kopf, starrte auf die Wasseroberfläche, versuchte sie regelrecht mit meinem Blick zu durchdringen, konnte aber nichts erkennen. Nach einer Weile blitzte wieder etwas auf der Wasseroberfläche auf, und dieses Mal sah ich es: Glänzend graue Haut, lange Schnauze, und die großen schwarzen Kugelaugen blickten direkt in meine Richtung. Ein Schweinswal war der Seehund zwar nicht, aber ihn zu sehen bedeutete eine fast genauso große Freude. Für einen Moment hielt er still, beobachtete mich und ich ihn. Dann tauchte er wieder ab, nur um kurz danach wieder an die Oberfläche zu kommen, eine Rolle zu drehen, wieder abzutauchen …, was Seehunde eben so tun. Eine ganze Weile lang schwamm und rollte er in einiger Entfernung neben mir her, bis er irgendwann abtauchte – und nicht wieder auftauchte. Ich wartete ein paar Minuten, konnte den kleinen grauen Kopf jedoch nirgendwo entdecken. Seehunde können bis zu dreißig Minuten unter Wasser bleiben und damit deutlich länger als Schweinswale, die spätestens alle sieben Minuten auftauchen müssen, um Luft zu holen. Also setzte ich irgendwann meinen Weg ohne ihn fort, beseelt von der Begegnung mit immerhin einem Meeressäuger. Am östlichen Leuchtturm des Ellenbogens angekommen, traf ich endgültig auf das Wattenmeer. Das Wandern war hier deutlich einfacher als auf dem butterweichen Sand der offenen Seeseite. Ich zog die Schuhe aus, lief über den eiskalten Schlick und sah dabei zu, wie der Mond das Meer ausschlürfte. Stück für Stück zog sich das Wasser zurück, und mit dem Watt, seinen Würmern und Muscheln und Schnecken, kamen auch die Vögel zum Vorschein. Eine große Ansammlung von Uferschnepfen pflügte emsig durch das, was gerade noch Meer gewesen war und nun ein *All you can eat*-Buffet. Sandregenpfeifer liefen um die Wette, der schrille Schrei der Austernfischer polterte über den Strand. Sogar eine kleine Gruppe langschnabliger Eiderenten flog ein: stattliche Tiere mit einer Zeichnung, die vor allem bei den Erpeln eher an ein abstraktes Kunstwerk erinnert. All diese und noch viel mehr Gäste auf Sylt zahlen keine Kurtaxe, schlafen gratis im Freien und schlagen sich den Bauch voll, ohne die Rechnung zu bezahlen. Und sie sind alle höchst willkommen. Neben dem Wattenmeer selbst, das den Zugvögeln reichlich Nahrung bietet, sind es auch die Lage und die landschaftliche Vielfalt Sylts, die die lang gezogene Insel zu einem Hotspot für die Fernreisenden machen. Ich habe eine Woche auf Sylt verbracht, bin jeden Tag gewandert, und keine Tour war wie die andere. Das ist schon erstaunlich für eine knapp vierzig Kilometer lange und maximal zwölf Kilometer breite Insel. Mein Basislager lag ganz im Süden der Insel, dort, wo das Meer besonders hartnäckig an der Insel nagt. Vor allem bei Sturmfluten kann an der schmalen und spitzen Hörnum-Odde meterweise Land ans Meer verloren gehen. Vierarmige Betonkolosse, jeder von ihnen sechs Tonnen schwer, sollen zumindest die besiedelten Teile der Südspitze gegen den Landverlust schützen. Sie sind einer der ruppigsten Anblicke auf der blank geputzten Insel. Von der Südspitze zieht sich der weiße, weite Weststrand an der kompletten Insel entlang. Begrenzt durch hohe Dünen: Die höchste von ihnen ragt gut fünfzig Meter über die Insel hinaus und dient als Aussichtspunkt für alle, die selbst im Nordseeurlaub ein paar Höhenmeter nicht scheuen. Auf halbem Wege werden die Dünen zu Felsen, vier Kilometer lang und leuchtend rot. Das oxidierte Eisenerz, welches dem Roten Kliff zu seinem Namen verholfen hat und kontrastreich zwischen Sand und Himmel strahlt, diente Seefahrern früher als Orientierungspunkt. Im Osten der Insel gibt es noch ältere Erdgeschichte, und wer würde auf einer Nordseeinsel so viel Einblicke in die Geologie vermuten? Bis zu zehn Millionen Jahre alt sind die Gesteinsschichten am Morsum-Kliff, und die kann man – das ist das Besondere – nebeneinander und nicht wie sonst übereinander lagernd betrachten: Während der Eiszeit wurden die damaligen Gletscher durch hohen Druck aufgebrochen und nebeneinander verteilt. Als Folge dessen ist dieses bis zu einundzwanzig Meter hohe und knapp zwei Kilometer lange Kliff entstanden. Besonders sind auch die drei Wanderdünen in List, denn sie sind die letzten ihrer Art in ganz Deutschland. Sie bewegen sich stetig gen Osten, bis zu zehn Meter pro Jahr, und zudem wachsen sie um die drei Meter in die Höhe. Früher waren viel mehr Wanderdünen auf Sylt zu finden. Noch bis Ende des 19. Jahrhunderts begruben die sandigen Wanderer regelmäßig Siedlungen und

Ackerland unter ihren Körnern. Die Sylter begannen, die wild gewordenen Dünen zu zähmen, indem sie Strandhafer pflanzten. Jene dünnen, graugrünen Gräser, die wie durch Zauberei auf den Sandmassen Halt finden und selbst dem stärksten Sturm standhalten können. Das gelingt ihnen, da ihre Wurzeln bis zu zwölf Meter in die Tiefe wachsen. So geben die Pflanzen nicht nur sich selbst Halt, sondern auch dem Sand. Wäre der Strandhafer nicht, würden wohl auch die letzten drei Wanderdünen irgendwann ins Meer gehen. Ziehen lassen oder festhalten? Diese Frage wird man auf Sylt irgendwann endgültig beantworten müssen. Die Salzwiesen im Osten der Insel sind da schon pflegeleichter. Mal überschwemmt, mal trocken liegend, trotzen sie den Gegebenheiten und bilden den Übergang zwischen Meeresboden und nutzbarem Land. Ein extremer und extrem wichtiger Lebensraum, wie die Nordsee selbst. Und dann ist da auch noch die Sylter Heide, die rund die Hälfte der gesamten Heidefläche Schleswig-Holsteins ausmacht. Wer eine lila Heideblüte direkt neben dem Wattenmeer erleben möchte, der muss nach Sylt kommen.

Dass Sylt schön ist, habe ich ja eigentlich nie angezweifelt. Dass Sylt mir bei der Suche nach der Wildnis helfen würde, dafür umso mehr. Es waren vor allem die Schweinswale, die mich auf die schicke Seite der Nordsee gelockt haben – und nein, ich habe die ganze Woche über keinen von ihnen erblickt, obwohl ich bei meinen Wanderungen und Spaziergängen auf der Westseite der Insel kaum die Augen von den Wellen gelöst habe. Und vielleicht war es ein bisschen die Neugierde auf das Ungewöhnliche. Denn wenn es in Deutschland eigentlich sowieso keine richtige Wildnis gibt, dann kann man sie im Umkehrschluss doch wirklich überall finden. Viel mehr als von Reetdachvillen, Partys und Porsches ist Sylt vom

Meer, vom Sand und vom Wind geprägt. Und darin unterscheidet es sich nicht von anderen Inseln im Meer. Wenn ich an meinen Besuch auf Sylt denke, dann denke ich vor allem an verwehte Dünenlandschaften, an einsame Sandstrände und mit Vögeln übersäte Salzwiesen und Wattwellen. An das Gefühl, einem Geheimnis auf der Spur zu sein, nicht zu wissen, was mich erwartet, und dennoch loszuziehen. Und mit meinem Besuch in Zingst an der Ostsee ging es mir da ganz ähnlich.

—

»Ich kann nicht versprechen, dass wir heute Glück haben werden.«

Als der Kapitän diese Worte ins Bordmikrofon sprach, wusste er vermutlich, dass das schon irgendwie klappen würde. Auch wenn das Wetter nicht ganz ideal war, mit starkem Westwind, grauen Wolken und drohendem Regen. Aber selbst wenn der Kapitän die Hoffnungen, und damit potenziellen Enttäuschungen, möglichst niedrig halten wollte: Bei mir hatte er damit keinen Erfolg. Noch nicht.

Die meisten Passagiere der *MS Seestern* waren windgeschützt unter Deck, aber ich blieb oben, als das kleine Ausflugsboot den Anleger verließ. Der Barther Bodden war nicht gerade der Kenai-Fjords-Nationalpark in Alaska, wenngleich die Temperaturen im deutschen Spätherbst in etwa denen des alaskischen Küstensommers entsprachen. Auf Eisschollen und Buckelwale musste man hier in aller Regel dennoch verzichten. Und doch wollte ich nichts von dem verpassen, was der Blick vom Wasser aus vielleicht offenbaren würde. Wann macht man schon mal eine Bootsfahrt im eigenen Land? Ich jedenfalls nicht gerade häufig. Statt der Seeadler spähten hier Kormorane von den Pfählen aus ins Wasser, statt der Papageitaucher tummelten sich Rotschenkel und Kiebitze auf den vorgelagerten Inseln. Unser kleines Boot zog nicht an gigantischen Gletschern vorbei, sondern an weitläufigen Wiesen. Und drüben auf dem Festland schlich kein Elch am Waldrand entlang, aber immerhin ein stattlicher Rothirsch. Über eine Stunde dauerte die Fahrt zu unserem Zielort, und als wir dort ankamen, bereute ich ein wenig, nicht doch im beheizten Bauch des Schiffes gewartet zu haben. Aber jetzt gab es keine Zeit mehr für eine wärmende Pause, denn es war kurz vor Sonnenuntergang und *sie* mussten jeden Moment kommen.

»Behaltet den Himmel im Auge«, mahnte der Kapitän über den Lautsprecher. Jetzt kamen auch die letzten Passagiere nach oben an Deck. Für ein paar Minuten lag nichts außer erwartungsfrohem Schweigen in der Luft. Sollte der Kapitän mit seiner vermeintlichen Hoffnungslosigkeit vielleicht doch recht behalten? Dabei war der Wind mittlerweile abgeebbt, der Regen hatte sich zurückgehalten. Sogar der Himmel war aufgerissen, und gerade, als ich dem Mond in sein fast volles Gesicht sah, hörte ich es. Ein fernes Trompeten, dann noch eines. Eine feine schwarze Linie zeichnete sich auf den Horizont, kam langsam näher, dahinter noch eine, und das Gekrakel schob sich stetig in unsere Richtung. Und dann, fast unerwartet plötzlich, war der Himmel voller Vögel. Große Bäuche, stramme Hälse, weite, ausgefranste Flügel. Erst beim Landeanflug wurden die lang gestreckten Beine zu schlaksigen Stelzen, auf denen die wuchtigen Tiere wenig grazil und gleichzeitig nicht an Anmut einbüßend im seichten Wasser landeten. Die Welt bestand nur noch aus Flügeln und Trompeten, so wie sie damals aus Flossen und Walgesang bestanden hatte. Es war wie der Blick in ein Kaleidoskop: Alles bewegte sich, fügte sich zu einem magischen Muster, einem perfekt synchronisierten Tanz. Man konnte nicht aufhören, hinzusehen, und wenn man es doch tat, war einem schwindlig. Einige der Tiere flogen hoch oben vor dem Mond, andere erstaunlich nah über unseren Köpfen. Und gerade, als ich dachte, dass das Schauspiel jetzt wohl abebben würde, begann es erst richtig. Hunderte, vielleicht sogar tausend und mehr Kraniche flogen ein, kamen von den Feldern der Umgebung, wo sie sich den ganzen Tag lang einen Happen nach dem anderen gesucht hatten. Und jetzt, als die Sonne fast untergegangen war, sammelten sie sich in den seichten Gewässern vor Zingst. Gut vor Fressfeinden geschützt, schlief es sich dort einfach besser als auf irgendeinem Feld. Erst am nächsten Morgen, wenn die Sonne wieder aufging, würden sie diesen Ort verlassen und das Spiel umgekehrt spielen. Jedes Jahr kommen die Kraniche zu den gleichen Schlaf- und Rastplätzen, fliegen ganz bestimmte Routen, und der Pramort, die äußerste Ostspitze von Zingst, ist einer der beliebtesten. Kraniche sind aufmerksam und scheu, aber solange man genügend Abstand hält, stört man sie nicht. Das Boot schien sie jedenfalls ganz offensichtlich nicht zu stören, und vielleicht kannten sie es einfach auch schon zu gut. In den Herbstmonaten kommen viele Menschen auf die Halbinsel Fischland-Darß-Zingst, um ihr Glück unter Vögeln zu finden, und die Boote rücken täglich aus. Ich machte unzählige Fotos, gefühlt von jedem Kranich eins, und hatte mir extra zu diesem Zweck sogar ein Teleobjektiv geliehen, das den Wert meines eigenen um einiges überstieg. Dann erinnerte ich mich daran, dass es mindestens genauso wichtig war, einfach nur zu schauen und zu staunen. Glücklicherweise blieb genug Zeit für beides. Erst als es fast dunkel war, setzte sich unser Boot wieder in Bewegung. Gerade noch rechtzeitig, bevor ich meine Finger trotz der Handschuhe überhaupt nicht mehr spüren konnte. Erst unten im Schiff tauten sie langsam wieder auf. Als ich mich umblickte, sah ich in lauter selige Gesichter, für die bestimmt nicht nur der Ausschank an der Bootsbar verantwortlich war. Wir alle waren Zeuge eines Wunders geworden. Hatten für eine Weile das Tor zu einer wilden Parallelwelt geöffnet, wurden ein kleines bisschen Teil dieser Welt, auch wenn wir letztendlich nichts taten, als durch die offene Tür zu blicken. Allein dieser Blick, die Anwesenheit der Vögel um uns herum, war genug gewesen. Der Bootsausflug an den Pramort hätte sich auch ohne Vögel gelohnt, aber erst diese wundersamen Tiere, die in einer völlig anderen Welt zu leben schienen und doch mitten unter uns, hatten ihm den Hauch von Wildnis verliehen. Wildnis ist unmittelbar an das Leben in ihr gebunden. An vielfältiges Leben, das allein den Gesetzen der Natur unterliegt. Und im Schatten der Kraniche stehend, scheint es in gewisser Weise absurd, dass Wildnis für uns zwar durch die *An*wesenheit von Tieren, oft noch von möglichst großen, bestimmt wird, aber durch die *Ab*wesenheit von Menschen. Dabei sind wir letztendlich doch in vielerlei Hinsicht auch nichts anderes als Tiere, so gern wir es vielleicht auch anders hätten. »Wir Menschen sind die neugierigsten, emotionalsten, einfallsreichsten, aggressivsten und gleichzeitig verwirrendsten Tiere auf dem Planeten«, sagt die Autorin Melanie Challenger in ihrem Buch *Wir Tiere. Eine neue Geschichte der Menschheit*. Darin beschreibt sie ihre Annahmen über den Zustand der Entfremdung des Menschen von seiner Natur, die in vielerlei Hinsicht so offensichtlich scheint. Partnerschaft und Fortpflanzung, der Genuss von Essen, ein Nickerchen in der Sonne – vieles von dem, was unser Leben erst lebenswert macht, spielt auch für Tiere eine große Rolle. »Das menschliche Leben mag eine Mischung sein aus Fleisch und Traum, doch unsere Träume sind immer noch die eines Tiers.«

Egal, wo man die Grenze zwischen menschlichem und nicht menschlichem Tier zieht: Die Nähe zu wilden Tieren macht etwas mit uns, und es muss einfach mehr sein als die bloße Faszination für Biologie oder für das Unbekannte. Wenn wir im Herbst Igel retten, dann wollen wir vielleicht ein Stück weit auch uns selbst retten. Wenn wir im Winter die Vögel am Futterhaus beobachten, dann ist es immer auch der Versuch, uns selbst zu nähren. Wenn wir im Frühjahr Kröten über die Straße helfen, dann möchten wir selbst die Welt aus Asphalt und Beton bezwingen. Und wenn wir im Sommer die Bienen und Schmetterlinge an bunten Blüten bewundern, dann ist deren Nektar auch für uns selbst bestimmt. Alles, was wir suchen, wenn wir nach draußen in die Natur gehen, Berge hinaufwandern und unter freiem Himmel schlafen, sind Dinge, die uns an das erinnern, was wir wirklich sind: Kreaturen, die essen und schlafen müssen. Die den Wind und die Sonne spüren wollen. Die sich nicht nur frei bewegen wollen, sondern es auch können, selbst wenn sich unterwegs Hindernisse offenbaren. Die vielleicht nicht anderen, aber zumindest sich selbst beweisen wollen, dass sie da draußen überleben können und nicht alles vergessen haben, was sie einst wussten. Dabei ist es leichter, sich wie ein Wolf zu fühlen, wenn man einsam durch dunkle Wälder streift. Aber man kann auch der Fuchs sein, der mitten in der Großstadt lebt und trotzdem noch Fuchs ist. Über allem steht die Erkenntnis, dass wir so anders nun mal gar nicht sind. Mit Wesensarten ausgestattet, die mehr Gemeinsamkeit als Unterschied darstellen. Und mit dieser Akzeptanz löst sich ein Konflikt auf, der mal mehr, mal weniger präsent in wohl jedem Menschen wohnt: »Dass der Mensch dasjenige Tier ist, welches nicht akzeptieren kann, ein Tier zu sein«, wie Melanie Challenger es beschreibt. Wilde Tiere zu beobachten bedeutet immer auch, sich selbst zu beobachten. Und je genauer man hinsieht, desto mehr kann man lernen.

Mittlerweile war es stockdunkel. Ich konnte nur noch die Silhouette, später dann die Lichter von Zingst in der Ferne erkennen. Drüben auf dem Festland war ich in den letzten Tagen schon reichlich unterwegs gewesen. Nicht auf besonders abenteuerliche, outdoorprofihafte Weise, sondern einfach nur mit einem alten Klapperrad, das ich mir für wenige Euro für die komplette Woche gemietet hatte. Es war hellblau, hatte fünf Gänge, einen viel zu weichen Sattel und war eigentlich alles, was ich brauchte, um diesen Teil Deutschlands angemessen zu erkunden. Zumal es sogar einen äußerst praktischen Korb am Lenker hatte, in dem Kamera mit Teleobjektiv, Fernglas und eine Thermoskanne mit Tee immer griffbereit lagen. Was kann man schon mehr wollen? Zugegeben: Ursprünglich hatte ich vorgehabt, eine gute Woche lang den Ostseeküstenwanderweg E9 zu wandern. Immer noch nicht übermäßig abenteuerlich, aber doch ein paar Stufen über der Variante »Ferienwohnung und Klapperrad«. Eine hartnäckige Erkältung hatte mir einen Strich durch die Rechnung gemacht, und so war ich spontan in Zingst gelandet. Ohne genauen Plan, außer eben der Erkundung der Insel. Und das tat ich dann auch. Kreuz und quer führten mich meine Wege über Fischland-Darß-Zingst, wie jene fünfundvierzig Kilometer lange Halbinsel an der Ostseeküste zwischen Rostock und Stralsund mit vollem Namen heißt. Fischland, Darß und Zingst bezeichnen jeweils unterschiedliche Teile, aber meist meint man doch irgendwie alles davon. Ich fuhr an die Ostseeseite der Halbinsel, über die Sundische Wiese und durch den Osterwald bis zum Fahrradstellplatz nahe der Hohen Düne, einem zwölf Meter hohen Aussichtspunkt im äußersten Osten von Zingst. Von dort oben sah die Ostsee wilder aus als sonst, wie sie mit graublauen Zähnen am schmalen Strandstreifen nagte und ihn doch nie so richtig zu fassen bekam. Ich fuhr an die Westseite der Insel, dorthin, wo der einigermaßen berühmte Darßer Weststrand sich gegen Wellen und Wind stemmte, was man vor allem den knorrigen, schief gewachsenen Bäumen ansah. Die Laubträger unter ihnen waren fast kahl und ragten wie alte Gerüste in den Himmel. Vom Wetter gezeichnet, aber trotzig säumten sie den schmalen Weststrand, der schon zum schönsten Deutschlands gekürt worden ist. Jetzt im Oktober war er einigermaßen leer. In den hinteren Reihen des westlichen Waldes fand ich alte Buchenwälder und im Wasser stehenden Erlenbruch. Und oben, an der Westspitze, ein Stück hinter dem Leuchtturm, röhrte an frühen Herbstmorgen das Rotwild im Küstensaum und lockte Fotobegeisterte an den Darßer Ort. Ich war zu spät dran für die Hirsche. Dafür war ich für den Fuchs, der am Strand nach Muscheln suchte, genau richtig gekommen. Hinter dem Fuchs lag die bleierne Ostsee. Auch hier vor Zingst, genauso wie an vielen anderen Orten, leben Schweinswale. Zumindest theoretisch. Zwischen zweihundert und sechshundert Stück – genaue Zählungen sind schwierig – zählt die kleine, noch verbliebene Schicksalsgemeinschaft der Ostsee-Schweinswale. Sie lebt isoliert, mischt sich also nicht mit den Verwandten in der Nordsee und bevölkert schon lange nicht nur die zentrale Ostsee, sondern auch die Rote Liste der bedrohten Arten. Die Haupttodesursache für die Tiere sind auch in der Ostsee die Stellnetze, die absurderweise selbst in ausgewiesenen Walschutzgebieten noch zum Einsatz kommen. Und zwar ganz legal. Gemessen an aktuellen Beständen, dürften maximal zwei Exemplare pro Jahr als Beifang sterben, damit der Walbestand erhalten bleibt. Stattdessen sind es aktuell durchschnittlich sieben Tiere. Bei dieser Rate bleibt dem Ostsee-Schweinswal nicht mehr viel Zeit. Zumal die Tiere längst nicht nur mit den Netzen zu kämpfen haben: Unterwasserlärm, verursacht zum Beispiel durch militärische Übungen, Schiffsverkehr oder auch den Bau von Windkraftanlagen auf hoher See, ist ein großes Problem. Verschmutzung durch Plastikmüll und chemische Substanzen wie Düngemittel spielt ebenso eine große Rolle, und natürlich der Klimawandel, mit dem die stetige Erwärmung der Meere einhergeht. 2022 hat sich die europäische Politik erstmals dazu durchgerungen, die Stellnetzfischerei in Schutzzonen zu verbieten. Allerdings nur in manchen, und nur in drei Monaten des Jahres. Laut Fachleuten ist diese Vorgehensweise kaum ausreichend. Schlechter als dem Ostsee-Schweinswal geht es aktuell nur dem Vaquita, auch Kalifornischer Schweinswal oder Golftümmler genannt. Er ist in einem kleinen Gebiet im Nordwesten des Golfs von Kalifornien beheimatet und zählt zu einer der am meisten bedrohten Säugetierarten auf der ganzen Welt. Vielleicht gibt es noch zehn von ihnen, vielleicht auch weniger, und auch den »kleinen Kühen« vor Mexikos Küste ist die Stellnetzfischerei zum Verhängnis geworden. Obwohl diese im Gebiet der Vaquitas seit einigen Jahren verboten ist, werden jede Menge illegale Aktivitäten betrieben. Mexikanische Drogenkartelle und die chinesische Mafia kollaborieren, um den seltenen Totoaba-Fisch zu wildern. Kontrolliert wird wenig bis gar nicht, und würden sich nicht Meeresschützer wie die der Organisation *Sea Shepherd* schon seit Jahren für die letzten Vaquitas einsetzen und stetig illegale Netze entfernen, gäbe es die Kalifornischen Schweinswale vermutlich längst nicht mehr. Im Frühjahr 2023 hat das Washingtoner Artenschutzabkommen CITES Sanktionen gegen Mexiko festgelegt, da das Land es versäumt hat, die illegale

Fischerei und den Handel, die die Vaquitas und auch die Totoabas bedrohen, ausreichend einzudämmen – oder es zumindest zu versuchen. Theoretisch lohnt sich der Kampf um die Vaquitas, denn Forschende haben durch Gewebeproben herausgefunden, dass eine geringe genetische Diversität den Schweinswalen vermutlich nicht zum Verhängnis werden würde. Gleichzeitig stehen die Chancen nicht gerade gut, dass dieser Umweltkrimi im Golf von Kalifornien noch ein gutes Ende für die letzten Vaquitas nimmt. Und vielleicht, ja sogar wahrscheinlich wird irgendwann nur noch einer von ihnen durch den Golf von Kalifornien schwimmen. Der Endling, so nennt man den letzten Überlebenden seiner biologischen Art. Und er würde sich damit in eine lange Reihe von Endlingen einreihen, von denen es täglich neue gibt und von denen nur einige wenige uns überhaupt bekannt sind: Die Wandertaube Martha, der Beutelwolf Benjamin, die Schwarze Strandammer Orange Band, der Laubfrosch Toughie gehören dazu, und zuletzt war da George, eine Hawaiianische Baumschnecke, die am 1. Januar 2019 in einer Forschungsstation starb. Plötzlich hatte das Artensterben ein Gesicht, auch wenn es nur das schleimige Antlitz einer Schnecke war. Aber es gibt auch Geschichten, die (vorerst) gut ausgingen: Der neuseeländische Kakapo hatte es 2013 bereits in das Buch *Die Letzten ihrer Art. Eine Reise zu den aussterbenden Tieren unserer Erde* von Douglas Adams (ja, *der* Douglas Adams) geschafft. Gemeinsam mit einem Zoologen unternahm der Autor keine Reise durch die Galaxis, sondern eine rund um den Globus, zu einigen akut vom Aussterben bedrohten Tierarten. Er besuchte die Drachenechsen von Komodo, die hörgeschädigten Delfine des Yangtse und eben auch den Kakapo, einen dicklichen, flugunfähigen Papagei, der optisch eher an eine Eule erinnert und bei Gefahr erstarrt. »Der Kakapo ist ein Vogel

Einfach untrennbar mit der Wildnis verbunden: das Gefühl von Weite. (Unterwegs auf dem Forststeig an der deutsch-tschechischen Grenze.)

Meine erste von vielen Touren für dieses Buch führte mich auf den Albsteig im Schwarzwald.

Nie wieder ohne Fernglas: Denn nicht zuletzt die Vögel haben mir gezeigt, dass Wildnis überall zu finden ist.

Schwarzwälder Rotkehlchen.

Herbsttour in einem der letzten größeren ursprünglichen Rotbuchenwälder Deutschlands: dem Kellerwald.

Irgendwo zwischen Abenteuer und Luxus: Immer mehr Trekkingplätze in Deutschland ermöglichen legale und stressfreie Nächte unter dem Sternenhimmel.

Zur richtigen Zeit am richtigen Ort: Diesen Sonnenaufgang über der frostigen Heide auf dem Heidschnuckenweg werde ich definitiv nie vergessen.

Ambitionierte Bürgerwissenschaftlerin und …

… Wolfsexpertin (Molly) beim Wolfsmonitoring in Niedersachsen.

Wenn selbst der Mond zur Nebensache wird: Abendlicher Kranicheinflug auf Zingst an der Ostsee.

Fernab der Champagnerbars am Sylter Ellenbogen auf dem Weg zum nördlichsten Punkt Deutschlands.

Wandern an der … … wilden Isar! (Hier noch nahe des Ursprungs in Tirol.)

Und Paddeln auf der etwas weniger wilden (aber nicht weniger schönen) Altmühl.

Einer dieser Momente, in denen man alles andere vergisst: Frühe Morgenstunde am Oder-Delta.

Auge in Auge mit dem größten Greifvogel Europas.

Auf der Jagd nach wilden Tieren (mit der Kamera).

Brombeeren zum Frühstück.

Nicht so leblos wie es scheint: Bikepacking in der Harzer Wildnis (von morgen).

Was sein muss, muss sein: Audienz beim Brockengipfel.

Allein (aber nicht einsam) auf Deutschlands wohl beliebtestem Weitwanderweg: dem Rennsteig im Thüringer Wald.

in der falschen Zeit. Wenn man einem von ihnen in sein großes, rundes, grünlich braunes Gesicht sieht, wirkt er auf so heitere, unschuldige Art ahnungslos, dass man ihn am liebsten drücken und ihm sagen möchte, dass alles wieder gut wird, obwohl man weiß, dass das wahrscheinlich nicht stimmt.« Doch es wurde alles gut, zumindest fürs Erste: Zu Beginn der 1970er-Jahre wusste man nicht, ob überhaupt noch Kakapos existierten. Auf Expeditionen fand man schließlich einige Exemplare, die in abgeschirmten Tälern und auf Inseln lebten. 1995 schätzte man die Population auf fünfzig Exemplare, neunzehn davon Weibchen. Durch intensive Schutzbemühungen wie der Abschirmung von Raubtieren oder Fütterung der Weibchen, um die Brut anzuregen, gibt es heute (Stand 2023) wieder 248 Exemplare. Vielleicht schaffen es die Kakapos, vielleicht schaffen es die Vaquitas, und vielleicht schaffen es auch die Ostsee-Schweinswale – denn auch für Letztere kämpfen viele Menschen und Organisationen. *Sea Shepherd* ist nicht nur in Mexiko, sondern auch in der Ostsee für die Schweinswale im Einsatz, überwacht Gewässer und birgt Geisternetze, also verloren gegangene (oder über Bord geworfene) Netze, die viele Jahre lang ziellos durchs Wasser treiben können und eine tödliche Falle für unzählige Meerestiere darstellen. Diese Netze zu bergen ist eine mühsame, kostspielige und hochgradig riskante Tätigkeit, da man sich beim Tauchen leicht selbst in den Netzen verheddern kann. Gleichzeitig drängen Umweltschutzorganisationen vehement auf die Einhaltung der Schutzgebiete und den Einsatz von Fangmethoden, die den Schweinswalen nicht zum Verhängnis werden können. Es ist nicht nur ein Einsatz für die Kleinen Tümmler, für die Ostsee, die Artenvielfalt auf diesem Planeten. Es ist auch ein Einsatz für die Wildnis und für alle Menschen, die sich nach Wildnis sehnen. Denn unsere Meere würden auf die Schnelle betrachtet zwar erst mal gleich aussehen, egal ob sich darin nun Schweinswale tummeln oder nicht. Aber sie wären nicht das Gleiche, und sie würden sich auch nicht genauso anfühlen. Denn was wäre ein Strandspaziergang auf dem Darß, auf Sylt oder anderswo, wenn man dabei nicht mal ein kleines bisschen damit rechnen könnte, dass irgendwo eine kleine graue Flosse auftaucht – nur für ein paar Sekunden – und dann wieder verschwindet? Die Anwesenheit eines einzigen Wals kann eine ganze Welt verändern.

Ich habe die kleine graue Flosse irgendwann gesehen. Nicht vor dem Darß und auch nicht vor Sylt. Aber einige Monate später an der Flensburger Förde, ganz unverhofft, als ich weder damit gerechnet noch explizit Ausschau gehalten habe. Ich blickte aufs Wasser, und plötzlich war sie einfach da, dann wieder verschwunden, kurze Zeit später wieder da, und mit ihr eine zweite. Manchmal muss man die Wildnis eben wirklich nicht suchen, um sie zu finden. Auch in Deutschland nicht.

Kapitel 7

WASSERWEGE

»Spar dir den Flug!« Unter diesem Motto hat die Deutsche Bahn vor einigen Jahren eine Werbekampagne ins Leben gerufen, die bekannte Reisemotive ihrem Äquivalent in Deutschland gegenüberstellt: Der Horseshoe Bend in Arizona neben der Moselschleife in Rheinland-Pfalz. Der Berliner Fernsehturm neben dem Menara Kuala Lumpur. Der neuseeländische Lake Matheson neben dem bayerischen Eibsee. Die New Yorker Central Station neben dem Leipziger Hauptbahnhof. Und Wohnhäuser in Amsterdam neben solchen in Aachen. Zugegebenermaßen eine ziemlich gut umgesetzte Kampagne – vor allem in einer Welt, in der ein einziges Bild auf Social Media ausreicht, um simple Begehrlichkeiten zu wecken. Egal, wie bearbeitet die Fotos sind oder wie geschickt der Ausschnitt auch gewählt sein mag. Und dennoch hat mich etwas daran so sehr gestört, dass ich sogar jetzt, Jahre später, noch manchmal daran denken muss. Zum einen beschränkte die Werbung Reiseziele auf dieses eine Motiv. So als würde all das, was den jeweiligen Ort sonst noch ausmacht, und der Weg, der einen dorthin gebracht hat, keine Rolle spielen. Und zum anderen suggerierte sie, dass die Orte in Deutschland nur ein Abklatsch des eigentlichen *real thing* wären – besser als nichts eben. Ich fand das immer etwas unfair, weil jeder der gezeigten Orte ganz bestimmt seinen eigenen Charakter hat und seine eigenen Geschichten erzählt. Und weil die fernen Orte ja nicht zuletzt deswegen für viele spannender sind, weil man einen gewissen Weg auf sich nehmen muss, um dorthin zu kommen. Weil das Essen im Imbiss um die Ecke anders riecht. Weil man die Gespräche der Menschen vor Ort nicht versteht. Oder weil durch die Wälder in der Umgebung Bären und Elche streifen. Vielleicht mache ich mit diesen Überlegungen irgendeinen validen Punkt, vielleicht ist es aber auch nur die stete Suche nach dem Großen im Kleinen, nach dem Besonderen im Alltäglichen, die aus mir spricht und mich nicht akzeptieren lassen will, dass Arizona nun einfach per se erstrebenswerter sein soll als Rheinland-Pfalz. Oder dass British Columbia spannender sein soll als »Bayerisch Columbia«.

—

Die Isar ist eigentlich eine Tirolerin. Und so musste ich die Grenzen meines Buches etwas fließender gestalten, um dorthin zu gelangen, wo der viertgrößte Fluss Bayerns entspringt. Mein Heimatfluss. Mein Lieblingsfluss. Und der letzte große Wildfluss Deutschlands – zumindest in der Theorie. Der kleine Ort Scharnitz liegt unweit der deutschen Grenze und schien an diesem Montagmorgen nicht sonderlich beliebt. Ich war die Einzige, die mit dem Schienenersatzverkehr von Murnau bis zu dessen Endstation gefahren war. Alle anderen Passagiere waren bereits in Garmisch-Partenkirchen, in Mittenwald oder irgendwo dazwischen ausgestiegen. Beim örtlichen Bäcker ergänzte ich meinen Proviant durch eine weitere Brezen – davon kann man schließlich nie genug haben – und machte mich auf den Weg. Das Rauschen der Isar hörte ich,

noch bevor ich sie sah. Glasklar schoss sie über bräunlich bis
gräulich gefärbte Kiesel und Steine flussabwärts. Bald würde
ich diesem Wasser folgen, aber jetzt noch nicht. Denn erst
musste ich dorthin, wo das Wasser bereits gewesen war. Diesen Ort zu finden war nicht besonders schwer, und der Weg
dorthin auch nicht. Ab Scharnitz musste ich im Wesentlichen
nichts weiter tun, als für rund dreizehn Kilometer einer geschotterten Fahrstraße zu folgen. Mitten hinein ins Hinterautal – und genau das tat ich. Bald traf ich auf eine Gruppe
Wanderer, die angestrengt eine Karte in jede mögliche Richtung drehten. Unmöglich konnten sie so den recht offensichtlichen Weg zum Isarursprung suchen. Kurze Zeit später bogen
sie auf einen steilen Weg ab, der hinauf in die Berge führte,
und bestätigten meine Vermutung. Die ganze Strecke von
Scharnitz bis zum Isarursprung zu Fuß zu gehen ist nicht
sonderlich populär – unter Radfahrern ist sie es dafür umso
mehr. Und für alle anderen gibt es sogar einen Shuttleservice
ins Tal hinein, den man ab Scharnitz buchen kann und der
einen bis zum Ursprung oder sogar noch weiter bringt. So
kam ich mir etwas sonderbar vor, als ich monoton vor mich
hin lief, während ich immer wieder von grüßenden Radfahrern und auch dem ein oder anderen Auto überholt wurde.
Ob sie wohl Mitleid mit mir hatten? Sei's drum, ich hatte
gewiss kein Mitleid mit mir. Ich kann einem ordentlichen
Hatscher – so nennt man im bayerischen und österreichischen
Dialekt einen langen, potenziell eher zähen Wanderabschnitt,
der meist auf Forststraßen stattfindet – durchaus etwas abgewinnen. Und wenn er durch das stattliche Karwendelgebirge
führt, dann erst recht.

Zur Gleirschhöhe führte das Sträßchen rund hundert Meter aufwärts. Tief unter mir hatte die Isar dort eine enge Furche durch steil aufragendes Gestein gegraben. Kiefern standen so gefährlich nah am Abgrund, dass es den Anschein hatte, als wollten sie es drauf ankommen lassen. Und ein Blick nach unten verriet, dass sie nicht die Ersten gewesen wären, die hier hinabstürzten. Die Sonne stand hoch genug, um in die enge Schlucht zu scheinen, und ließ das Wasser türkis strahlen. Eine kleine Brücke führte tief unten über den Fluss und verband, was meist durch reißendes Wasser getrennt war. Einige Zeit später kam ich an einen weiteren Aussichtspunkt, von dem aus man tief hinein ins Hinterautal blicken konnte. Die dunkel bewaldeten Berghänge zogen sich bis nach unten zum geschlängelten Flussbett, darüber leuchtete das massige, helle Kalkgestein trocken und grau. Das Dorf Hinterriß ist die einzige dauerhafte Siedlung innerhalb des Alpenparks Karwendel. Ansonsten ist das Gebirge weitgehend unerschlossen. Zwischen den vier langen Bergketten bilden die massiven Felswände und schroffen Gipfel natürliche Barrieren, die oft nur erfahrenen und risikofreudigen Bergsteigern und Bergsteigerinnen vorbehalten bleiben. Aber selbst wenn man von außen aufs Karwendel blickt, von den weitläufigen Buckelwiesen nördlich von Mittenwald aus zum Beispiel, spürt man seine Wildheit. Und die Isar hätte sich wohl keinen besseren Ort aussuchen können als diesen, um ihren Anfang zu finden.

Einer der Kiesstrände tiefer im Tal war mit einem Heer von Steinmännchen übersät. Sie schienen dem Wasser auf seinem Weg durch das Tal zu salutieren. Und vielleicht ist ja der ein oder andere dieser Kieseltürme nicht nur entstanden, weil schon welche dort waren, sondern weil die Menschen tatsächlich das Bedürfnis hatten, dem Fluss etwas zu hinterlassen. Wenn ich sage, dass der Isarursprung leicht zu finden und der Weg dorthin nicht besonders schwer sei, dann muss ich vielleicht dazusagen, dass ich es mir dabei ein wenig einfach gemacht habe. Tatsächlich wurde viele Jahre lang darüber diskutiert, wo die Isar denn nun genau herkommt. Und ich habe vor meiner Wanderung genau recherchiert, um nicht auf den perfiden Trick irgendeines Tourismusmarketingbüros hereinzufallen. Neben den Quellbächen gibt es noch einen weiteren Ort, der für manche als Isarquelle gilt und ein paar Kilometer weiter taleinwärts beim Hallerangerhaus liegt. Hier entspringt der Lafatscherbach, der längste Quellfluss der Isar. Der führt jedoch die meiste Zeit des Jahres zumindest oberirdisch kein Wasser und kann somit eigentlich nicht offiziell als Quelle gelten. Die Schriftstellerin und Abenteurerin Carmen Rohrbach, die der Isar ein ganzes Buch gewidmet hat, ist dennoch dort gewesen, und selbst das hat ihr nicht gereicht. Sie stieg vom wasserlosen Lafatscherbach weiter hinauf, »der Anstieg in der glatten Bachrinne wird zur Klettertour. Bedrohlich ragen riesige Kalkwände vor mir auf. Überhängender Fels formt eine Grotte. Aus einer Vertiefung tropft es sacht. Wassertropfen um Wassertropfen quillt hervor.« Bei derlei Karstquellen handelt es sich nicht um Grundwasser, das aus dem Gestein rinnt, sondern um Regen- und Oberflächenwasser, welches in Rissen und Spalten des Gesteins versickert, sich unterirdisch sammelt und irgendwo wieder zutage tritt. Deshalb fallen diese Quellen bei Trockenheit auch oftmals trocken. »Die junge Isar rinnt am Fels entlang und fällt in ein Steinbecken. Rings um die klare Wasserfläche wachsen Bergblumen. Ein Ort verschwiegener Schönheit, umgeben von mächtigen Bergen.« Carmen Rohrbachs Beschreibungen dieses Quellortes klingen wunderbar. Innerhalb eines Tages von Scharnitz aus bis dorthin und wieder zurück zu wandern, wäre allerdings ein äußerst langwieriges Vorhaben gewesen, im Hallerangerhaus war kein einziges Bett mehr frei, und ein Biwak war in Anbetracht des vorhergesagten Starkregens in der Nacht auch keine verlockende Option. Also nahm ich mit dem hochoffiziellen

Isarursprung vorlieb, den seine ganz eigene Magie umgab. »Bei den Flüssen« hieß der Ort, an dem kleine Pfade durch ein Geflecht aus Moor, Büschen und Bäumen zogen und zu den Isarquellen führten. Drei Flüsse darin, die vielmehr drei zarte Bäche waren. Gluckernd formten sie die ersten Umrisse der Isar, mäanderten durch ein Beet aus Gras und Moos. Auf den Steinen im Wasser hielten sich Algen, dazwischen trotzten zarte Wasserpflänzchen der seichten Strömung. »Quelle 1« sagte ein unscheinbares Holzschild, unter dem sich eine noch unscheinbarere Höhle im Waldboden befand, aus dem heimlich Wasser rann. Hier beginnt es also, dachte ich. Meinte damit nicht nur den Lauf der Isar, sondern auch meine Wanderung. Vom Ursprung bis in meine Heimatstadt München, immer entlang des grünen Flusses.

Es war höchst erstaunlich, wie schnell die Isar an Kraft gewann. Gerade noch war sie nicht viel mehr als ein Rinnsal gewesen. Doch dort, wo das Wasser unweit des Ursprungs das Kiesbett erreichte, war das Gluckern bereits kein Gluckern mehr, sondern ein Rauschen. Taleinwärts erstreckte sich das breite Bett des Lafatscherbachs, das augenscheinlich schon lange kein Wasser mehr gesehen hatte. Kein Wunder – der Sommer war einer der wärmsten und trockensten seit Beginn der Aufzeichnungen gewesen; und auch der vorangegangene Winter war wenig schneereich ausgefallen. Nun hätte ich doch gerne gewusst, ob die von Carmen Rohrbach beschriebene Quelle unter diesen Umständen noch Wasser führte. Aber es war bereits Nachmittag, und so wanderte ich zurück in die Richtung, aus der ich gekommen war. Das fühlte sich richtig an – richtiger, als flussaufwärts zu gehen; ich war schon jetzt froh, diese Gehrichtung gewählt zu haben. Auch wenn das bedeutete, dass ich mich später würde umdrehen müssen, um die Berge zu sehen. Aber ich war ja nicht wegen der Berge hier. An einem versteckten Kiesstrand legte ich eine Pause ein, hier hatte ich die Isar ganz für mich. Ich hielt meine Füße ins Wasser, so wie ich es an den Isarstränden Münchens unzählige Male getan hatte, und zog sie bald schon mit schmerzverzerrtem Gesicht zurück. Nur um sie wieder hineinzuhalten, sobald die schneidende Kälte sich zurückgezogen hatte. Beim zweiten Mal klappte es schon besser, und selbst hier am Rand spürte ich nun an meinen Füßen die Kraft, mit der die Isar in Richtung Scharnitz zog. Woher plötzlich all das Wasser kam, war mir schleierhaft. Vielleicht gab es doch noch unterirdische Zuflüsse? Gesehen hatte ich bisher noch keine. Erst weiter unten kamen weitere Bäche der Isar zu Hilfe. Der Hinterkarbach, der Karwendelbach und noch ein paar mehr. Sie gaben der Isar die Kraft, die sie später noch brauchte. Denn was wäre ein wilder Fluss nur ohne Wasser?!

Der zweite Tag meiner Isarwanderung begann wenig vielversprechend bei dämmrigem Nieselregen und ohne Frühstück. Letzteres wartete aber immerhin im von Scharnitz rund zehn Kilometer Fußweg entfernten Mittenwald auf mich. Ein paar Minuten nachdem ich meine Pension im Morgengrauen verlassen hatte, stand ich wieder an der Isar. Sie schien lauter zu rauschen als noch am Vortag. Und das war vermutlich keine Einbildung, denn es hatte in der Nacht stark geregnet. Der Name Isar wird von der indogermanischen Sprachwurzel *is*, was so viel wie »schnell, reißend« bedeutet, abgeleitet. Seit dem 8. Jahrhundert schon wird sie in schriftlichen Quellen als solche erwähnt. Und an diesem Morgen machte sie ihrem Namen alle Ehre. Der Weg nach Mittenwald führte durch das Naturschutzgebiet Riedboden – eigentlich ein Kulturschutzgebiet, wie mir ein Hinweisschild verriet. Da war sie wieder, noch vor meinem ersten Kaffee, diese ungelenke Verzahnung von Kultur und Natur, von Mensch und Wildnis. Wie ein Reißverschluss, der sich immer wieder verhakt, plötzlich an unvorhergesehenen Stellen aufplatzt und der, wenn man es mit zu viel Kraft versucht, sich irgendwann gar nicht mehr richtig schließen lässt. »Durch die Beweidung sind auf den überschotterten Flussterrassen über Jahrhunderte magere Wiesen entstanden. Ohne die Beweidung entstünde hier ein Wald. Im Verbund mit dem Fluss ergibt sich am Ufer eine Verzahnung von Schneeheide-Kiefern-Wald, Auwald und Flussschotter-Pioniervegetation. Das sind Lebensräume, die in Bayern sehr selten geworden sind«, las ich auf dem Schild. Wunderschön sah das Gemisch aus üppigen Bäumen und mageren Wiesen allemal aus, in seinem morgendlichen Nebelkleid.

In Mittenwald angekommen, suchte ich dankbar die nächstbeste Bäckerei auf und bat wie immer um die dunkelste Brezen, die die Auslage hergab. Selbst hier, in diesem bekannten Bergsteigerdorf am Fuße des Karwendels, fühlte ich mich an einem geschäftigen Montagmorgen in meiner regennassen Wanderkluft etwas fehl am Platz. »Wohin geht's?«, fragte mich die Verkäuferin, als ich mein geleertes Tablett zurück zur Theke balancierte. »Immer entlang der Isar, bis nach München«, antwortete ich. Und ich ahnte bereits, was nun folgen würde. Ein kurzes Leuchten in den Augen, ein Ansatz von Lächeln, doch dann vor allem eine gerunzelte Stirn beim Blick auf meinen Rucksack: »Etwa zu Fuß?«

Nicht nur die Forststraße hinauf zum Isarursprung war vor allem Zweirad-Territorium. Mit dem Isarradweg gab es entlang des kompletten Flusses eine durchgehende und dazu noch ziemlich schöne Radroute, von den Quellen in Tirol bis zur knapp dreihundert Flusskilometer entfernten Mündung in die Donau. Ein Äquivalent für Wanderer gab es jedoch nicht, und so habe ich mir im Vorhinein meine eigene Route zusammengestückelt. Eine, die immer möglichst nah am Wasser blieb – zumindest dort, wo es Sinn zu machen schien – und gleichzeitig möglichst wanderfreundlich war. Vielerorts wäre ein Fahrrad definitiv die offensichtlich naheliegendere und vielleicht auch angenehmere Fortbewegungsvariante gewesen. Aber zum einen hatte ich große Teile des Isarradwegs während meiner Zeit in München sowieso schon im Rahmen von Tagestouren erradelt. Und zum anderen habe ich bei manchen Vorhaben einfach das unbestimmte Gefühl, dass diese zu Fuß erledigt werden wollen. Meine Entdeckungsreise entlang der Isar gehörte dazu.

Eine der schönsten Strecken, die man entlang der Isar mit dem Rad fahren kann, ist die kleine Mautstraße von Vorderriß nach Krün. Am besten zu einer Tages- und Jahreszeit, in der nur wenige Autos dort unterwegs sind. Ich kannte die Mautstraße nur allzu gut und entschied mich (nicht nur) deswegen, der oberen Isar über einen Forstweg auf der anderen Flussseite zu folgen. Nach etwas zu vielen Kilometern durch dichten Wald kam ich endlich an einen Aussichtspunkt, der etwas erhöht lag und mir einen weiten Blick ins Flusstal schenkte. Ich gab mir Mühe, den Gedanken zu verdrängen, der sich nun anbahnte, und das gewiss nicht zum ersten Mal. Es gelang mir nicht. Wow, hier sieht es aus wie in Kanada, schoss es mir durch den Kopf. Verdammt. Da war er wieder. Und tatsächlich hätte das obere Isartal hervorragend als Motiv für die eingangs erwähnte Werbekampagne der Deutschen Bahn herhalten können. Der große, leblose und ausgetrocknete Baumstamm unter mir schien schon lange dort zu liegen. Auf einem seiner Äste ruhte eine schimmernde Krähe. Ich folgte ihrer Blickrichtung mit den Augen, über die Weidenbüsche hinweg zum gegenüberliegenden Ufer, an dem sich bewaldete Berghänge steil nach oben zogen. Die Alpen waren hier bereits deutlich zahmer, und es würde nicht mehr lange dauern, bis sie komplett ins flache Land übergingen. Dennoch fühlte es sich an, als wäre ich mitten in den Bergen, und am Horizont sah ich die grauen Wände und Spitzen des Hochgebirges. Auch der bedeckte Himmel konnte das türkisfarbene Schimmern der Isar nicht gänzlich verbergen. Der Hauptarm des Flusses schlug hier einen lang gezogenen Haken. Kleine Nebenarme quälten sich durch das dicht bewachsene Flussbett, vereinigten sich mit dem großen Strom, nur um sich dann wieder von ihm zu trennen. Solche verzweigten Flusslandschaften sind typisch für Flüsse, die zum einen viel Kies mit sich führen und zum anderen ein einigermaßen starkes Gefälle aufweisen. Dort gibt es nicht *den einen* Flusslauf, sondern viele von ihnen, die sich zudem immer wieder verändern. Vor allem bei Hochwasser bahnt sich ein solcher Wildfluss stets neue Wege, verwandelt nicht nur sich selbst, sondern auch die Landschaft um ihn herum. Formt neue Kiesbänke, reißt Vegetation mit sich und manchmal auch ein Stückchen Ufer. Ich verließ meinen Aussichtspunkt und kletterte hinunter ans Flussbett aus Kies, angelockt von einem unscheinbaren hellgrünen Strauch, der im sandigen Geröll nahe der Wasserlinie wuchs. Ich bin in Sachen Botanik nicht besonders bewandert, aber in diesem Fall war ich mir ziemlich sicher, was ich vor mir hatte. Die Ufer-Tamariske ist ein ganz besonderes Gewächs. Sie gehört zu jenen Pionierpflanzen, die sich auf neu gebildeten Schotterflächen der Alpen- und Voralpenflüsse ansiedeln. Die sowohl mit Hochwasser als auch mit Trockenheit klarkommen, dank ihrer weit in den Boden reichenden Wurzeln und der nachgiebigen Äste. Nur Lichtmangel macht ihr schnell zu schaffen, deswegen braucht die Tamariske die wilden Flüsse, die ihr regelmäßig den Kies freiräumen. So wird sie nicht von Weiden und Erlen verdrängt. Ich strich über die zarten, blaugrünen und eher nadelähnlichen Blätter und fragte mich, wie viele es von dieser Sorte noch gab. Nur noch an den direkten Uferstellen entdeckte ich freie Flächen. Der überwiegende Rest des Flussbetts war dicht bewachsen. Und die Isar selbst schien dem Anschein nach ihren Lauf hier schon lange nicht mehr verlassen zu haben. Dem Grund dafür war ich einige Stunden früher an diesem Tag begegnet: Bereits in Krün, knapp fünfzig Kilometer hinter dem Isarursprung, wird die Isar erst aufgestaut und dann eines Großteils ihrer selbst beraubt. Über einen Kanal fließt ihr Wasser zum Walchenseekraftwerk, nimmt einen riesigen Umweg über zwei Stauseen und gelangt erst sehr viel später über die Loisach wieder in die Isar. Was nach dem Krüner Stauwehr übrig bleibt, ist nicht mehr als ein Rinnsal im Vergleich zu dem mächtigen Flusstal. Und dieses Rinnsal hat wenig Chancen, den Kies umzugraben, neue Inseln und Wege zu formen und damit eine Landschaft zu erhalten, deren Bewohner an genau diese Gegebenheiten angepasst sind. Stattdessen verbuscht das Flussbett mehr und mehr und drängt die Isar in ein Korsett, aus dem sie sich alleine kaum noch befreien kann. Die freien Kiesbänke verschwinden. Die Dynamik der Landschaft geht verloren. Und damit potenziell auch die rund zweihundert Arten, die in dieser Art von Landschaft – und nur dort – leben und heute als stark gefährdet gelten.

Dass es hier in diesem Flussabschnitt überhaupt noch nennenswertes Wasser gibt, ist maßgeblich dem Verein *Rettet die Isar jetzt!* zu verdanken. Im Jahr 1990 hatte der Verein erstritten, dass selbst im Sommer eine Restwassermenge von rund fünf Kubikmetern pro Sekunde in den Fluss rückgeleitet werden muss. Und so floss in jenem Jahr zum ersten Mal seit über sechzig Jahren wieder Wasser in dem Abschnitt zwischen

Krün und dem Sylvensteinspeicher. Zumindest in der Theorie, denn es sollte noch rund einen Monat dauern, bis der stark ausgetrocknete Grund wieder so weit mit Wasser gefüllt war, dass die Isar überhaupt an der Oberfläche bleiben konnte. Carmen Rohrbach erinnert sich in ihrem Buch an eine Wanderung im Bett der Isar zu einer Zeit, als das Wasser noch nicht zurückgekehrt war: »Der Fluss, der kein Fluss mehr war, wand sich als weißes Kieselskelett durch das Tal. Die Isar war tot. Tiefe Reifenspuren zerfurchten das Flussbett.« Kies war alles, was an der Isar in diesen Zeiten noch zu holen war. Den transportierte sie an den rund fünfzig Hochwassertagen im Jahr, an denen die Schleusen geöffnet wurden, in die Ebene.

Die Isar selbst war vielleicht tot, aber ihr Grab lebte: In der Kieswüste begegnete Carmen Rohrbach Mehlprimeln und Enzian, Zauneidechsen, Grabwespen und einigem mehr. Pflanzen und Tieren eben, die an sehr trockene Bedingungen angepasst sind. Von denjenigen Lebewesen, die hier einst heimisch gewesen waren, war hingegen nicht mehr viel zu sehen, vor allem Vögel waren kaum zugegen. Mittlerweile sind sie wieder zurückgekehrt. Auch jene Arten, die für eine solche Wildflusslandschaft typisch sind: allen voran der Flussuferläufer und der Flussregenpfeifer. Allerdings wird ihre Rückkehr möglicherweise nur vorübergehend sein, denn die Isar führt nun zwar stets so viel Wasser, dass sie den Durst ihrer Umgebung stillen kann, aber zu wenig, um ihrer eigentlichen Tätigkeit als Wildfluss nachzugehen. Fünf Kubikmeter pro Sekunde sind schlichtweg nicht genug, um den Kies umzuschichten, die Vegetation in Schach zu halten und immer wieder neue Freiflächen zu schaffen. Und so wird das wilde Flussbett Stück für Stück zu einem undurchdringlichen Dickicht.

Gedankenverloren schnippte ich glatt geschliffene Isarkiesel ins Wasser, als ich plötzlich von einem lauten Geräusch zurück in die Gegenwart katapultiert wurde. Für einen Moment wusste ich nicht, wo das Geräusch herkam, doch dann sah ich sie: Eine große, braungräuliche Heuschrecke saß keinen Meter von mir entfernt auf einem der größeren Steine. Während ich für den Langstreckenzieher Flussregenpfeifer schon zu spät im Jahr dran war, war ich für diesen ikonischen Bewohner der letzten Wildflusslandschaften genau richtig gekommen: Gefleckte Schnarrschrecken, die einst auch in den weiten Heideflächen Norddeutschlands zu finden waren, dort aber mittlerweile ausgestorben sind, sind eine typische Art des Hoch- und Spätsommers. Dann also, wenn die Schotterbänke der Wildflüsse aufgrund des geringen Wasserstandes besonders ausgeprägt sind. Für einen Moment saß sie einfach nur dort, dann breitete sie ihre Flügel aus, die jetzt plötzlich feuerrot leuchteten, und brauste unter lautem Geratter davon. Waren die Schnarrschrecke, der Flussregenpfeifer oder die Ufer-Tamariske nun per se mehr wert als diejenigen Arten, die hier in einer Kieswüste oder in einem Urwald leben würden? Nicht wirklich. Und dennoch hat der Schutz solch seltener Arten mit mehr zu tun als mit bloßer Liebhaberei. Die Biodiversitätskrise ist die größte Krise unserer Zeit, die selbst den Klimawandel noch in den Schatten stellt – wobei natürlich beides eng miteinander zusammenhängt und sich gegenseitig befeuert. Biodiversität umfasst dabei die verschiedenen Lebensformen (also Arten von Tieren, Pflanzen, Pilzen, Bakterien), die unterschiedlichen Lebensräume, in denen die Arten leben (Wälder, Moore, Gewässer etc.), sowie auch die genetische Vielfalt innerhalb der Arten. Grundsätzlich kann man sagen: Je vielfältiger Landschaften und Lebewesen im Ganzen sind, desto funktionsfähiger sind die Ökosysteme, desto gesünder unser Planet. Deswegen kann es durchaus Sinn machen, sich für den Schutz eines wenige Kilometer langen Flussabschnitts einzusetzen oder für einen alten Buchenwald, der dem Braunkohleabbau zum Opfer fallen soll. Auch wenn diese Bemühungen auf den ersten Blick vielleicht unverhältnismäßig erscheinen mögen, wenn man sie anderen Problemen gegenüberstellt. Und deswegen sind die Schnarrschrecke, der Flussregenpfeifer oder die Ufer-Tamariske hier an der oberen Isar vielleicht doch ein wenig mehr wert als diejenigen Arten, die hier leben würden, wenn das Isarbett endgültig zum Wald werden würde. Und auf jeden Fall alle Schutzbemühungen wert.

Kurz vor Vorderriß wechselte ich auf die andere Flussseite und wanderte das letzte Stück entlang der Mautstraße. In einer Parkbucht hatten zwei Camper vor einem für mitteleuropäische Verhältnisse geradezu monströsen Wohnmobil ihre Sonnenstühle aufgestellt und genossen ihr ganz eigenes Kanadafeeling. Ich musste an meinen Roadtrip entlang des Yukon vor einigen Jahren denken, auf dem ich ganz Ähnliches getan hatte. Nur dass mein monströses Wohnmobil ein bescheidener Pkw gewesen war, denn mehr konnte und wollte ich mir nicht leisten. Dann öffnete sich plötzlich der Blick nach rechts, und ein Flusstal erschien, das noch mehr an die dort allgegenwärtige Überdimensionalität Kanadas erinnerte. Das Flusstal war sehr viel breiter als das der Isar. Und sehr viel trockener. Der Rißbach ist eigentlich einer der wichtigsten Zuflüsse für die Isar. Und auch er ist einer der letzten wilden Flüsse des Karwendels. Zumindest bis – man ahnt es vielleicht schon – er nach rund dreißig Flusskilometern durch einen unterirdischen Stollen zum Walchenseekraftwerk hin abgeleitet wird. Nur bei Hochwasser entkommen ein paar Kubikmeter Wasser, die meiste Zeit über ist der Rißbach komplett wasserlos. Ich konnte nicht allzu lange dorthin sehen. Wusste gar nicht mehr, wo ich überhaupt noch hinsehen sollte. Denn auch die schmale Isar sah in ihrem breiten Bett einfach zu verloren aus.

Im Vorhinein hatte ich nur wenige Wanderberichte zu dieser Strecke gefunden, und fast alle davon beschrieben die rund acht Kilometer lange Strecke von Vorderriß bis nach Fall am Sylvensteinspeicher, entlang der für Fußgänger eher weniger geeigneten Bundesstraße. Damit wollte ich mich aber nicht abfinden. Nach einem genaueren Blick auf die Karte entdeckte ich ausreichend Forst- und Wanderwege, mit deren Hilfe ich der Straße vermutlich bis auf einen Kilometer komplett fernbleiben konnte. In Anbetracht des niedrigen Wasserstandes hätte ich aber wohl auch einfach direkt durchs Flussbett wandern können. Die weite Kiesschneise breitete sich vor mir aus, war fast ganz frei von Vegetation. Vielleicht, weil bei Starkregen der Rißbach und die Isar gemeinsam hier doch noch genug Kraft aufbringen konnten. Ich war mir ziemlich sicher, dass sich nur wenige Wanderer an diesen Ort verirrten, und fühlte mich der Isar, deren Wasser ich nicht sah, noch näher als zuvor. Spürte Dankbarkeit für diese spannende Reise, auch wenn sie mit gemischten Gefühlen daherkam. Über von breiten Reifen zerfurchte Waldwege und sandige Uferpfade wanderte ich weiter in Richtung Fall. Dort am Sylvensteinspeicher, der in den fünfziger Jahren für den Hochwasserschutz gebaut worden war, wird das Wasser gestaut. Theoretisch zumindest. Denn auch dort war kein Wasser. Und zumindest im hinteren Teil des Stausees erfuhr ich das zweifelhafte Vergnügen, auf dem lehmigen Grund eines Sees zu stehen. Glücklicherweise ergab eine kurze Recherche, dass die Situation trotz des trockenen Sommers nicht allzu dramatisch war, und später konnte ich von der Brücke aus sehen, dass ein Großteil des riesigen Sees nach wie vor mit Wasser gefüllt war. An meiner Unterkunft angekommen, hatte ich über vierzig Kilometer in den Beinen, leer fühlte ich mich jedoch aus einem anderen Grund. Mal wieder hatten sich meine Gedanken einen Tag lang nicht nur um die Schönheit der Natur gedreht, sondern auch um den massiven Einfluss, den wir Menschen ausüben. Und es war mir nicht immer gelungen, diese Gedanken zu verdrängen, auch wenn mich die wilde Isar selbst in ihrem nicht mehr ganz so wilden Zustand in ihren Bann gezogen hatte. Ich dachte an all die Orte, an die mich meine Suche nach der Wildnis in Deutschland in den letzten Monaten und Jahren geführt hatte. Daran, wie unterschiedlich sie gewesen waren. Was für ein Glück, dass wir solche Orte noch haben. Und was für ein Glück, dass es Menschen gibt – viele Menschen –, die sich für diese Orte einsetzen. Und für die Isar, vielleicht sogar für den Rißbach, gibt es auch Hoffnung: Im Jahr 2030 laufen nämlich die Rechte des Konzerns, der rund um den Walchensee Wasser zur Stromgewinnung nutzen darf, aus. Und dann werden die Karten hoffentlich neu gemischt. Das Ziel dabei ist nicht, die Wasserkraft komplett aus Bayern zu verbannen. Denn auch wenn diese Art der Energiegewinnung verhältnismäßig invasiv und je nach Umständen nicht immer effizient genug ist, um die Störung oder gar Zerstörung des natürlichen Gleichgewichts zu rechtfertigen, ist sie zumindest hinsichtlich ihrer Emissionen sehr klimafreundlich. Gleichzeitig pochen der Verein *Rettet die Isar jetzt!* und andere darauf, dass Verhältnismäßigkeit gegeben sein müsse, dass die Isar sowie ihre Zuflüsse eine biologisch betrachtet sinnvolle Wassermenge behalten müssen. Ich drücke der Isar alle Daumen, die ich habe.

Erst an meinem letzten von fünf Wandertagen kam ich an den Ort, an dem die Isar ihr gestohlenes Wasser wiederbekommt. Kurz hinter Wolfratshausen mündet die Loisach in die Isar.

Und sie mündet nicht nur, sondern rauscht mit voller Wucht in die trödelnde große Schwester. Im Gegensatz zur Isar hat die Loisach oft mit ihren zusätzlichen Wassermassen zu kämpfen. Ab Wolfratshausen sind es nur noch gut dreißig Wanderkilometer bis in die Münchner Innenstadt. Und doch waren Städte das Letzte, was mir an diesem Flussabschnitt in den Sinn kam. Wer nach Kanada reisen möchte, muss von München aus nur mit der S7 bis zur Endstation fahren und in Richtung Norden wandern. Hier liegt die Pupplinger Au, ein bis zu zwei Kilometer breiter Auwald, der die Isar umringt. In weiten Schleifen zieht sie dort zügig durchs Tal und zeichnet eine Landschaft, die von Menschen fast unberührt scheint. An ihren Ufern fand ich viele kleine Pfade, ein ganzes Labyrinth davon, und im dichten Regengrau musste ich aufpassen, mich nicht zu verlaufen. Auch hier wird die Isar von Kiesinseln geteilt. Auch hier findet der Flussregenpfeifer ein Zuhause, in dem er seine Brut aufziehen kann. Und in den vor starken Strömungen geschützten Flachwasserzonen finden die Nachkommen von mitunter seltenen Fischen eine geeignete Kinderstube. Immer wieder, und auch hier, bin ich entlang der Isar freundlichen Hinweisschildern begegnet, die darum baten, Kiesbänke und Flachwasserzonen nicht zu betreten. Denn auch wenn bei acht Grad und Nieselregen davon wenig zu spüren war: An heißen Sommertagen wird der Fluss vielerorts zu einer beliebten Ausflugs- und Abkühlmöglichkeit. Die Waldpfade waren mit unterschiedlichsten Pilzen gesäumt. Mit Flechten und Moosen übersätes Totholz versperrte mir regelmäßig den Weg. Schwalben schossen in großer Vielzahl dicht über die Wasseroberfläche, wann immer ich einen Blick auf den Fluss erhaschen konnte. Hier, ausgerechnet kurz vor den Toren Münchens, hatte ich das Gefühl, dass alles in Balance war. Dass ich meine Tour einfach nur genießen konnte. Und dieses Gefühl hielt erstaunlicherweise an, bis ich die Ludwigsbrücke im Herzen Münchens erreichte. Früher, zu Beginn des 19. Jahrhunderts, hatte man dort, wie (fast) überall in Deutschland, damit begonnen, Flussufer zu befestigen. Die meisten Flüsse, die wir als Flüsse bezeichnen, sind eigentlich Kanäle. Mauern, Wehre und ein striktes Flussbett sollten dem Wasser Einhalt gebieten, Landwirtschaft und Besiedlung ermöglichen. Außerdem machte der Ausbau der Wasserkraft weitere Maßnahmen notwendig. Früher war die Isar nicht nur Segen für München, sondern auch Unheil. Bis 1959 der Sylvensteinspeicher fertiggestellt wurde, sorgte der Fluss regelmäßig für teils ziemlich verheerende Zerstörung. Dank all der zähmenden Maßnahmen sollte die Isar nun gut reguliert und von Beton gelenkt durch das Stadtgebiet fließen. Doch bei starkem Hochwasser konnte auch der Sylvensteinspeicher nicht alles abfangen. Und wenn das Wasser nach München kam, hatte es keinen Platz mehr, sich auszubreiten. Natürliche Pufferzonen fehlten, der Fluss trat somit öfter und früher über die Ufer. Ganz zu schweigen von den Auswirkungen der Flussbegradigungen auf das Ökosystem und alles, was am und rund um den Fluss herum lebte. Heute ist München die einzige Millionenstadt, die einen halbwegs wilden Fluss beherbergt. Denn in den achtziger Jahren begann ein Umdenkprozess, der im sogenannten Isar-Plan mündete: Auf einer Strecke von acht Kilometern wurde die Isar zwischen der Wehranlage Großhesselohe und dem Deutschen Museum im Zentrum renaturiert. Das brachte nicht nur einen deutlich verbesserten Hochwasserschutz mit sich, sondern ermöglichte es auch, dass das Leben an und in den Fluss zurückkehrte. Wenn die Huchen laichen, dann werden heute die entsprechenden Flachwasserzonen abgesperrt. Auf der kleinen Weideninsel ist der Zutritt zur Vogelbrutzeit verboten. Und sogar die Ufer-Tamariske wurde hier wieder angesiedelt. Aber auch die Menschen können »ihren« Fluss nun wieder richtig nutzen. An schönen Sommertagen findet man an manch einem Isarabschnitt kaum noch ein freies Plätzchen. Überall sitzen Menschengruppen. Baden, grillen, hören Musik. Die Ordnungskräfte, die an solchen Tagen eingesetzt werden, haben dann alle Hände voll zu tun. Die Münchner lieben ihre Isar, ich habe selbst unzählige Sommertage dort verbracht. Doch vermutlich ist vielen gar nicht so richtig bewusst, wie besonders dieser Fluss ist, in dessen Wasser sie ihre Bierflaschen kühlen. Sonst würde die Menge an Müll, die sich an solchen Sommertagen an den Isarufern anhäuft, vielleicht etwas geringer ausfallen. Vor einigen Jahren habe ich dort, an einem der beliebtesten Uferabschnitte nahe der Innenstadt, gemeinsam mit der Meeresschutzorganisation WDC eine Müllsammelaktion organisiert. *Whale Dolphin Conservation* widmet sich vor allem dem Schutz von Walen und Delfinen, arbeitet global genauso wie national und setzt sich unabhängig und wissenschaftlich mit Kampagnen, Forschungsarbeit, Feld- und Schutzprojekten sowie Bildungsarbeit für den Schutz von Individuen, Arten und ihren Lebensräumen ein. In der Isar leben zwar keine Wale und Delfine, aber dort, wohin ihr Wasser den Müll irgendwann trägt, eben schon. Unsere Gruppe hat rund eine Stunde lang auf einem relativ kleinen Abschnitt nah am Wasser Müll gesammelt und innerhalb dieser kurzen Zeit vierhundertsiebzig Zigarettenkippen, knapp einhundert Kronkorken und unzählige Plastikteilchen gefunden. Wenn man bedenkt, dass eine einzelne Kippe circa vierzig Liter Grundwasser verseuchen kann, darf man eigentlich gar nicht weiter darüber nachdenken. Zumal auf demselben Abschnitt erst zwei Wochen zuvor eine andere Müllsammelaktion stattgefunden hatte. München und die Isar sind ein gutes Beispiel dafür, wie gewinnbringend eine Rückkehr zur Natur für alle Beteiligten ist. Aber auch, wie groß der Spagat manchmal sein kann und muss und wie viel Kraftanstrengung notwendig ist, um allen Ansprüchen gerecht zu werden. Der Verein *Deine Isar* setzt sich dankenswerterweise schon seit 2011 für saubere Isarufer und den Erhalt dieses einzigartigen Naherholungsgebietes ein, mit kreativen und sympathischen Aufklärungskampagnen, Aufräumaktionen, Seminaren an Schulen und vielem mehr.

Als ich die letzten Kilometer in Richtung Ludwigsbrücke wanderte, waren vor allem Hunde und ihre Menschen an den Isarufern unterwegs. Regenschleier zogen über die Stadt, die von Bäumen weitestgehend verborgen wurde. Ließen das Wilde der Isar noch ein bisschen wilder erscheinen. Zum letzten Mal setzte ich mich auf einen Baumstamm am Ufer, beobachtete die Blesshühner, Stockenten und Schwalben. Am anderen Ufer stand ein Graureiher im seichten Wasser, ein zweiter gesellte sich bald dazu. Hinter mir hörte ich Affengeräusche – allerdings nicht aus dem Wald, sondern aus dem nahe gelegenen Tierpark Hellabrunn. Lange war ich nicht mehr hier unten an der Isar gewesen. Wehmut und die Erinnerung an längst vergangene Sommertage machten sich breit, als ich in das klare Wasser blickte …

Dann sprang ich hinein, schwamm gegen den Strom an. Raus aus der Stadt, durch die Pupplinger Au, glitt an den Kiesbänken vorbei und unter den Schwalben hindurch. Überwand Staustufen und Wehre, vorbei an den Fischen, die manchmal an dieser Aufgabe verzweifelten. Immerzu dem Alpenrand entgegen. Bad Tölz, Lenggries – nirgendwo habe ich jemals so viele Wasseramseln auf so engem Raum gesehen wie zwischen diesen beiden Orten. Sanfte, bewaldete Hügellandschaft ging in schroffe Bergpanoramen über, und schon war ich wieder mittendrin in diesem Kanada, das gar keines sein will. Ich winkte dem Rißbach zu, der das nicht sehen konnte, weil er nicht da war, und hielt mir am Wehr bei Krün selbst kurz die Augen zu. Dann tauchte ich auf und war wieder frei. Hätte fließen können, wohin ich wollte, zumindest fühlte es sich so an. Doch ich hatte nur ein Ziel, eigentlich kein besonderes. »Bei den Flüssen« heißt es, auch wenn da nur ein paar unscheinbare Bäche sind, die nicht ahnen können, was mit ihnen geschieht.

—

Zum ersten Mal kam ich in Slowenien mit einem wirklich wilden Fluss in Berührung. Von meinem damaligen Wohnort München aus waren es nur rund fünf Stunden Fahrt bis in den Norden des kleinen Alpenlandes, und der kleine Campingplatz an der Soča lag somit sogar näher als die Eifel oder der Harz. Dennoch war es bisher mein erster und letzter Besuch dort. An die Wanderung zur Quelle der Soča kann ich mich noch heute gut erinnern. Und vor allem an das eisblaue, glasklare Wasser, das sich in einem moosüberzogenen Felsspalt sammelte und von dort durch zerfurchtes Gestein talabwärts floss. Die Soča gilt als einer der schönsten Flüsse Europas – doch sie ist sehr viel mehr als das. Sie ist Teil des blauen Herzens Europas. Teil der letzten großen Wildflusslandschaften, die dieser Erdteil noch zu bieten hat. Doch schon seit Jahren tobt ein Kampf um die Flüsse auf dem Balkan, von der breiten Öffentlichkeit hierzulande weitestgehend unbeachtet. Über dreitausend Wasserkraftanlagen sollen an den Flüssen des Balkans errichtet werden, zusätzlich zu den rund einhundert, die aktuell gebaut werden, und den rund eintausendsiebenhundert, die bereits in Betrieb sind. Lokale Fischer und

Landwirte, ganze Dorfgemeinschaften kämpfen seit Jahren an den Flüssen des Balkans gegen die Bedrohung ihrer Lebensgrundlage und ihrer natürlichen Heimat. So auch die »Mutigen Frauen von Kruščica«, einem Dorf in Bosnien-Herzegowina, durch das sich der gleichnamige Fluss schlängelt. Im Juni 2017 hörten die dort lebenden Menschen zum ersten Mal von den Plänen, dass ihr Fluss umgeleitet werden solle, um durch Rohre zu fließen und so Strom zu erzeugen. Als nur wenig später die ersten Bagger anrückten, entschieden sich die Frauen, etwas dagegen zu unternehmen. Frauen wird heutzutage niemand angreifen, dachten sich die Bewohnerinnen des Dorfes und blockierten rund um die Uhr die Brücke. Erst zogen die Bagger tatsächlich wieder ab, doch nach einigen Wochen kam die Polizei und versuchte, die Blockade unter Anwendung von Gewalt zu durchbrechen. Erfolglos. Rund zehn Monate nach Beginn der Blockade konnten die Frauen einen ersten großen Erfolg verzeichnen: Das zuständige Gericht erklärte die Baugenehmigung des Wasserkraftwerks für ungültig. Auf den Rechtsstaat vertrauten die Frauen jedoch schon lange nicht mehr und behielten ihre Blockade bei. Am Ende hatten sie über fünfhundert Tage lang erfolgreich ihren Fluss vor den Baumaschinen eines Wasserkraftbetreibers geschützt, wurden für ihren Einsatz mit dem EuroNatur-Preis, später auch mit dem Goldman Environmental Prize ausgezeichnet und konnten dank eines von der Outdoormarke Patagonia unterstützten Dokumentarfilms ihre Geschichte erzählen. Die Blockade ist (vorerst) aufgehoben, doch der Kampf ist noch nicht vorbei. Rund eineinhalb Jahre nach der Blockade erwog die lokale Regierung erneut, dem Investor eine Genehmigung für den Bau des Kraftwerks auszustellen. Sollte es jemals dazu kommen, werden die Bewohnerinnen von Kruščica bereitstehen. Und sie sind längst nicht mehr allein: Verschiedene NGOs und Naturschutzverbände haben sich für die Kampagne *Rettet das blaue Herz Europas* zusammengeschlossen, um auf die Baupläne auf der Balkanhalbinsel aufmerksam zu machen und zumindest die wertvollsten Flüsse und Flussabschnitte vor Zerstörung zu schützen. Sie initiieren wissenschaftliche Studien, führen Gerichtsverfahren und berichten über den Status quo. Im Zentrum des blauen Herzens, das sich über den ganzen Balkan zieht, liegt der Fluss Vjosa: der einzige und letzte Fluss in Europa (außerhalb Russlands), der inklusive seiner Zuflüsse noch völlig frei und ungehindert fließen kann. Eine Lebensader, die sich von den griechischen Bergen einmal quer durch Albanien zieht. Allein im mittleren Flusslauf gibt es insgesamt acht Arten von Lebensräumen, die in höchstem Grad erhaltenswert sind. Und auch wenn viele dieser Lebensräume und ihrer Dynamiken noch relativ unerforscht sind, ist klar: Es handelt sich um ein Gebiet, für dessen Erhaltung es sich zu kämpfen lohnt. Nicht nur für die Pflanzen und Tiere, die rund um die Vjosa und in ihr leben, sondern auch für die Menschen, die auf den Fluss angewiesen sind. Jahrelang wurde der gesamte Flusslauf von Bauprojekten bedroht. Die Errichtung der Dämme und Wasserkraftanlagen würde weite Teile des Flusstals überfluten, andere Abschnitte austrocknen und so die komplette Dynamik des Ökosystems zerstören. Vierzig Wasserkraftwerke sollten allein im Einzugsgebiet der Vjosa errichtet werden, neun am Fluss selbst und der Rest an ihren Nebenflüssen. Nahe der Mündung in die Adria plant die albanische Regierung zudem einen Flughafen sowie Hotelanlagen. Doch es gibt Hoffnung für den Fluss: Nach zehn Jahren engagierten Einsatzes von unzähligen Menschen hat die albanische Regierung im Juni 2022 eine Absichtserklärung unterzeichnet, einen Vjosa-Wildfluss-Nationalpark einzurichten. Dieser Nationalpark soll die Vjosa selbst, aber auch ihre frei fließenden

Nebenflüsse umfassen. Und im März 2023 kam endlich die gute Nachricht: Der Vjosa-Nationalpark ist da, der erste Nationalpark dieser Art in Europa: ein Wildfluss-Nationalpark. Ich war noch nie an der Vjosa, werde es vielleicht niemals sein. Und doch bringt mir der Gedanke daran, dass dieser letzte große Wildfluss in seiner Einzigartigkeit erhalten werden kann, unwahrscheinliche Freude. Denn auch, wenn sich dieses Buch vor allem um Deutschland dreht: Flüsse kennen keine Grenzen. Wildnis kennt keine Grenzen. Und die Vjosa betrifft mich, betrifft uns alle ebenso sehr wie die Isar oder der Yukon River. Gleichzeitig wirft der Kampf um das blaue Herz Europas, der noch längst nicht zu Ende gekämpft ist – und es wahrscheinlich nie sein wird –, unweigerlich die Frage auf, die in Zukunft noch viel mehr an Relevanz gewinnen wird: Wie lassen sich die Belange von Natur und Bevölkerung mit der Biodiversitäts- und Klimakrise vereinen? Und sollten diejenigen, um die es eigentlich geht, nicht vielleicht auch mit am Verhandlungstisch sitzen?

Die Idee, dass auch Natur echte, juristisch geltende Rechte haben kann, die nicht an ihren Nutzen oder ihren monetären, ökologischen oder sonstigen Wert gekoppelt sind, ist nicht neu, aber nach wie vor kompliziert. Denn die meisten heutigen juristischen Systeme sind anthropozentrisch organisiert, sehen den Menschen also im Mittelpunkt von Moral und Recht. Auch in der deutschen Verfassung kann Natur kein Subjekt mit eigenen Rechten sein, sondern nur Objekt. Seit 1994 ist der deutsche Staat immerhin durch das Grundgesetz dazu verpflichtet, dieses Objekt zu schützen, aber ein direkt einklagbares Recht auf den Schutz der Natur gibt es nicht. Der Gedanke, dass auch Natur den Status eines Rechtssubjekts einnehmen könnte, wurde maßgeblich von dem mittlerweile verstorbenen US-amerikanischen Juristen Christopher

Stone begründet. Mit seinem 1972 erschienenen Plädoyer *Should Trees Have Standing?* (auf Deutsch 2014 erschienen: *Haben Bäume Rechte?*) setzt er sich genau dafür ein. Ausgelöst wurde dieses Plädoyer durch einen Rechtsstreit zwischen Walt Disney und der Naturschutzorganisation *Sierra Club*, die den Bau eines Urlaubsresorts in einem Gletschertal in Kaliforniens Bergen verhindern wollte. Die Klage scheiterte mit der Begründung, dass der *Sierra Club* selbst keinen Schaden durch den Bau des Resorts hätte. Die Natur um ihrer selbst willen zu schützen stand gar nicht erst zur Debatte. Inspiriert durch diesen Rechtsstreit, der damals bis vor das oberste Gericht der USA ging, gab es auch in Deutschland im Jahr 1988 einen ersten Versuch, Rechte der Natur vor Gericht einzuklagen: Zu dieser Zeit war die Seehundpopulation der Nordsee um etwa achtzig Prozent eingebrochen. Als Grund für das Massensterben wurden die Einleitung von giftigen Chemikalien und die Müllverbrennung auf hoher See vermutet. Also klagten die Nordseerobben, vertreten und finanziert durch Naturschutzverbände, gegen jene Firmen, die die Nordsee als Müllkippe nutzten. Wenig überraschend blieb die Klage erfolglos, da Robben vor dem Gesetz nun mal Sachen sind und somit weder selbst klagen noch eine Vertretungsvollmacht ausfüllen können.

Heute, einige Jahrzehnte nach dem Präzedenzfall in den USA, gibt es immer mehr Fälle, die anders entschieden werden. Mittlerweile gibt es einige Natur-Objekte, die zu Subjekten wurden und eine eigene Rechtsperson darstellen. In Ecuador und kurze Zeit später auch in Bolivien wurde sogar die Natur in ihrer Gänze – *Terra Mater* – als Rechtsperson anerkannt. Und zuletzt reihte auch Neuseeland sich gleich mehrfach in die Liste mit ein: Dort sind aktuell der Te-Urewera-Wald, der Fluss Whanganui und der Vulkan Taranaki mit juristischen Rechten bedacht. Fluss, Berg und Wald können also vor Gericht klagen, Verträge abschließen und sogar Eigentum besitzen. Und auch die Isar könnte derlei Rechte vielleicht irgendwann mal besitzen – zumindest, wenn das bayerische Volksbegehren »Rechte der Natur« Erfolg hätte. Die Situation der Isar war ausschlaggebend dafür, dass einige Juristinnen und Juristen sich zusammengeschlossen und diesen Vorschlag für eine Verfassungsänderung beschlossen haben. Ihr Bestreben: Artikel 101 soll umformuliert werden in »Jedermann hat die Freiheit, innerhalb der Schranken der Gesetze und der guten Sitten alles zu tun, was den Rechten der anderen und den Rechten der natürlichen Mitwelt nicht schadet«. Bisher kommt die Natur, also die »natürliche Mitwelt«, in diesem Artikel nicht vor. Schon seit 2008 setzt sich eine bundesweite Initiative dafür ein, dass auch Tiere und Pflanzen grundsätzliche Rechte bekommen. Laufende Volksbegehren gibt es neben Bayern mittlerweile auch in Berlin und Thüringen. Und würde die Verfassung tatsächlich irgendwann dahingehend geändert werden, so wie es andere Länder bereits vorgemacht haben, wäre die Gesetzgebung ein großes Stück fairer für alle Beteiligten. Denn aktuell haben in einem Fall wie der Isar oder den Flüssen auf dem Balkan nur zwei von drei betroffenen Parteien einen Stuhl am Verhandlungstisch. Während soziale und ökonomische Interessen, also Individuen und Firmen, als juristische Personen auf ihren Rechten beharren können, sind die ökologischen Interessen, also die Natur, nur am Rande vertreten und lediglich als Objekte vor dem Gesetz geschützt. Wenn ein Unternehmen, also wirtschaftliches Kapital, vor dem Gesetz als juristische Person, also als Rechtssubjekt und nicht nur als Rechtsobjekt, gelten kann – wieso dann kein Baum, kein Fluss, kein Vogel, die im Gegensatz zu Firmen sogar wirklich existieren und nicht nur ein theoretisches Konstrukt sind? Zumal das ja nicht bedeuten würde, dass diese dann für immer unantastbar wären. Für die Natur würden im Falle von Konflikten die gleichen Grundsätze gelten wie für Menschen und Unternehmen: Wenn zwei oder mehr Rechte sich gegenüberstehen, findet eine Abwägung statt. Wenn die Isar also heute schon als Rechtssubjekt gelten würde, würde das nicht automatisch bedeuten, dass das Walchenseekraftwerk die Schotten dicht machen müsste. Es würde lediglich bedeuten, dass die Belange der Natur nicht rein auf ihre Nützlichkeit für uns Menschen beschränkt werden würden. Und dass die Industrie, die einen Fluss vergiftet, nicht mehr Rechte haben sollte als der Fluss selbst. Ich bin nicht mal ansatzweise Juristin, aber ich finde, das klingt plausibel, zeitgemäß und irgendwie längst überfällig. Gleichzeitig würde eine solche Rechtsgrundlage Entscheidungen wohl nicht gerade vereinfachen – und das in Zeiten, in denen besonders schnelle Umsetzungen von Maßnahmen gefordert sind, um die Erderwärmung einzudämmen. Und in einer Gesellschaft, die sich zunehmend von der Natur entfernt. Es ist wohl kein Zufall, dass vor allem solche Länder in dieser Hinsicht eine Vorreiterrolle einnehmen, in denen indigene Völker eine verhältnismäßig starke und sichtbare Rolle innehaben. In der ecuadorianischen Verfassung waren es vor allem die indigenen Konzepte von *sumak kawsay*, dem »guten Leben«, und *Pachamama*, »Mutter Erde«, die Einfluss auf die Verfassungsänderung fanden: »Die Natur, oder Mama Pacha, wo Leben reproduziert wird und vorkommt, hat das Recht auf ganzheitlichen Respekt für ihre Existenz und für die Aufrechterhaltung und Regeneration ihrer Lebenszyklen, Strukturen, Funktionen und Evolutionsprozesse.« Für Indigene in Ecuador und anderswo stellt sich die Frage danach, ob Natur Rechte haben sollte, überhaupt nicht. Naturrechte sind Menschenrechte, Menschenrechte sind Naturrechte. Denn beide sind Teil desselben Kreislaufs und direkt voneinander abhängig. Doch man muss nicht im Regenwald des Amazonas oder in den Bergen Neuseelands aufgewachsen sein, man muss noch nicht mal besonders outdooraffin sein, um zu begreifen, dass Natur mehr ist als eine Ansammlung von Objekten und Phänomenen, die mit uns eigentlich nichts zu tun hat. Die nur für uns existiert und über die wir allein Entscheidungsgewalt haben. Man muss sich nur unter einen Baum setzen oder an das Ufer eines Flusses, um zu erkennen, dass wir der Natur keine Rechte geben müssen, weil sie längst welche hat. Und dass sie Gesetzen folgt, die stärker und durchsetzungsfähiger sind, als es jedes von Menschenhand geschriebene Gesetzbuch je sein könnte. Es gibt kein Leben, und schon gar keine Firmen, ohne sauberes Wasser, reine Luft und fruchtbare Böden. Das menschliche Recht auf Leben kann ohne Naturrecht nicht bestehen. Am Ende wird die Natur immer gewinnen. Und somit täten wir wohl gut daran, uns um einen Interessenausgleich zu bemühen, bevor die Natur selbst vor den Obersten Gerichtshof zieht. Einen Ausgleich, bei dem es weniger darum geht, jeden einzelnen Fluss oder Baum zu retten, sondern jene Kreisläufe, die deren und unsere Existenz überhaupt erst ermöglichen. Ein Fluss ist mehr als sein fließendes Wasser. Ein Fluss ist der Fischschwarm, der in ihm lebt. Der Vogel, der an seinem Ufer nistet. Und nicht zuletzt auch der Mensch, der sein Wasser trinkt – oder einfach nur auf ihm paddelt.

Kapitel 8

IM FLUSS

Ich wusste eigentlich nie so richtig, was ich werden wollte. Mein Studium der Publizistik und Skandinavistik ergab sich eher zufällig, weil mich die Themen interessierten und weil ich »was mit Sprachen und Wörtern« eben gut konnte. Mein erster Job im Bereich Marketing und Öffentlichkeitsarbeit danach ebenso, denn eigentlich hatte ich mich auf eine andere Stelle beworben. Mir lag das alles, machte mir sogar Spaß. Und doch wurde die Gewissheit, dass das zwar ein guter Weg sei, aber eben nicht meiner, immer größer. Bis ich mich irgendwann zum ersten Mal bereit für den Absprung fühlte: Ich ließ mir meine Seediensttauglichkeit bei einem dafür zugelassenen Arzt bescheinigen und kaufte eine marineblaue Bluse. Dann teilte ich meinem damaligen Freund mit, dass es sein könnte, dass ich bald nicht mehr da wäre, weil ich zur See fahren würde, und bewarb mich bei mehr als dreißig Reedereien für ein halbjähriges Praktikum auf einem Schiff. Das war nämlich notwendig, wenn man Nautik studieren wollte – und das wollte ich, obwohl meine Beziehungen zur Seefahrt quasi nicht existent waren. Oder vielleicht gerade deswegen, denn meinem Leben eine Hundertachtzig-Grad-Wendung zu geben war meine eigentliche Sehnsucht. Ich war vierundzwanzig und hatte zum ersten Mal das wirklich drängende Gefühl, dass das ja wohl nicht alles sein konnte. Ich wollte Neues wagen. Mutig sein. Nicht einfach nur so dahinleben im immer gleichen Fahrwasser des Lebens. Nicht nur »irgendwas mit Medien« machen, bis ich alt genug für die Rente war. Entweder jetzt oder nie, dachte ich mir. Jetzt, oder du bist irgendwann zu alt. Dabei war es keinesfalls mein Traum, langfristig auf einem Container- oder Kreuzfahrtschiff zu arbeiten, auch wenn das für die Ausbildung selbst erst mal notwendig gewesen wäre. Vielmehr wollte ich die Welt vom Wasser aus retten, oder zumindest ein paar Wale. Für Umweltschutzorganisationen oder Forschungseinrichtungen arbeiten. Die Welt sehen, gleichzeitig etwas Sinnvolles tun. Ich war vielleicht jung, aber ich war gut informiert und nicht naiv. Ich wusste, dass es auf diesem Weg viele Hürden geben würde. Aber ich spürte auch dieses Vertrauen in mich. Den Willen, es zumindest zu versuchen. Und war mir einfach sicher, dass sich jeder Schritt in diese Richtung lohnte, selbst wenn alle Schritte zusammen nicht bis ans Ziel führten. Ich bekam zwei Zusagen für ein Praktikum. Das war schon eine ganze Menge, da viele Reedereien längst ihre Zusagen für das Semester verteilt hatten, als meine Bewerbung eintrudelte. Ich freute mich – und entschied mich gegen beide. Machte das, was man wohl als Rückzieher bezeichnet. Letztendlich erschien mir die Herausforderung doch zu groß, das Vorhaben zu gewagt. Nicht zuletzt, weil Frauen es in diesem Bereich immer noch besonders schwer hatten und haben und mich Gespräche und Recherchen zu den Problematiken zunehmend verunsicherten. Nachdem ich mich gegen mein neues Leben entschieden hatte, bevor es auch nur begonnen hatte, war ich erleichtert. Bis die Erleichterung kurze Zeit später der Enttäuschung wich, auch wenn ich stolz auf mich war, überhaupt die ersten

Schritte gewagt zu haben. Doch nun blieb mir nichts anderes übrig, als daran zu glauben, dass sich andere Wege zeigen würden, wenn ich nur die Augen offen hielt.

—

Wie gut, dass ich damals keine Kapitänin geworden bin, schoss es mir durch den Kopf, als ich mit einem Bein auf dem Steg kniete und mit dem anderen unbeholfen versuchte, irgendwie in mein Boot zu kommen. Meine Ausrüstung war bereits darauf verstaut, und obwohl alles in wasserdichten Packsäcken verschnürt war, wollte ich nicht schon direkt zu Beginn der Tour mein Hab und Gut und mich selbst versenken. Erika war längst in ihrem Boot, trieb langsam – sehr langsam – mit der Strömung fort. Ganz offensichtlich ein Naturtalent. Einige Verrenkungen und Flüche später hatte ich es meiner Freundin und Outdoor-Blogger-Kollegin gleichgetan, wenn auch deutlich weniger elegant, und schipperte hinter ihr her. Klugerweise nicht ohne das Paddel, das ich gerade im letzten Moment noch vom Steg schnappte. Die erste Hürde war geschafft. Ich machte es mir im Boot bequem – so bequem, wie man es in einem vollgepackten schmalen Gummiboot eben haben kann – und begann mit den ersten zaghaften Paddelschlägen. Unser Weg sollte uns drei Tage lang flussabwärts führen, aber ohne Paddeln geht es auf der scheu vor sich hin mäandernden Altmühl trotzdem nicht. Sie ist mit 227 Kilometern der zweitlängste Fluss Bayerns und einer der beliebtesten Bootswanderflüsse Deutschlands. Das liegt nicht nur an ihrer Schönheit, sondern auch daran, dass es kaum Strömung gibt, die einem irgendwie zum Verhängnis werden könnte. Genau genommen war das Einzige, was uns auf der Altmühl zum Verhängnis werden konnte, wohl die eigene

Unfähigkeit. Und ich hatte an diesem Morgen das Gefühl, davon jede Menge zu besitzen. Es war das zweite Mal, dass ich mein Boot im Einsatz hatte. Ein Packraft, sozusagen ein besseres Gummiboot, dessen große Stärke darin liegt, dass man es klein zusammenpacken und mit sich durch die Gegend tragen kann. Dafür ist es vergleichsweise anfällig für Strömungen und Wind, da es nur auf der Wasseroberfläche und nicht im Wasser liegt. Bei meiner ersten kleinen Testtour bekam ich beides schmerzhaft zu spüren und musste nach zwei Stunden Paddelei gegen Wind und Strömung erst mal eine Sehnenentzündung auskurieren. Währenddessen beschloss ich, es mir auf meiner ersten Mehrtagespaddeltour so einfach wie möglich zu machen. Die großen Abenteuer würden dann bestimmt später noch kommen.

Irgendwann hatte ich meinen Paddelrhythmus gefunden, kam aber dennoch deutlich langsamer voran als Erika. Vielleicht war es meine (nicht vorhandene) Technik, vielleicht die Tatsache, dass sie als Kletterin und Bergsteigerin ihre Arm- und Oberkörpermuskulatur deutlich öfter nutzte als ich. Ich hatte mich in meinem bisherigen Leben vorrangig mit der Kraft meiner Beine durch die Welt bewegt, und die beiden dort jetzt so untätig im Boot herumliegen zu sehen fühlte sich fast schon falsch an. Dankenswerterweise wartete Erika irgendwann auf mich, dann hörten wir beide mit dem Paddeln auf, streckten die Beine auf dem Bootsrand aus und ließen uns treiben. Die Sonne brannte bereits am Morgen auf uns herab, ließ selbst das grünliche Wasser der Altmühl schimmern. Manchmal war sie so flach, dass man den Grund sehen konnte. Die Steine, die Algen, Wasserpflanzen und Fische, die sich scheinbar mühelos an Ort und Stelle hielten. Vor unserer Tour hatten wir die Pegelstände gecheckt, denn vor allem im Sommer kann die Altmühl manchmal so wenig Wasser führen, dass durchgängiges Paddeln nicht mehr sinnvoll ist. Für unsere Tour sah alles gut aus, und dennoch blieben wir immer aufmerksam, achteten auf die Verwirbelungen des Wassers, die auf darunterliegende größere Steine hindeuteten. So ein Gummiboot ist schnell aufgeschlitzt. Wir trieben an einem grauen Reiher vorbei, der erst im letzten Moment auf uns reagierte und davonflog. Zu Fuß oder auf dem Rad war ich von diesen Vögeln deutlich größere Fluchtdistanzen gewohnt. Anscheinend waren wir so langsam im Wasser treibend weniger bedrohlich. Die Brutzeit der Vögel und Laichzeit der Fische war größtenteils vorüber. Die Nachkömmlinge der Blesshuhnfamilie, die an uns vorübertrieben – oder wir an ihnen –, hatten ihre leuchtend roten Köpfe bereits gegen graues Gefieder eingetauscht, suchten bereits selbst emsig nach Nahrung. Für ihre Eltern gab es nicht mehr allzu viel zu tun und für uns auch nicht. Alles fühlte sich nach der Leichtigkeit des Sommers an, nach Urlaub, nach Nichtstun, und wir taten wirklich nichts, außer uns langsam mit der Strömung davontragen zu lassen. Alles schien im Fluss – außer uns, denn die Sache mit dem Urlaub war ein Konzept, mit dem wir beide manchmal nicht so richtig viel anfangen konnten. Wir hatten in etwa zur gleichen Zeit mit dem Bloggen angefangen, Erika sogar noch einige Zeit vor mir. Ich hatte meinen Blog gegründet, weil ich meine erste Solo-Reise – zwei Wochen mit Mietwagen und Zelt durch Schottland – plante und das Bedürfnis hatte, davon zu berichten. Erika, weil sie damals eine große Wanderreise durch Ozeanien unternehmen und Freunde und Familie auf dem Laufenden halten wollte. Einige Jahre später hatten wir dann in etwa zur gleichen Zeit den Sprung in die Selbstständigkeit gewagt, weil wir eben beide nicht für unsere Marketingjobs geboren waren. Erika bloggt heute nur noch sporadisch, arbeitet vor allem als selbstständige Podcasterin, Fotografin und Künstlerin. Und dennoch versteht sie vieles von dem, was mein Leben ausmacht, wie nur wenige sonst. Nicht zuletzt die Herausforderungen, die einem begegnen, wenn man das eigene Hobby zum Beruf, quasi zum kompletten Lebensinhalt macht. Den Teufelskreis, der entstehen kann, wenn man immer noch mehr machen kann, mehr machen *will*. Wir mögen die Herausforderung, manchmal zumindest. Dinge zu tun, von denen wir nicht dachten, dass wir sie tun können. Und wir mögen es beide, uns einfach mal treiben zu lassen – zumindest in der Theorie. In der Praxis ist das manchmal schwerer als gedacht. »Manchmal bin ich im Kopf schon bei der nächsten Tour, während das, was ich gerade mache, noch gar nicht beendet ist.« Ich wusste genau, was Erika meinte. Nach einigen Paddelkilometern trafen wir auf unsere erste kleine Herausforderung nach dem Einstieg ins Boot: Ein Stauwehr war im Weg, wir mussten unsere Boote ein Stück tragen. Der Ausstieg an der markierten Holzplattform gelang besser als gedacht, der Einstieg rund hundert Meter weiter flussabwärts auch schon ein wenig eleganter als beim ersten Mal. Vielleicht war ich ja doch nicht gänzlich unbegabt. Einige weitere Stauanlagen und rund fünfzehn Flusskilometer später gelangten wir an unser Etappenziel, einen kleinen Campingplatz direkt am Fluss. Den Biergarten steuerten wir gerade noch rechtzeitig vor Küchenschluss an und unsere Zelte gerade rechtzeitig, bevor der Regen einsetzte.

Das letzte Mal, als wir unserer Zelte nebeneinander aufgeschlagen hatten, waren wir hoch oben in den Drakensbergen unterwegs gewesen, im höchsten Gebirge des südlichen Afrika. Elf Tage lang sind wir über sie hinweggewandert, haben außer unseren beiden Guides und einigen Hirten aus Lesotho keine Menschenseele gesehen. Asphaltierte Straßen, ausgeschilderte Wanderwege, lauschige Hütten …, all das sucht man in den Drakensbergen meist vergeblich. Nur ein kleiner Teil der 243 000 Hektar großen Bergregion ist touristisch erschlossen, der Rest ist weitestgehend Wildnis. Hie und da ein Trampelpfad von Hirten, eine einzige verlassene und zerfallene Hütte – mehr Anzeichen von »Zivilisation« gab es nicht. Eine kleine Höhle in einer steilen Wand war die luxuriöseste Unterkunft in dieser Zeit, zumal ich an diesem Tag Geburtstag hatte und Erika eine Packung Oreos, gespickt mit Kerzen, präsentierte. Höchst willkommene Extrakalorien in unserem streng rationierten Essensplan, denn wir mussten ja alles auf dem Rücken tragen. Inklusive unserer schlechtwettertauglichen Ausrüstung – und einiges an Kameraequipment, weil wir für einen Auftrag unterwegs waren.

Die Zulu nennen das Gebirge *ukhahlamba*, was so viel wie »Wand der aufgestellten Speere« bedeutet. Diese Wand war es, der wir auf unserer Trekkingtour folgten, entlang einer lediglich grob vorgeplanten Route, die wir uns unterwegs mithilfe von Karte und Kompass und in Absprache mit unseren Guides zusammensuchten. Bis zu tausend Meter fallen die Drakensberge steil in die Tiefe hinab. Die Speere, das sind die unzähligen Zinnen, Kämme, Schluchten und Überhänge, die die Steilkante der Drakensberge so besonders machen. Pünktlich zu unserem Start erwischte uns eine ausgewachsene Kaltfront, die uns die ersten drei Tage immer wieder mit Wetterkapriolen in Schach hielt. Aber wie das oft so ist: Auf den Regen folgte der Sonnenschein, den wir nach dem nasskalten Einstieg dann auch erst so richtig genießen konnten. Ausgiebige Pausen an plätschernden Bächen, Schuhe aus, im kargen Gras liegen und den Geiern dabei zusehen, wie sie an der Kante majestätisch ihre Kreise ziehen. Dazu die geradezu surrealen Wolkenspiele, wenn die weißen Massen über die Felsen wabern wie im Reagenzglas. Einer der schönsten Ausblicke war der vom Gipfel des Mafadi, dem mit 3 450 Metern höchsten Berg im südlichen Afrika. Zu drei Seiten breitete sich die ungezähmte Weite der Drakensberge aus, auf einer Seite das Tiefland Südafrikas, das von dort oben wie eine andere, nicht erreichbare Welt schien. Doch irgendwann mussten wir genau dorthin zurück: Zwei Tage nach Mafadi stiegen wir zum ersten Mal über jene Kante hinab, von der aus wir in den vergangenen Tagen so oft staunend in die Tiefe geblickt hatten. Schmal und steil wand sich der Pfad nach unten. Zum ersten Mal sahen wir die Drakensberge so richtig aus dieser ganz neuen Perspektive. Und nun schienen plötzlich die Hochebenen und Türme aus Fels, denen wir gerade noch ganz nah gewesen waren, wie diese andere, unerreichbare Welt. Der Abschied fiel uns schwer. Wir waren uns am Ende einig gewesen, dass das eine der schönsten Touren gewesen war, die wir bis dato gemacht hatten. Aber die Freude auf eine heiße Dusche und große Teller voller Essen machte ihn zumindest etwas erträglicher.

Ich musste an die Drakensberge denken, als wir unter den Zwölf Aposteln dahintrieben. Eine hell leuchtende, zerklüftete Kalksteinformation, Reste eines Riffgürtels des tropischen Jurameeres, das das Altmühltal einst gewesen war und der Grund, warum diese Region für ihre Fossilienfunde in der ganzen Welt berühmt werden konnte. Unter anderem wurden hier alle bislang entdeckten Funde des Urvogels Archaeopteryx entdeckt, und als an einer Brücke der Hinweis auf das Museum auftauchte, überlegte ich kurz, ob wir nicht die Boote zusammenpacken und einen kurzen Abstecher einlegen könnten. Erikas Begeisterung über diesen Vorschlag wäre vermutlich eher gering ausgefallen.

Wir waren allein auf dem Fluss, wie die meiste Zeit über.

Überraschend, denn Bootsverleiher gab es zahlreich entlang der Ufer. In Schlangenlinien trieben wir durch einen grünen Tunnel vor uns hin, mal paddelnd, mal nichts tuend und einfach nur die Enten beobachtend. All die Wasservögel zu sehen war für mich einer der schönsten Aspekte an der Sache mit dem Paddeln. Diese neue Perspektive einzunehmen, sowohl was den Blick auf die Landschaft angeht als auch die Art der Fortbewegung. Nach Jahren des Reisens über Land war es definitiv Zeit gewesen. Unser Weg war hier durch das Wasser vorgegeben, und auch das hatte unsere Paddeltour mit den Drakensbergen gemeinsam. Wenngleich wir uns dort vor allem wegen des Trinkwassers an den Wasserläufen orientierten. Hinzu kamen die Kaffeepausen, die wir hier wie dort zelebrierten und die uns glücklicherweise gleichermaßen wichtig waren. Beim nächsten Stopp saßen wir besonders lange in der Sonne, und ich wanderte zum nächsten Bäcker, um Erdbeerkuchen zu holen. Wir hatten alles, was wir brauchten, sehr viel mehr noch. Und doch blieb das Gefühl, dass irgendetwas fehlte. Auch an diesem Tag machten wir früher Schluss, ein halber Tag auf dem Wasser schien uns mehr als genug. Den sonnigen Nachmittag verbrachten wir auf einem kleinen Campingplatz direkt am Wasser. Redeten, guckten aufs Wasser, vertrieben uns die Zeit. Ich überlegte, für den Sonnenuntergang hoch auf den nahe gelegenen Hügelrücken zu steigen, aber die Gemütlichkeit hielt mich in meinem ultraleichten Campingstuhl gefangen. Am Abend kam die Betreiberin des Platzes und fragte, ob wir frische Semmeln für den nächsten Tag bestellen wollten. Selbstverständlich wollten wir das.

Am nächsten Morgen saßen die Handgriffe schon deutlich besser als bei unserem Start zwei Tage zuvor. Ruckzuck war der große Packsack mit meinem Trekkingrucksack und einem Großteil der Ausrüstung hinten im Boot verstaut und mit

Spanngurten verzurrt. Ein weiterer, kleiner Packsack mit allem, was ich unterwegs brauchen würde – Proviant, Kamera, Smartphone, Sonnencreme, Paddelführer und ein paar weitere Kleinigkeiten –, kamen vorne ins Boot. Auf das Anlegen einer Schwimmweste verzichteten wir ausnahmsweise. Die Altmühl war auf unserem Abschnitt oft flach, schmal und langsam, sodass Ertrinken wirklich unmöglich gewesen wäre, solange man einigermaßen schwimmen konnte. Dann trugen wir die Packrafts die Bootsrampe hinunter, die sich direkt am Campingplatz befand. Ein festes Boot hätte man hier einfach schieben oder ziehen können, aber unseren Packrafts wollten wir das nicht antun, zumal Erikas nur geliehen war. Ich hievte mein Boot ins Wasser, hielt das schmale Seil in der einen Hand, das Paddel in der anderen, und war mit einem Satz im Boot. Langsam hatte ich ein bisschen Vertrauen zu ihm gefasst und zu mir auch. Von einer Liebe zum Wasser konnte der Berufswunsch Kapitänin damals bestimmt nicht gekommen sein, denn so richtig wohl hatte ich mich am oder im Wasser noch nie gefühlt. Eine gute Schwimmerin war ich dennoch, hatte als Kind zwischenzeitlich sogar mal bei der örtlichen Wasserwacht trainiert, wenn auch zugegebenermaßen nur ziemlich kurz. Aber so hundertprozentig geheuer war mir selbst ein zahmes Flüsschen wie die Altmühl nicht. Das merkte ich jedoch erst so richtig, als Erika die Tour am dritten Tag etwas früher beendete als ich, um eine gute Zugverbindung zurück nach Hause zu erwischen. Ich hingegen wollte noch die letzten Kilometer bis nach Eichstätt paddeln, weshalb wir uns gegen Mittag an einem unscheinbaren Ausstieg in der Nähe eines Bahnhofs voneinander verabschiedeten. Als ich wieder im Boot saß, hatte sich der Charakter der Reise schlagartig geändert. Allein die Tatsache, dass ich nun ohne Begleitung auf dem Wasser war, Erika nicht neben mir paddelte oder spätestens irgendwo hinter der nächsten Flussbiegung auf mich wartete, brachte eine neue Dimension in meine gleichmäßigen Paddelschläge. Ich fühlte mich unwohl, ein kleines bisschen außerhalb meiner Komfortzone, war aufmerksamer und leicht angespannt. Es lag zweifelsohne am Wasser, denn wäre ich nun zu Fuß unterwegs gewesen, in meinem Element eben, dann hätte ich den Unterschied bestimmt nicht so gespürt. Ein bisschen seltsam, wenn man bedenkt, dass ich nach wie vor auf dem zahmsten aller Flüsse unterwegs war und mir dort nichts, aber auch wirklich nichts passieren konnte. Und dennoch saß das Abenteuer jetzt mit mir im Boot. Vielleicht war es das, was uns die letzten drei Tage gefehlt hatte. Alles war schön und entspannt gewesen, nicht zu schön, aber vielleicht zu entspannt. Und vielleicht war genau das die Herausforderung, die wir zwar nicht gesucht, aber gebraucht hatten. Wildnis wäre nicht das, was sie ist, wenn man sie nicht zwischendurch eintauschen könnte. Gegen Leichtigkeit, Vertrautheit und das Schwelgen mitten im Epizentrum der Komfortzone.

—

Als ich später in diesem Sommer mein Boot wieder zu Wasser ließ, war ich auf der anderen Seite des Landes. An einem Fluss, dessen Strömung fast noch mehr zu vernachlässigen war als die der Altmühl. Denn mal fließt die Peene in die eine, mal in die andere Richtung, je nachdem, wie sehr der Wind das Wasser ins Stettiner Haff drückt. Aus der Mecklenburgischen Schweiz kommend, schlängelt sie sich in unzähligen Kurven durch urige Wälder, grüne Wiesenlandschaften und stille Auen, bevor sie sich vor Anklam durch das größte zusammenhängende Niedermoorgebiet Europas windet und anschließend als breiter Strom durchs Haff in Richtung Ostsee fließt. Sie gilt als »Amazonas des Nordens«, und das nicht nur wegen des vielen Grüns, sondern auch wegen der vielen Tiere, die sich in ihrem Wasser und an ihren Ufern tummeln. Vielen von ihnen war ich schon am Vortag begegnet, bei einer Wanderung durch den Anklamer Stadtbruch südlich der Einmündung der Peene ins Stettiner Haff. Eine weitläufige Moorlandschaft irgendwo zwischen Land und Meer und mittlerweile zweitausend Hektar großes Wildnisgebiet. Im Zentrum des Anklamer Stadtbruchs befindet sich ein von Regenwasser gespeistes Hochmoor, umringt von feuchten Wäldern. Früher wurde hier Torf abgebaut, weshalb der Stadtbruch mit Entwässerungsgräben durchzogen ist. Durch weitere Trockenlegungsmaßnahmen konnte das Gebiet sogar forstwirtschaftlich genutzt werden. Bis 1995 die Sturmflut kam, die Deiche einriss und den Weg frei machte für das, was der Stadtbruch heute ist und in Zukunft noch werden wird. Der NABU erwarb 2018 große Flächen des Gebietes, wodurch das Wildnisgebiet vor erneuter wirtschaftlicher Erschließung geschützt werden konnte. Auf einigen wenigen Wegen kann man den Anklamer Stadtbruch erkunden, aber nur mit Machete und Ganzkörper-Moskitonetz. Zumindest hätte ich mir beides gewünscht, als ich auf einer Tageswanderung in dem Gebiet unterwegs war. Das dichte Schilf war sehr viel höher als ich, lehnte sich von beiden Seiten über den teilweise überschwemmten Weg. Immerhin: So gut getarnt kam ich den Vögeln, die die Äste der abgestorbenen Bäume ringsherum belagerten, besonders nahe. Dem jungen Kuckuck, der mit weit aufgerissenem Schnabel und rot leuchtender Kehle nach Futter schrie. Der Gruppe Bartmeisen, die wispernd durchs Schilf stöberte. Und auch dem Seeadler, der mit starrem Blick von einem Ast hoch oben über die Landschaft spähte. Ich konnte ohne Fernglas seine gelben Augen sehen, die nach unten gebogene Spitze des mächtigen Schnabels, die braun melierten, in der frühen Morgensonne schimmernden Federn. Der größte Greifvogel Europas, und hier im Anklamer Stadtbruch brüteten zwölf Paare – so viele wie nirgendwo sonst in Europa. Das Schilf hinterließ bald dünne rote Linien auf meinen Beinen, die Moskitos, die sich zahlreich über mich hermachten, sobald ich anhielt, rote Schwellungen. Die feuchte Hitze war schon jetzt am Morgen drückend, Schweiß vermischte sich mit Blut, vermischte sich mit Spinnweben auf meiner Haut. Eine wahre Wohltat in einem Land, dessen Wanderwege meist penibel freigeschnitten, markiert und befestigt sind.

Die Wanderung entlang der Peene am nächsten Tag war deutlich weniger beschwerlich, aber definitiv weniger schön, denn mangels Wanderweg lief ich einfach an einer Landstraße entlang. Von Anklam aus wollte ich die Peene einige Kilometer flussaufwärts gehen und anschließend im langen Abendlicht zurückpaddeln. Packraft, Paddel und Schwimmweste waren an und in meinem Rucksack verstaut, bis ich die Einstiegsstelle erreichte und vom Wandern zum Paddeln wechselte. Die Peene war hier deutlich breiter, als es die Altmühl je gewesen war. Fünfzig Meter würde ich schätzen, vielleicht auch mehr. Deutlich breiter jedenfalls als meine Komfortzone in Sachen Paddeln. Da war sie wieder, diese unterschwellig brodelnde, völlig irrationale Ängstlichkeit vor dem Wasser, die ich, wäre ich nicht alleine unterwegs gewesen, wohl deutlich weniger gespürt hätte. Vielleicht hatte ich mir das Packraft genau deswegen direkt gekauft und nicht nur geliehen: Ich wollte mich endlich selbst in die Pflicht nehmen. Seit ich vor vielen Jahren eines meiner Lieblingsbücher, Audrey Sutherlands *Paddling North*, entdeckt hatte, hegte ich den

Wunsch, das mit dem Paddeln zu versuchen. Als Audrey Sutherland ihren Plan ins Auge fasste, rund achthundertfünfzig Meilen entlang der Inside Passage vor der Küste Alaskas zu paddeln, war sie nicht das, was man damals (oder auch heute noch) als typische Kandidatin für ein solches Vorhaben erachtete: Sie war eine Frau. Sie war in ihren Sechzigern. Und auch wenn sie viel Erfahrung mit Paddeln und dem Meer hatte, stammte diese vor allem aus den warmen Gewässern Hawaiis. »Go simple, go solo, go now.« Das Mantra der Abenteuer-Pionierin hing seit Jahren als Gedanken-Post-it in meinem Kopf. Wann immer ich zweifelte, warf ich einen Blick darauf. Nun ja, fast immer. Denn mit dem Paddeln und mir hat es dennoch erstaunlich lange gedauert. Immer gab es da irgendwelche anderen Pläne, die passende Ausrüstung hatte ich auch nicht, und überhaupt wollte ich doch lieber erst mal nicht alleine gehen. Vielleicht alles nur Ausreden für den eigentlichen Grund: Wasser, das war einfach nicht so richtig meins. Nun stand ich hier, Jahre später, mit all dieser mühevoll zusammenrecherchierten Ausrüstung, aber immerhin allein, und war endlich bereit, dem Paddeln und mir eine echte Chance zu geben. Und auch wenn es nur ein paar Kilometer auf einem zahmen Flüsschen in Deutschland waren, waren sie für mich deutlich mehr als das. Stück für Stück wagte ich mich weiter vom schilfbewachsenen Ufer der Peene weg, hinaus aufs offene Wasser. Ich hatte keine richtige Angst, aber Entspannung sah auch anders aus. Im Gegensatz zur Altmühl wurde die Peene auch von kleineren motorisierten Booten befahren, aber an diesem Abend war weit und breit keines zu sehen. Ich zwang mich, ruhig zu atmen, mich zurückzulehnen, mich auf nichts als die regelmäßigen Paddelzüge zu konzentrieren. Links, rechts, links, rechts, links, rechts … Solange ich paddelte, bekam die seltsame Furcht vor dem Wasser keinen Platz in meinem Kopf. Und mit jedem Eintauchen meines Paddels gelang es mir ein Stück weit mehr, aus diesem Kopf herauszutreten und mich auf das zu konzentrieren, was wirklich war. Das dichte Grün. Der blaue Himmel. Die schillernden Libellen. Der kurze, scharfe Pfiff des Eisvogels. Ich paddelte und paddelte, und solange ich nicht aufhörte, war alles im Fluss. Ich war im Fluss. Im *Flow*. Und jenes berühmte Konzept, das von Glücksforscher Mihály Csíkszentmihályi beschrieben wurde, findet genau dort statt, wo ich mich befand: im Raum zwischen Überforderung und Unterforderung, zwischen Angst und Langeweile. Dieses Gefühl von völliger Vertiefung, vom Aufgehen in einer Tätigkeit, das eng mit Outdooraktivitäten verbunden ist, trifft einen dabei manchmal ganz unvorbereitet. Plötzlich ist man nur noch im Hier und Jetzt, verschmilzt ganz mit dem, was man tut, und allein dieses Tun ist Belohnung genug. Flow ist auch eng mit dem Erleben von Bewegung, von Natur und Wildnis verbunden, denn inmitten wilder Natur können einen selbst die einfachsten Tätigkeiten ganz und gar gefangen nehmen. Gehen. Laufen. Paddeln. Einfach nur sitzen und schauen. Bei meiner ersten Paddelrunde war alles viel zu neu, zu aufregend. Auf der Altmühl alles ein bisschen zu entspannt. Aber jetzt war alles genau so, wie es sein sollte. Beinah hätte ich das verpasst, weshalb ich nicht zuletzt hier war, doch zum Glück nahm ich aus dem Augenwinkel rechtzeitig die Bewegung auf dem Wasser wahr. Ein Stück vor mir zog sich eine flinke Linie durchs Wasser, angeführt von einem braunen Kopf mit großer Nase und kleinen Ohren. Ich hatte sehr gehofft, Biber zu sehen. Doch obwohl sie hier auf diesem Flussabschnitt zahlreich vorkamen, war ich sicherheitshalber nicht wirklich davon ausgegangen. Der Biber scherte sich kaum um mich, und wenig später tauchte ein zweiter auf, fast direkt neben meinem Boot. Ich hörte auf zu paddeln, der Flow war fort, aber das Glück hielt an. Die Peene ist mit ihrem dichten Bewuchs und der geringen Strömung ein Paradies für die drolligen Tiere mit den scharfen Zähnen. Und an diesem Sommerabend war sie auch mein Paradies, wenngleich ich dennoch ein bisschen erleichtert war, als ich einige Stunden später wieder am Ufer anlegen und die Luft aus meinem Boot lassen konnte. Die Inside Passage vor der Küste Kanadas und Alaskas würde wohl noch ein paar Jahre auf mich warten müssen, vielleicht für immer. Aber mein Horizont hatte sich einmal mehr erweitert, mitten in einem äußerst beschaulichen Teil Mecklenburg-Vorpommerns. Und darauf kam es beim Reisen doch an.

Kapitel 9

(WIEDER) WILDER WERDEN

»Zwischen elf und drei hat der Fotograf frei.« Mit diesen Worten schraubte Dieter seine Kaffeekanne zu und packte sie zusammen mit der Vollformat-Spiegelreflex samt stattlicher Achthundert-Millimeter-Linse in den Rucksack. Der Rucksack trug die gleichen Farben wie der überwiegende Rest von Dieter: bräunliche und grüne Flecken in unterschiedlichen Schattierungen, die wie zähe Wandfarbe ineinanderliefen. Er hoffte, auf diese Weise eins zu werden mit dem Gebüsch, damit er mit seinem Teleobjektiv möglichst nah an das herankam, weswegen er auf der Lauer lag: »Dahinten am Waldrand hat eine Kornweihe gebrütet, die dreht hier eigentlich immer ihre Runden. Den Gänsenachwuchs habe ich gerade gezählt: Es sind noch alle sechs da. Die Ringelnatter hat sich leider unter dem Stein verkrochen, bevor ich sie erwischen konnte. Die findest du direkt da unten am Fluss in der Nähe des kleinen Wehrs. Und wenn du Glück hast, landet dort auf dem frei stehenden Baum später noch ein Seeadler-Pärchen.« Dann war ich wieder allein. Und auch wenn Dieter ein netter und fach- sowie ortskundiger Zeitgenosse war, war ich nicht unbedingt böse deswegen.

Ich sah auf die Uhr: fünf nach elf. Dieter schien seinen

Spruch durchaus wörtlich zu nehmen. Ich stand von der kleinen Holzbank auf und streckte mich. Tarnkleidung hatte ich zwar keine an, hoffte allerdings dennoch, auch in meinem grauen T-Shirt dabei einigermaßen unerkannt zu bleiben. Seit geschlagenen sechseinhalb Stunden war ich nun hier in der kleinen Hütte am Waldrand. Während ich früh am Morgen noch in eine Fleecejacke gepackt den Sonnenaufgang bewundert hatte, war es mittlerweile heiß geworden. Vierunddreißig Grad waren für diesen Tag vorhergesagt, und allzu weit konnte es bis zu dieser Marke nicht mehr sein. Ein schwerer erdiger Geruch lag in der Luft, wehte in schleppenden Böen durch den Verschlag. Die Luft über der offenen Fläche vor mir zog flimmernde Schlieren, dem wenigen Wasser, das noch übrig war, konnte man förmlich beim Verdunsten zusehen. Ich kniff die Augen zusammen, weil ich schon viel zu lange auf die völlig überbelichtete Fläche geblickt hatte. Einige kleine braune Vögel waren im Schilf auszumachen, nur welche, das war in diesem Licht und auf diese Entfernung nicht wirklich zu sagen. Zumal kleine braune Vögel, von denen es »leider« sehr viele gibt, immer noch nicht gerade zu meiner ornithologischen Stärke zählten. Schilfrohrsänger waren es vielleicht, und wenn sie gesungen hätten, hätte sogar ich sie an ihrem Lied erkannt. Überhaupt kann man viele kleine braune Vögel zweifelsfrei nur an ihrem Gesang bestimmen. Aber diese sangen nicht. Niemand sang. Und auch sonst war kaum ein Geräusch zu hören, außer dem Klopfen des Buntspechts, der die Baumstämme rund um die Hütte bearbeitete. Schon seit den frühen Morgenstunden war er immer wieder aufgetaucht, jedoch niemals am selben Baum, soweit ich mich erinnern konnte. Ab und an war ein leises Rascheln in dem Busch vor der Hütte zu vernehmen – eine Maus vielleicht, oder eine Eidechse. Irgendetwas eben, das sich schnell genug bewegte und groß genug für diese Art von Rascheln war, aber gleichzeitig klein genug, um nicht von mir entdeckt zu werden und keine Bewegungen an den Zweigen des Busches zu verursachen. Ich spähte ein weiteres Mal vergebens in das Gebüsch hinein, setzte mich wieder und machte Wasser heiß. Viel mehr als Kaffeetrinken gab es für mich gerade nicht zu tun. Ich hatte ein Buch dabei, aber zum Lesen war es zu warm. Und mit einem Smartphone, neben dessen Empfangssignal ein großes E prangte, war sowieso nicht viel anzufangen – abgesehen davon, dass ich damit gar nichts anfangen wollte. Ein Smartphone mit seinem Tor zu unzähligen Welten und Realitäten hatte einfach keinen Platz an einem Ort, der sich in der einzig echten Welt befand und an dem es alles, was wirklich wichtig war, schon gab. Anstatt also meine Gedanken in die vorgefertigten Bahnen der Social-Media-Welt zu pressen, was ich sowieso schon mehr als genug tat, ließ ich sie wandern, frei laufen, und sie liefen gar nicht weit. Nur bis zum Waldrand gegenüber, von wo aus man einen besseren Blick auf die Wasserfläche haben musste, und dort setzten sie sich in den Schatten und ruhten sich aus. Träge und mit halb geschlossenen Augen lehnte ich mich an die Bretter. Konnte hören, wie die Wespe neben mir am Holz nagte, um daraus, zerkaut mit ihrem Speichel, Baumaterial für den Nestbau zu formen. Das Geräusch schien unnatürlich laut und die an mir vorüberziehenden Minuten ungewöhnlich lang. Würde das ganze Leben in dieser Zähigkeit verlaufen, dann hätte man vermutlich viel mehr davon. Irgendwann nahm ich aus dem Augenwinkel heraus eine Bewegung wahr. Ein Wildschwein, bald darauf noch eines und dann drei kleine hatten sich aus dem Schatten gewagt und sammelten sich unter dem einzigen Baum, der auf der Freifläche stand, jenem Baum, auf dem später vielleicht laut Dieter noch die Seeadler landeten. Von dort aus war das Wasser nicht weit, und bald schon lag das erste Schwein bäuchlings im Schlamm. Die Schlammschicht kühlt, schützt gegen die Sonne und hilft dabei, lästige Insekten loszuwerden. Und wird zum Rundum-Wellness-Programm, wenn man sich danach noch genüsslich an einem kratzigen Baumstamm reibt. Ich war ein bisschen neidisch auf die Schweine, gönnte ihnen ihr Bad dennoch von ganzem Herzen. Bisher hatte ich vor allem südafrikanische Warzenschweine vergnügt beim Schlammbaden beobachtet, irgendwo in den weiten Savannen des Kruger-Nationalparks. Mehrere Wochen hatte ich dort insgesamt in den letzten Jahren verbracht, viele Stunden davon in den Wildtier-Beobachtungshütten. Hatte mit Fernglas, Kamera, Kaffee erwartungsfroh auf schmalen, wenig bequemen Holzbänken gesessen – im Prinzip genauso wie jetzt. Fasziniert von der Vorstellung, was sein könnte, aber auch von der bloßen Tätigkeit des Sitzens und Wartens, was man wohl kaum als Tätigkeit bezeichnen kann. Mit dem Unterschied, dass es dort eben auch mal Elefanten, Krokodile oder Löwen zu sehen gab und dass es nicht schadete, die Hütten beim Betreten auf die Anwesenheit von Speikobras zu checken. Eigentlich waren all die Momente dort aber genauso wertvoll gewesen, wenn ich nichts von alldem gesehen hätte, außer ein paar Nilgänsen und einer trägen Wasserschildkröte. Und irgendwo in der Nähe grunzte immer ein Flusspferd. Wenn ich in diesen Hütten saß, habe ich mich stets gefragt, wer oder was wohl fünf Minuten zuvor dort gewesen war, wer oder was auftauchen wird, nachdem ich das Versteck wieder verlassen hatte. So auch an diesem Morgen in einem Waldstück in Mecklenburg-Vorpommern. Ich war extra zeitig aufgestanden – dem Sommer geschuldet sprechen wir hier von halb vier Uhr morgens –, um die frühen Morgenstunden zu erleben. Die Zeit rund um den Sonnenaufgang, wenn viele Tiere besonders aktiv und das Fotolicht besonders schön ist. Und als der Rest der Welt langsam erwachte, hatte ich schon einen Fuchs, zwei Rehe, einen Hasen, eine Kornweihe, einen Rotmilan, vier Silberreiher, einen Graureiher und eine unbestimmte Anzahl an Sing- und Wasservögeln gesehen, manche davon auch fotografiert. Hatte den Pirol flöten hören, das plötzliche Brausen eines vorbeiziehenden Schwarms Stare, das Bellen eines Rehs. Das Rauschen und Platschen einer Gruppe Enten, die ungelenk im Wasser landeten, und das Konzert der Frösche, welches ganz plötzlich begann und einige Minuten später genauso abrupt wieder endete. Ich hatte einem Waldkauz gelauscht und mich fürchterlich beim Rascheln einer leeren Keksverpackung erschreckt, die hinter der Hütte von einem Fuchs untersucht wurde. Kurz danach hatte ich auch den Fuchs selbst gesehen, der von meiner Anwesenheit entweder eher unbeeindruckt schien oder mich gar nicht bemerkt hatte. Am nächsten Morgen sollte ich ihm wieder begegnen. Denn ich hatte spontan beschlossen, einfach an diesem Ort zu bleiben, mindestens vierundzwanzig Stunden lang. Um die Frage, was wohl fünf Minuten vor mir da war oder dort sein würde, nachdem ich wieder gegangen war, ein für alle Mal zu beantworten.

Gegen vierzehn Uhr versuchte ich, ein paar Minuten zu schlafen. Die Hitze, das Sitzen und Warten hatten mich müde gemacht. Es gelang mir so lange, bis eine große schwarze Fliege beschloss, mich als umschwirrenswertes Objekt zu betrachten. Und es gab nichts, was ich dagegen hätte tun können. Na ja, sonderlich bequem war es auf der Holzbank sowieso nicht gewesen. Um die Trägheit zu vertreiben, stand ich auf und ging über den schmalen Pfad hinunter zum Bach, wo Dieter vor einigen Stunden gewesen war – so vermutete ich zumindest. Nahe dem Ufer hockte ich mich hin und spähte vorsichtig über das hohe Gras hinweg auf die Wasseroberfläche. Erst entdeckte ich sie nicht, doch dann konnte ich irgendwann den Kopf der Ringelnatter inmitten von Steinen und Algen ausmachen. Reglos, lauernd, jederzeit bereit, nach vorne zu schnellen und ihre Beute in die ziemlich sicher tödlichen Fänge zu nehmen. Ihre Tarnung war perfekt, aber das war die der beiden Frösche auch, die in einiger Entfernung an der Wasseroberfläche verharrten. Reglos, lauernd und jederzeit bereit, nach vorne zu schnellen und ihre eigene Beute in die ziemlich sicher tödlichen Fänge zu nehmen. Ob die Schlange sie schon bemerkt hatte? Ob die Frösche die Schlange schon bemerkt hatten? In diesem Moment wäre Dieters Tarnanzug bestimmt nützlich gewesen, denn als ich mich langsam etwas näher ans Wasser heranpirschte, waren sowohl Schlange als auch Frösche plötzlich weg. Die drei Tiere waren nicht nur Jäger, sondern auch Gejagte. Und hatten mitunter gemeinsame Feinde: Reiher zum Beispiel, und zumindest ihrer Ansicht nach auch mich. Aber immerhin, die beiden Heidelibellen und die Wasserschnecken, die kopfüber an der Wasseroberfläche hängend ihre Bahnen zogen, hatten keinerlei Angst vor mir und ließen sich inspizieren. Lange hielt ich es in der Mittagssonne nicht aus, und als ich mich wieder der Hütte nähern wollte, hielt ich abrupt inne. Ein Neuntöter saß auf der hölzernen Umrandung, ganz nah. Vor allem Männchen sitzen gern und oft weithin sichtbar an erhöhten Plätzen, von denen aus das Revier gut überblickt werden kann. Das weiß ich nicht, weil ich es in einem Lehrbuch gelesen habe, sondern weil ich im Kruger-Nationalpark sehr häufig Neuntöter gesehen habe, die genau das taten. Immer ganz oben auf den Büschen, auf Pfählen oder den exponierten Ästen toter Bäume saßen sie wie Superhelden mit rotem Umhang und schwarzer Augenbinde und spähten scheinbar reglos über ihr weites Land. Ich hatte sie so oft gesehen, dass ich den Vogel dort irgendwann schon aus recht weiter Distanz ziemlich sicher bestimmen konnte, allein anhand seiner Platzwahl und seiner Silhouette. Neuntöter sind Langstreckenzieher, können den Sommer in Mecklenburg-Vorpommern und den Winter im äußersten Süden Afrikas verbringen. Besonders berühmt ist die Art allerdings wegen der Angewohnheit, Beutetiere auf Dornen aufzuspießen. Ich machte ein paar Fotos, betrachtete sie auf dem kleinen Display meiner Kamera und musste lächeln. Ich hatte schon oft Fotos von Neuntötern gemacht, dort unten am anderen Ende der Welt. Und es bestand eine zugegebenermaßen äußerst kleine, aber nicht gänzlich unmögliche Wahrscheinlichkeit, dass ich auch dieses Exemplar schon mal dort fotografiert hatte. Niemals fühlt sich die Welt gleichzeitig so klein und so unendlich groß an wie in der Gegenwart von Langstrecken-Zugvögeln. In meinem kleinen Büchlein über Vögel im Kruger-Nationalpark habe ich fast alle Würger-Arten abgehakt. Den Neuntöter, auch Rotrückenwürger genannt. Den gräulich gefärbten Schwarzstirnwürger. Den südlichen Weißkopfwürger mit seiner fluffig-weißen Kopfbefederung. Den Elsterwürger, der genauso aussieht – wie eine Mischung aus Elster und Würger eben. Alle haben gemeinsam, dass sie unverdauliche Nahrungsreste wie Federn, Knochen oder Chitinpanzer wieder hervorwürgen und ausspeien – daher der Name. Einzig und allein der schillerndste Vertreter der Art in Südafrika fehlt mir noch: der wunderschöne Rotbauchwürger mit seiner leuchtend karminroten Unterseite. Er ist dort nur selten zu sehen, und wenn überhaupt, nur im äußersten Norden des Kruger-Nationalparks. Ich kann sie alle noch auswendig aufzählen, denke ich nicht ohne Stolz, nachdem ich in Gedanken durch mein Bestimmungsbuch gewandert bin. Dessen Seiten waren mittlerweile selbst in meinem Kopf schon ziemlich abgegriffen. Welche Würger es in Deutschland neben dem Neuntöter noch gibt, musste ich hingegen nachschlagen, um sicher zu sein. Und die Erkenntnis war einigermaßen ernüchternd. Den extrem selten gewordenen Raubwürger sieht man kaum noch als Brutvogel, den Schwarzstirnwürger sowie den Rotkopfwürger so gut wie gar nicht mehr. Das alles las ich in meiner Vogel-App nach, nachdem der Neuntöter wieder auf einem Baum in der Nähe Platz genommen hatte und ich in der Hütte. Wie so oft kannte ich mich mit der Tierwelt in irgendeinem weit entfernten Land besser aus als mit der in meiner Heimat. Doch ich war immerhin auf keinem schlechten Wege, das zu ändern.

Das Unterwegssein ist meine große Leidenschaft. Doch viele meiner schönsten Reiseerinnerungen sind mit jenen Orten verbunden, an denen ich viel Zeit an ein und demselben Ort verbracht habe. Es liegt für mich ein ganz besonderer Zauber darin, einen Ort besser kennenzulernen. So gut kennenzulernen, dass man Muster erkennt und in diesem Muster selbst kleinste Veränderungen wahrnimmt. Mit den Augen, mit den Ohren oder auch nur, weil da eben so ein Gefühl ist. Sosehr ich mein vom Reisen geprägtes Leben auch liebe: Manchmal beneide ich die Menschen, die so viel Zeit an einem Ort verbringen, dass sie selbst ein echter Teil davon werden und nicht nur Besucher sind. Egal, ob sie nun in einer kleinen Hütte im Wald leben oder in einem Vorort von Berlin. Ich versuche immer wieder, diese Art von Erfahrung in meine Reisen einzubauen, zumindest im Ansatz. Und wenn mir das gelingt, macht es mich unwahrscheinlich glücklich.

Ein Reh streckte seinen Kopf aus dem hohen Gras, ungefähr fünfzig Meter von meiner Hütte entfernt. Bis zum Abend sollte es das noch öfter tun, und ich fragte mich, ob es vielleicht schon den ganzen Tag dort gelegen hatte. Langsam wurden die Temperaturen wieder etwas erträglicher, und die Wespe, die unter den Holzdielen zu wohnen schien, weniger anhänglich. Nachdem sich die letzten Stunden über kaum etwas geregt hatte, geriet nun langsam wieder Leben in das Land vor mir. Der Silberreiher wechselte nach einer Ewigkeit seinen Platz im Bach, um an anderer Stelle im seichten Wasser zu stehen und sein Jagdglück zu versuchen. Die Frösche hoben ihre Stimmen zu einem Quakkonzert an, das jenes vom Morgen noch übertraf. Die Kornweihe segelte in ihrem typischen Tiefflug über die Ebene, schien kurz darauf etwas erwischt zu haben und blieb auf dem Boden, um ihre Beute zu vertilgen. Ein Feldhase hoppelte zögerlich durchs Gras, wohl wissend um die Anwesenheit der Kornweihe und anderer Raubvögel. In einiger Entfernung zogen zwei Kraniche trompetend über den Himmel, das Reh verließ endgültig das Versteck im Gras und drückte sich am Waldrand entlang davon. Und der Specht hämmerte wieder etwas energischer auf die Bäume ein. Wäre ich gerade erst zur Hütte gekommen, hätte ich die Szenerie vermutlich immer noch als ziemlich leblos empfunden, viele der Bewegungen und Geräusche vielleicht noch nicht mal wahrgenommen. Nun aber schienen die Veränderungen gravierend. Ich versuchte, möglichst viele dieser kleinen und großen Veränderungen, die die Dämmerung mit sich brachte, wahrzunehmen. Und die Zeit, die verging plötzlich wie im Flug. Nachdem die Sonne untergegangen war und ich mir sicher sein konnte, dass niemand mehr an diesem Abend die Hütte aufsuchen würde – was den ganzen Tag über nicht geschehen war, von Dieter mal abgesehen –, baute ich den inneren Teil meines Zeltes in dem Holzverschlag auf. Das Innenzelt besteht zum großen Teil aus einem Netz und hält somit Stechmücken und anderes Getier draußen, gleichzeitig fühlt man sich darin kaum so, als würde man in einem Zelt liegen. Für irgendeine Art von Schlafsack war es immer noch zu warm, aber die Isomatte war in Sachen Komfort eine deutliche Verbesserung zu meinem Mittagsschlaf auf der Holzbank. Ein besseres Nachtlager konnte man sich eigentlich gar nicht wünschen. Und dann begann der Waldkauz die Gute-Nacht-Geschichte zu erzählen, deren Ende ich nicht mehr mitbekam.

Als ich wieder aufwachte, wusste ich seltsamerweise sofort, wo ich war. Das ist auf meinen Touren nicht immer der Fall, vor allem, wenn ich jede Nacht an einem anderen Ort verbringe. Dann brauche ich meist den ein oder anderen Moment, bis die Erinnerung zurückkehrt. In diesem Fall jedoch war alles ganz klar. Ich hatte am Vortag wohl mehr als genug Zeit damit verbracht, mir diesen Ort einzuprägen. Als ich die Augen öffnete, erkannte ich sofort, wozu die wohlbekannten Umrisse gehörten, die sich klar gegen den rauchigen Morgenhimmel abzeichneten. Ich baute mein Nachtlager ab und machte mich daran, Kakao zu kochen. An diesem Morgen war es wärmer als am Vortag, ich brauchte keine Fleecejacke, oder vielleicht war ich einfach besser akklimatisiert. Die Tasse mit dem heißen Getränk in meiner Hand war dennoch eine willkommene Ergänzung; das ist sie eigentlich immer. Die Tasse, die dank doppelter Titanwand gerade so viel Wärme hindurchließ, dass meine Hände angenehm warm, aber nicht unangenehm heiß wurden. Eine Eigenschaft, für die ich schon sehr oft sehr dankbar gewesen war – immerhin hatte mich noch nie eine andere Tasse auf meinen Touren begleitet als diese. Für einen eigentlich sehr simplen Gegenstand wie diesen war die Anschaffung eine teure Investition gewesen. Rund fünfzig Euro hatte ich damals dafür von meinem studentischen Budget abgezwackt. Fünfzig Euro, die sich in unzähligen wohlig warmen Händen sowie Heißgetränken, die deutlich länger warm blieben als in anderen Tassen, hundertfach wieder ausgezahlt hatten. Zumindest rede ich mir das ein. Um kurz nach fünf stellte ich sie abrupt beiseite, denn ich hatte Besuch bekommen. Gestern noch hatte ich gedacht, dass er mich vielleicht nicht bemerkt hatte und deswegen so nah an die Hütte herangekommen war. Heute stand er einfach da, direkt an der Eingangstür, keine zwei Meter von mir entfernt. Starrte mir direkt in die Augen, und sein stoischer Blick ließ keinen Zweifel daran, dass er auch bei unserem letzten Treffen bereits gewusst hatte, dass ich hier war. Dass es schlichtweg keine Rolle für ihn gespielt hatte, weil da nun mal die leere Kekspackung lag, die untersucht werden wollte. Weil da vermutlich öfter morgens mal eine nicht immer gänzlich geleerte Packung von Keksen oder Ähnlichem lag. Weil ein Fuchs nun mal Prioritäten setzen muss. Und weil er hier vermutlich schon oft Menschen begegnet war und gelernt hatte, dass diese ihm nichts taten, vielmehr noch eine potenzielle Nahrungsquelle waren. An diesem Morgen war keine Kekspackung da, denn ich hatte die alte bereits zum Entsorgen in meinem Rucksack verstaut und selbstverständlich auch keine neue hinterlassen. Als der Fuchs realisiert hatte, dass es weder in der Hütte noch bei mir etwas zu holen gab, verließ er die Hütte und lief zu den nahe gelegenen Brombeerbüschen, um dort sein Frühstück einzunehmen. Ich folgte ihm in einigen Metern Entfernung und beobachtete ihn eine ganze Weile dabei, wie er sich durch die Büsche schlängelte, zielsicher die dicksten Beeren anvisierte und erstaunlich gekonnt von den Zweigen zupfte. Das leuchtend rote Fell war von einem silbrig schimmernden Schleier überzogen, die Ohren groß genug, um auch das leiseste Rascheln einer Kekspackung im Wind zu hören. Die bernsteinfarbenen Augen hatten das Vermögen, einem direkt in die Seele zu blicken, wenn man nur in ihre Sichtweite kam. Und wenn eine Beere besonders gut schmeckte, schien der Fuchs diese Augen für einen langen Moment zu schließen, um die fruchtige Süße zu genießen. Ich hatte am Vortag auch ein paar davon gegessen – allerdings nur jene, die nicht in Fuchsreichweite waren. Füchse mögen Brombeeren, Kekse oder was man eben sonst so findet: Würmer, Spinnen, Vögel, sogar Aas, und in der Nähe von Wohngebieten gerne einfach das, was wir Menschen übrig lassen. Sie fressen natürlich auch Mäuse, auf deren Jagd sie nach wie vor hoch spezialisiert sind. Dennoch sind die Tiere nicht wählerisch, was ihre Ernährung oder auch nur irgendeinen anderen Aspekt ihres Lebens angeht. Und nicht zuletzt das macht sie zum wohl erfolgreichsten Landraubtier Europas, vielleicht sogar zum erfolgreichsten überhaupt. Während der Wolf in Märchen und Sagen völlig realitätsfern als blutrünstiges Raubtier dargestellt wird, wird dem Fuchs die folkloristische Zuschreibung von Klugheit und Gerissenheit wohl gerecht. Auch wenn Füchse nicht die hinterlistigen Hühnerdiebe sind, für die man sie vielleicht hält. In gewisser Weise sind Füchse das Gegenteil von Wildnis. Oder vielleicht vielmehr der Beweis dafür, dass es so etwas wie Wildnis entweder gar nicht gibt – oder eben überall? Rotfüchse leben in Nordamerika genauso wie in Eurasien, in Nordafrika und oberhalb des Polarkreises. Und mehr und mehr auch mitten unter uns. Viele Wildtierarten reagierten im Laufe der Zeit auf die Ausbreitung der Menschen und ihrer Siedlungen mit Flucht. Andere wiederum wurden zu Kulturfolgern, wie zum Beispiel die Amsel, der Steinmarder oder eben auch der Rotfuchs. Steinzeitliche Funde aus mehreren Höhlen im Gebiet der Schwäbischen Alb belegen, dass Füchse dort schon vor 40 000 Jahren nicht nur auf Mäusejagd gingen, sondern auch zu den Schlachtabfällen von Rentierjägern nicht Nein sagten. Gleichzeitig schienen die Menschen damals bereits Fell und Fleisch der Füchse zu nutzen. Eine vielleicht nicht ganz ausgewogene Win-win-Situation. Heute tolerieren Füchse die Nähe von Menschen nicht nur, sondern machen sie sich aktiv zunutze. Das reicht vom Fuchs, der sich nachts heimlich durch Abfälle wühlt, bis zu solchen Individuen, die schon mal in einen Bus der Berliner Verkehrsbetriebe einsteigen. Meine erste direkte Fuchsbegegnung hatte ich vor rund zehn Jahren in meiner Heimatstadt München, als ich eines Nachts über die Theresienwiese nach Hause zu meiner damaligen Wohnung im Westend ging. Der Club hatte kurz hinter mir die Türen geschlossen und mich hinausgespuckt in eine unverhofft weiße, eisige Nacht. Der Schnee lag mindestens dreißig Zentimeter hoch, teilweise selbst auf den Hauptstraßen, weil die großen Räumfahrzeuge nicht überall sein konnten. Auf meinem Heimweg hinterließ ich die ersten Spuren im Schnee, der auch die letzten Geräusche einer schlafenden Stadt schluckte. Ich – und der Fuchs, der plötzlich in einiger Entfernung vor mir herlief, sich immer wieder umdrehte, sodass es für eine Weile schien, als wollte er mich sicher nach Hause bringen. Dann war er wieder weg, ebenso plötzlich, wie er gekommen war. Hätte ich in dieser Nacht nicht ausschließlich Apfelschorle und Spezi getrunken, hätte ich die Begegnung vielleicht einfach auf die Wirkung von Alkohol geschoben. Und wären da nicht die kleinen, länglich ovalen Spuren im Schnee gewesen, in gerader Linie, bis sie plötzlich scharf nach links in die Dunkelheit abbogen. Die Begegnung war mir wir ein Wunder vorgekommen, und in meiner Erinnerung tut sie das bis heute, auch wenn ich in der Zwischenzeit oft Füchsen begegnet bin.

So nah wie an diesem Morgen in Mecklenburg-Vorpommern war ich ihnen jedoch noch nie gekommen.

Eine Weile lang war ich mit dem Fuchs im Wald unterwegs. Wir sind von Brombeerbusch zu Brombeerbusch gezogen, die es hier glücklicherweise reichlich gab. Immer wenn ich mich bewegte, hielt er kurz inne und schielte mit einem skeptischen Seitenblick zu mir herüber. Schaute mir in die Augen, so als wüsste er, dass er genau dort meine Absicht erkennen könne. Wenn ich mich jedoch still verhielt, schien ich ihm fast egal zu sein. Und das war wohl der Idealfall einer jeden Tierbeobachtung. Es ist schön, von Tieren geliebt zu werden, wenn auch nur dafür, dass man ihnen täglich Futter gibt. Am schönsten ist es jedoch, wenn man einem Tier einfach egal ist – zumindest, wenn es um Wildtiere geht. Irgendwann ließ ich »meinen« Fuchs ziehen. Er sah sich nicht noch einmal um, ich dafür viele Male. Zurück an der Hütte, war mein Kakao mittlerweile kalt geworden. Ich wärmte ihn auf dem Kocher noch mal ein wenig auf und spähte in die Landschaft. Die aufgehende Sonne blieb heute hinter Wolken verborgen. Und als der Rest der Welt langsam erwachte, hatte ich schon vier Rehe, zwei Kraniche, einen Mäusebussard, zwei Graureiher und eine unbestimmte Anzahl an Sing- und Wasservögeln gesehen. Der Specht war wieder da, das Flöten des Pirols, das Quaken der Frösche, und als die Kornweihe tief über der Ebene segelte, beschloss ich, weiterzuziehen. Beim Verlassen der Hütte fiel mein Blick ein letztes Mal auf den kleinen braunen Kasten, der am Stamm einer Birke befestigt war und auf die offene Fläche zeigte. Und ich wusste genau, was sich darin befand.

—

Der Geländewagen rumpelte über holprige Waldwege, mehr als einmal verfingen sich Zweige zwischen Rädern und Auto. Am Steuer saß Wiebke Brenner, Wildtierbiologin und augenscheinlich auch ziemlich gute Geländewagenfahrerin. Unser Weg war eher eine Fährte, auf der Karte gar nicht existent. Wir folgten ihm trotzdem, denn er schien in die richtige Richtung zu führen: zu einer GPS-Koordinate mitten im Wald. Immer wieder blieben wir stehen, nicht wegen der Zweige, sondern weil ein Trio Wiedehopfe vor uns herzog, von Baum zu Baum. Etwas früher an diesem Tag waren wir schon mal auf einige von ihnen gestoßen. »So viele habe ich hier noch nie an einem Tag gesehen«, stellte Wiebke irgendwann entzückt fest. Wir kurbelten die Fenster herunter, um den besten Blick auf die rostroten Vögel mit den schwarz-weißen Streifen auf den Flügeln, dem langen Schnabel und den illustren, zu einem großen Fächer aufstellbaren Kopffedern zu haben. Auch Wiedehopfe habe ich bisher vor allem im südlichen Afrika gesehen. In Deutschland sind sie selten und meistens nur auf dem Durchzug zu beobachten. Nicht so jedoch am Stettiner Haff im äußersten Nordosten des Landes. Das liegt nicht zuletzt daran, dass hier bereits 2013 spezielle Nisthilfen für die Vögel angelegt wurden, die gut von ihnen angenommen werden. Das mit dem Nisten ist für Wiedehopfe gar nicht so einfach: Sie benötigen Höhlen mit einem Einflugloch von mindestens fünf Zentimetern Durchmesser, und in unseren aufgeräumten Wäldern sind solche Höhlen mitunter schwer zu finden. Zudem gibt es da auch noch die Stare, die ähnliche Brutmöglichkeiten bevorzugen und den Wiedehopfen, die erst gegen Mitte April in Deutschland eintreffen, oft erfolgreich die Nistplätze streitig machen. Kurz nach der Wiedehopfbegegnung trat Wiebke wieder ruckartig auf die Bremse: Ein großer Vogel brach direkt vor uns durch die Bäume. So groß, dass er kaum zwischen den dicht gewachsenen Kiefern hindurchzupassen schien, den Wald plötzlich klitzeklein wirken ließ. Ein Seeadler, daran bestand wenig Zweifel. Ich hielt den Atem an, doch noch bevor ich ausatmete, war der Vogel schon wieder aus unserem Sichtfeld verschwunden. Wir rumpelten beseelt weiter. An der Stelle, wo der GPS-Punkt gesetzt war, scannten wir alle Bäume, konnten jedoch nichts erkennen. Ein weiterer Blick auf die Karte verriet uns, dass wir doch noch eine Waldkreuzung weiterfahren mussten. Kamerafallen an Kreuzungen aufzuhängen ist oft sinnvoll, denn auch Wildtiere nutzen gern vorhandene Straßen und Wege. Dabei bleibt dann natürlich nicht aus, dass auch das ein oder andere menschliche Tier in die Falle tappt. Ein Forstmitarbeiter zum Beispiel, der den Weg ganz offensichtlich regelmäßig befuhr und wusste, wo die Kamera hing, winkte jedes Mal freundlich in die Kamera, wenn er vorbeikam. Neben ihm und ein paar meist ahnungslosen Spaziergängern war aber vor allem allerlei Getier auf der Speicherkarte, und wir setzten uns neben dem Baum ins trockene Gras, um die Daten auf dem mitgebrachten Laptop zu sichern. Zahlreiche Rehe befanden sich darauf, ein Habicht, eine Rotte Wildschweine, ein einsamer Wolf und etwas, das vielleicht eine Wildkatze hätte sein können, aufgrund der Nähe zu einer Siedlung aber vermutlich eher eine umherstreunende Hauskatze war. Das war unsere Ausbeute dieser Kamera, die nur eine von rund zwanzig war, die wir an diesem Tag kontrollieren wollten: Daten sichern, bei Bedarf Batterien tauschen, zu hoch gewachsenes Gras und Gestrüpp vor der Kamera entfernen und vor allem auch überprüfen, ob die Kameras überhaupt noch an Ort und Stelle waren. Es kommt nicht selten vor, dass diese gestohlen werden, obwohl ein Infozettel an jeder Kamera darauf hinweist, welchem Zweck sie dient und dass Aufnahmen von Personen direkt wieder gelöscht würden. Mithilfe der Kameras wollen Wiebke und ihre Kolleginnen und Kollegen mehr darüber erfahren, wie es um die Fauna und deren Lebensweise hier im nordöstlichsten Eck Mecklenburg-Vorpommerns bestellt ist. Hier mündet zwischen Deutschland und Polen die Oder ins Stettiner Haff, einen rund 70 000 Hektar großen Brackwasserbereich, der durch die vorgelagerten Inseln Usedom und Wollin von der Ostsee abgetrennt ist. Rund um das Haff reihen sich vielfältige Landschaftsformen – von Steilküsten mit alten Buchenwäldern über weitläufige Flussniederungen und Auenwälder bis hin zu intakten Mooren, ausladenden Heidelandschaften und Waldflächen sowie vielen kleinen und großen Seen. Ein Potpourri der Natur, oft verhältnismäßig einsam und unberührt, mit einer großen Vielfalt an Tieren und Pflanzen. Durch seine Lage und Beschaffenheit ist dieses Areal einer *der* zentralen ökologischen Knotenpunkte in Mitteleuropa – und somit wie gemacht für die Stiftung *Rewilding Europe*, die vor allem ein Ziel verfolgt: Europa (wieder) wilder machen. Im Jahr 2015 wurde *Rewilding Oder Delta* als achte sogenannte *Rewilding*-Region ins Leben gerufen. Zuvor war (und ist) die Initiative bereits im Norden Portugals, dem Donaudelta, den südlichen Karpaten, in Kroatien, im italienischen Apennin, in den bulgarischen Rhodopen und in Schwedisch Lappland aktiv. Zuletzt kamen auch eine Region in Schottland und ein Teil des iberischen Hochlands in Spanien hinzu. Der Grundgedanke, dass die Natur am besten und auch am effizientesten selbst für ihr Gleichgewicht sorgen kann, steckt hinter dem Naturschutzkonzept des Rewilding. Durch bestimmte unterstützende Maßnahmen soll in den Ökosystemen wieder mehr Natürlichkeit zugelassen werden, sodass in Zukunft möglichst wenige bis keine Eingriffe nötig sind. Dadurch sollen bedrohte Tier- und Pflanzenarten wieder mehr Lebensraum bekommen, Natur aber auch widerstandsfähiger gegen den Klimawandel und Naturkatastrophen werden. Natürliche Flussläufe mit Auen wirken zum Beispiel als Puffer gegen Hochwasser, intakte Moore als effizienter Kohlenstoffspeicher, naturbelassene Wälder brennen weniger schnell und weniger intensiv. Eine der Besonderheiten des Rewilding-Konzepts ist dabei, dass Menschen nicht aus der Natur ausgesperrt werden sollen, wie es zum Beispiel bei Kernzonen von Nationalparks in gewisser Weise der Fall ist. Vielmehr soll der Mensch durchaus Zugang zu dieser wilderen und möglichst intakten Natur haben und die Wildnis genießen können. Gleichzeitig sollen die Menschen vor Ort auch direkt davon profitieren können. Der Tourismus und Ortsansässige werden bei *Rewilding Europe* immer mitgedacht, und vielleicht ist das der insgesamt vielversprechendste Weg hin zu mehr flächendeckender Wildnis in unseren dicht besiedelten Breitengraden. Es geht bei Rewilding also weniger um den Schutz einzelner Tierarten oder Landschaftsformen, sondern um das Schaffen von Rahmenbedingungen, unter denen Naturlandschaften wieder wilder werden können. *Rewilding Lapland* zum Beispiel arbeitet daran, gemeinsam mit dem dort heimischen indigenen Volk der Sámi Korridore für die Wanderung von Tieren zu schaffen. *Rewilding Velebit* in Kroatien fördert die natürliche Beweidung weitläufiger Graslandschaften. Und *Rewilding Apennines* setzt sich unter anderem für ein besseres Miteinander von dem stark gefährdeten Marsischen Braunbären und dem Menschen ein. Große Tiere spielen beim Rewilding nicht die einzige, aber eine wichtige Rolle. Weniger wegen der Tiere selbst, sondern wegen der tragenden Funktion, die sie in einem Ökosystem innehaben. Arten wie Wisent (also der europäische Bison), Wolf oder Geier sind es, die unseren Landschaften oft für ein echtes, natürliches Gleichgewicht fehlen. Und auch uns Menschen scheinen diese großen, faszinierenden Tiere zu fehlen, sonst würden wir wohl nicht so oft eine Safari im afrikanischen Busch oder eine Bärenbeobachtungstour in Nordamerika buchen.

»Wir haben immer mal wieder Elche, die über die polnische Grenze zu uns herüberwandern«, erzählt Wiebke, als wir uns auf die Suche nach der nächsten Kamerafalle machen. »Und auch Wisente grasen gar nicht viel weiter östlich von hier. Mit unseren polnischen Partnern zusammen wollen wir die Ausbreitung dieser Tiere fördern – und mehr darüber herausfinden, welche Hindernisse wie Straßen oder Industrieanlagen sie in ihren Wanderungen einschränken und wie wir sie unterstützen können.« Während Tiere wie Luchs und Elch noch seltene Gäste auf der deutschen Seite des Oderdeltas sind, haben sich andere längst erfolgreich etabliert. So ist das Mündungsgebiet der Oder einer der besten Plätze in ganz Europa, um Seeadler zu beobachten und zu fotografieren. Der größte Adler Mitteleuropas war in den großflächigen, waldreichen Seen- und Flusslandschaften sowie an der Küste Pommerns und Vorpommerns früher weit verbreitet. Durch Bejagung, zunehmende Industrialisierung an der Oder und immer intensivere Landwirtschaft – die übliche unheilvolle Mischung also – wurde er jedoch so weit zurückgedrängt, dass er nach dem Zweiten Weltkrieg fast ausgestorben war. Das Ende der DDR und der dadurch bedingte Niedergang von Industrie und Landwirtschaft in der Grenzregion von Deutschland und Polen waren zumindest für die Seeadler die Rettung. Und vielleicht sind die Adler in Zukunft wiederum die Rettung für die wirtschaftlich schwache Region. Im Jahr 2017 buchte einer von fünf Touristen auf Island eine Whalewatching-Tour. Auf der schottischen Insel Mull generiert Seeadler-Watching zwischen fünf und acht Millionen Pfund jährlich. Und auch rund um das Oderdelta ist der Naturtourismus schon heute eine wichtige Einnahmequelle. Gleichzeitig ist die Anwesenheit beziehungsweise Rückkehr großer Tierarten natürlich auch mit Problemen behaftet. Vor allem auch, wenn diese nicht von allein geschieht, sondern bewusst unterstützt wird, folgen lange und mitunter emotionale Diskussionen und Debatten. Insbesondere größere Beutegreifer stehen dabei in (vermeintlicher) Konkurrenz zum Menschen. »Nach der langen Abwesenheit vieler großer Säugetiere müssen wir das Zusammenleben als Gesellschaft neu lernen; das bedeutet auch, politisch die richtigen Rahmenbedingungen für potenzielle Konfliktfälle zu schaffen.« Mit Mensch-Wildtier-Konflikten kennt Wiebke Brenner sich bestens aus, denn nach ihrem Studium der Internationalen Entwicklung und Wildlife Biology & Conservation beschäftigte sie sich interdisziplinär mit naturschutzbedingten Landnutzungskonflikten und Mensch-Wildtier-Koexistenz in Ländern wie Tansania und Südafrika. Mit jenen Ländern also, für die Wildtier-Tourismus einerseits vielerorts essenziell ist und die andererseits die mit Abstand höchste Dichte potenziell gefährlicher Tiere haben. »Dort ist ja viel mehr Platz«, könnte man nun entgegnen. Aber wenn ein Elefant dein Haus umnietet oder ein Leopard sich dein Baby schnappt, ist es eigentlich ziemlich egal, wie viel Platz es drum herum noch so gibt. Und dennoch gäbe es selbst hierzulande wohl einen großen Aufschrei, wenn beispielsweise die Regierung von Tansania plötzlich anordnen würde, alle Leoparden abzuschießen. Fest steht: Das Zusammenleben von Mensch und Tier ist komplex, egal, ob es nun um einen Wisent oder den Maulwurf im Garten geht. Egal, ob irgendwo in vermeintlicher Wildnis oder mitten in Europa. Aber es ist möglich. Und vor allem auch schlichtweg notwendig. Da ist sich Wiebke sicher, und auch der Rewilding-Ansatz vertritt diese Position.

Ein beeindruckendes Manifest für die Sinnhaftigkeit, ja Notwendigkeit von Rewilding ist das Buch *Verwildert. Die Wiederherstellung unserer Ökosysteme und die Zukunft der Natur* des britischen Autors George Monbiot. Auch wenn ich das Buch fast wütend aus der Hand gelegt hätte, als ich die Worte »Ich hasse Schafe« las. Im vorherigen Kapitel zum Heidschnuckenweg dürfte bereits ein bisschen durchgeklungen sein, dass ich Schafe nicht nur *nicht* hasse, sondern sogar ziemlich gerne mag. Einer der ältesten Artikel auf meinem Blog trägt den Titel »Ode an das Schaf« und führt einige in meinen Augen durchaus bestechende Argumente aus, warum man immer dort wandern sollte, wo Schafe sind: So sind Schafe zum Beispiel ein hervorragendes Fotomotiv, wenn es sonst nicht viel gibt, was man fotografieren könnte. Die Pfade der Herden können einen möglichst trockenen Fußes durch ein sumpfiges Gebiet leiten. Schafe wirken verkehrsberuhigend, wenn mal wieder Rushhour in den schottischen Highlands ist. Ein sanftes Mäh vor dem Zelt ist der beste Wecker. Und, für mich wohl der wichtigste Punkt: Wenn man dort wandert, wo es viele Schafe gibt, ist man nie ganz allein und hat genau die richtige Art von Gesellschaft. Hie und da ein freundliches Mäh, ein beruhigender Blick aus dunklen, großen Augen vermitteln einem das wohlige Gefühl von »Ich bin auch hier und du bist nicht allein«. Ich muss zugeben, dass ich in dieser Hinsicht schon einige Erlebnisse hatte, die mir vor allem während meiner Wander- und Trekkinganfänge auf den Britischen Inseln die Laune erheblich verbessert haben. Und niemals werde ich den Tag vergessen, an dem ich über eine walisische Schafweide gewandert bin und plötzlich die gesamte Herde begann, mir auf Schritt und Tritt zu folgen – bis ein Gatter ihnen traurigerweise den Weg versperrte, über das ich klettern konnte, die Tiere jedoch nicht. Ich liebe Schafe. Es ist eine völlig irrationale Liebe, aber welche Liebe ist das nicht? Leider, so musste ich mit der Zeit schmerzhaft lernen, bringt die Anwesenheit von Schafen – vor allem, wenn es sehr viele sind – nicht nur Positives mit sich. Das beginnt schon damit, dass ich auf meiner dreimonatigen Wanderung durch Großbritannien selbst auf manch abgelegenem Hügel Probleme hatte, einen Platz zu finden, an dem ich mein Zelt weder im Morast noch in einem Meer an Schafshinterlassenschaften aufstellen konnte. Und es endet damit, dass Schafe – gemeinsam mit einigen anderen Faktoren – das Landschaftsbild und die ökologischen Gegebenheiten von ganzen Ländern komplett verändert haben. Natürlich hasst der Autor George Monbiot nicht die Schafe an sich, die können ja gar nichts für ihr Tun und sind so freundliche Wesen, dass man sie wohl gar nicht hassen könnte, selbst wenn man wollte. Vielmehr geht es um die ökologischen Auswirkungen der intensiven Schafhaltung auf den Britischen Inseln und die fast schon irrationale Glorifizierung dieser Landwirtschaftsform: Tatsächlich wäre ein großer Teil Großbritanniens eigentlich bewaldet, mal abgesehen von den höher liegenden Bergregionen, die klimatisch dann schon oberhalb der Baumgrenze lägen. Das ist heutzutage schwer vorstellbar, wenn man dort auf einem Berggipfel steht – zum Beispiel im Lake District, dem Snowdonia-Nationalpark oder den schottischen Highlands – und über das weite, nackte Land blickt. Eine einzigartige Landschaft, aber oft auch ökologische Wüste. Bäume gibt es dort vielerorts schon lange nicht mehr, und jeder kleine Sprössling, der versucht, das zu ändern, wird ziemlich schnell im Magen eines wollig-weichen Tieres landen. Hinzu kommen weitere Probleme wie zum Beispiel die hohe Nitratbelastung von Gewässern, bedingt durch Schafskot. Oder die deutlich erhöhte Gefahr von Überflutungen, weil Regenwasser ungehindert über die weitestgehend vegetationslosen und festgetrampelten Böden rinnen kann. Und das alles für eine Landnutzungsform, die wirtschaftlich verhältnismäßig wenig relevant ist und durch Steuergelder bezuschusst werden muss. Dies und noch mehr weiß ich nun, obwohl ich es eigentlich gar nicht wissen möchte. Und ich erzähle es so ausführlich, weil es genau diese britischen Landschaften waren, die mich schon auf Bildern so sehr fasziniert hatten, dass ich sie nicht nur für meine erste Solo-Reise, sondern auch für meine erste lange Fernwanderung ausgewählt hatte. Weil es genau dort geschah, dass ich mein Herz an die Wildnis verloren habe. Oder besser gesagt an etwas, das sich nach Wildnis anfühlte. So wild und ungezähmt die Berglandschaften Großbritanniens auch erscheinen mögen: Es gibt weltweit nur wenige Landschaften, die in ihrer Gänze so massiv durch Menschen beeinflusst wurden und bis heute werden. Und dennoch zählt Großbritannien immer noch zu meinen liebsten Reisezielen. Während ich diese Zeilen tippe, stehen gleich drei Reisen dorthin für die kommenden Monate in meinem Kalender. Die Gedanken an »mein« Schottland haben mich in Sachen Rewilding an meine Grenzen gebracht. Und ich kam beim Lesen von *Verwildert* nicht umhin, mir immer wieder zu denken: »Du kannst alles haben, aber nimm mir nicht meine Schafe und meine schottischen Hügel.« Ich stellte fest, dass es deutlich einfacher ist, das Wilde in einem Land zu finden, in dem Wildnis so offensichtlich gar nicht existiert, als zuzugeben, dass das, was man einst als wild erachtete, so wild gar nicht ist. Es ist eine Feststellung, die mich eigentlich schon mein ganzes Draußen-Leben immer wieder begleitet hat. Ernüchternd und schmerzhaft, nicht nur aus ökologischer Perspektive, sondern auch aus persönlicher und emotionaler. Aber es ist eine Geschichte, die wohl erzählt werden muss, wenn man über Wildnis redet. Über die Notwendigkeit von Wildnis. Über die Wiederkehr von Wildnis – nicht nur in Ökosysteme, in die Flora und Fauna dieser Welt, sondern auch in uns Menschen. Wildnis kann nur existieren, wenn wir sie zulassen. Das gilt für politische Entscheidungen genauso wie dafür, wie wir unsere Vorgärten gestalten oder für unsere Art und Weise, uns Natur zu nähern. Wir müssen Wildnis als das begreifen, was sie in unserer Welt vielleicht am allermeisten ist: eine natürliche Welt in Balance, und wir Menschen sitzen mit in der Waagschale und stehen nicht etwa daneben. In einer solchen Welt können dann auch ein paar (!) Schafe die Hügel abgrasen, Wasseramseln unter Betonmauern brüten und Füchse den Bus nehmen. Wenn wir uns nach Wildnis sehnen, müssen wir uns überlegen, was das für uns bedeutet, und dann einfach möglichst viel davon suchen. Einsamkeit, Naturverbundenheit, Stille, Weite, Herausforderung, Ungewissheit – all das lässt sich selbst in Deutschland finden, wenn man nicht nur mit den Augen und dem Verstand, sondern vor allem mit dem Herzen sucht. Und in manchen Ecken Deutschlands ist diese Herangehensweise zurzeit besonders nützlich ...

Kapitel 10

GRENZENLOS

Dreizehn Prozent Steigung. Die Anzeige auf meinem Fahrradcomputer leuchtete rot auf. No shit, Sherlock, dachte ich mir und versuchte, das Brennen in meinen Oberschenkeln wegzuatmen. Das Gewicht meines vollgepackten Fahrrads, das ich in den letzten Tagen kaum gespürt hatte, zog mich nun mit aller Macht hangabwärts. Meine mittlerweile ziemlich abgefahrenen Reifen – immer noch dieselben, die mich zwei Jahre zuvor über 4000 Kilometer durch Skandinavien getragen hatten – fanden kaum noch Halt auf dem rutschigen Schotter. Längst hatte ich in den kleinsten Gang geschaltet, probierte aber trotzdem immer wieder, ob die Schaltung vielleicht nicht richtig gegriffen hatte und es da irgendwo noch einen leichteren gab. Aber da war nichts zu machen, der Schalthebel war am Anschlag. Und ich auch. Meter für Meter arbeitete ich mich langsam den Hang hinauf. Wäre ich einfach abgestiegen und hätte geschoben, wäre ich ziemlich sicher genauso schnell gewesen, vielleicht sogar schneller. Aber das war nun mal nicht dasselbe. Ich schaltete den Bildschirm meines Fahrradcomputers aus, um nicht ständig auf die Zahlen zu starren. Als ich durch die zusammengekniffenen Augen nach oben blickte, sah ich eine Staubwolke, die sich langsam auf mich zubewegte. Ein brauner Jeep der Forstverwaltung polterte die Schotterstraße bergabwärts, bremste aber dankenswerterweise ab, als er näher kam. Und als das Auto langsam an mir vorbeifuhr, konnte ich einen nach oben gestreckten Daumen durch die staubige Scheibe erkennen. Als ich die aufgewirbelte Staubwolke passierte, versuchte ich, durch die Nase zu atmen, um nicht noch mehr Sand zwischen den Zähnen zu haben. Der Staub wollte kein Ende nehmen. Also stieg ich ab, um zu warten, bis er sich wieder auf die Schotterstraße gelegt hatte. Ich wischte mir den Schweiß aus den Augen und sah mich um: Die Forststraße wurde von Baumstümpfen gesäumt. In den Reihen dahinter ragten die Bäume hoch auf, waren allerdings nicht weniger tot als ihre abgehackten Artgenossen. Braune Skelette, dünn und struppig, überzogen die hügelige Landschaft, die einst grüner Wald gewesen war. Hier und da war eine Fläche komplett von Bäumen befreit. Sonst gab es nur wenige Inseln, die aus dem braunen Einerlei herausstachen, und deren Grün wirkte fast schon hämisch, fehl am Platz. Ein Buntspecht huschte von Baum zu Baum, ein Bussard segelte über den gleißend hellblauen Himmel. Ein einsamer Schmetterling flatterte ziellos umher. Überspannte Stille lag über der Ödnis. »Willkommen in der sagenumwobenen Bergwildnis«, begrüßte mich kurz darauf ein Schild. Und darunter eine rot umrandete Warnung: »Auf diesem Weg bestehen in besonderem Maße Gefährdungen durch absterbende Bäume.« No shit, Sherlock.

Der Weg flachte etwas ab, meine Beine bekamen eine Erholungspause, obwohl es nach wie vor bergauf ging. Nach einigen weiteren Kehren legte ich eine kleine Pause ein. Ein letzter steiler Anstieg stand mir noch bevor, und dafür brauchte ich jetzt einen Müsliriegel. Ich hatte mich auf einen der Baumstämme gesetzt und zu essen begonnen, da landete bald schon ein kleiner brauner Käfer auf meiner Hand, tippelte entschlossen über meinen Arm, so als wollte er bloß keine Zeit verlieren. Nur wenige Millimeter groß und in schimmernder Rüstung, die sogar den Kopf bedeckte. Überzogen mit kleinen Härchen, die in der Sonne golden schimmerten. Bald darauf saß einer auf meinen Radshorts, und auf meinem Shirt hatten sich ebenfalls ein paar versammelt. Ich sah auf die Käfer, dann auf die kahlen Baumpfähle, dann wieder auf die Käfer. Kaum zu glauben, was diese kleinen Kerle anrichten können. Dabei waren es eigentlich gar nicht die Borkenkäfer selbst, die für das massenhafte Waldsterben hier im Harz verantwortlich waren. Und nicht nur dort, sondern auch in vielen anderen Mittelgebirgsregionen wie dem Sauerland oder dem Frankenwald. Nicht die Borkenkäfer hatten dafür gesorgt, dass zu diesem Zeitpunkt rund die Hälfte der Bäume im Nationalpark Harz braun, kahl und klinisch tot waren. Sie verpassten den Bäumen sozusagen nur den letzten Todesstoß. Das eigentliche Problem war eine unheilige Mischung aus menschengemachten Monokulturen mit meist standortfremden Baumarten in Kombination mit zunehmend extremeren Wetterereignissen. Sind die Bäume durch Stürme und lange Hitze- und Trockenperioden geschwächt, können sie sich nicht mehr gegen die Käferangriffe wehren, so wie es gesunde Bäume tun würden. Letztere würden klebrigen und für die Käfer giftigen Harzfluss absondern und könnten so meist den größten Schaden abwenden. Sind erst einmal genügend Käfer zusammengekommen und haben sich die ersten Bäume erfolgreich vorgenommen, sind auch die umliegenden dem Untergang geweiht. Die Borkenkäfer und insbesondere auch ihre Larven fressen die saftführenden Schichten unterhalb der Borke, dadurch wird der Fluss von Wasser und Nährstoffen in den befallenen Bäumen unterbrochen – der Baum stirbt ab. In einem gesunden Waldsystem sorgen die Käfer so vor allem für eine schnellere Auslese von kranken Bäumen und tragen zur Waldverjüngung bei. In einem kranken Wald hingegen können sie mal eben das komplette System zerlegen. Die einzige Gegenmaßnahme, die sich bisher als wirklich effektiv herausgestellt hat, ist das möglichst zeitige Entnehmen befallener Bäume und deren anschließende Entrindung. Eine Maßnahme, die in Wirtschaftswäldern zu den Standardaufgaben in der Forstarbeit gehört, mit dem Gedanken eines Nationalparks jedoch nicht so richtig zusammenpasst. Die Natur Natur sein zu lassen ist das Motto im Nationalpark Harz. Und nachdem ich die Grenzen des Nationalparks überschritten hatte, waren da bald keine Freiflächen und Baumstümpfe mehr zwischen den kahlen Fichten. Es gab vor allem kahle Fichten zwischen kahlen Fichten.

Gerade als ich den vorerst letzten steilen Anstieg in Angriff nehmen wollte, sah ich durch die Baumreihen einen Mountainbiker den Weg hinaufstrampeln. Der erste Mensch, dem ich an diesem Tag begegnete, der nicht Forstarbeiter war. Während ich meinen Proviant wieder am Fahrrad verstaute, unterhielten wir uns kurz – oder versuchten es zumindest, denn sonderlich flüssig war das Gespräch nicht. Das übliche »Schönes Wetter heute« hätte wenig Relevanz gehabt, da das Wetter schon seit Tagen, wenn nicht Wochen fast durchgehend schön war. Und »Schon schön hier« kann man auch nicht wirklich sagen, wenn man sich gerade an einem Ort befindet, der eher nach Apokalypse als nach Paradies aussieht. Kurz vorm Ende des letzten Anstiegs überholte er mich. »Starke Leistung, mit dem Gepäck am Rad«, rief er mir zu. Und als wir beide den oberen Höhenzug erreicht hatten, unterhielten wir uns doch noch ein bisschen. Der Mountainbiker, der Thorsten hieß, kam aus der Gegend. Er erzählte mir, dass er seit Jahren hier hochkomme und wie schnell alles gegangen sei in den letzten Jahren. Erst die Stürme, dann die Trockenheit, dann die Käfer. Mittlerweile sei der Anblick für ihn normal geworden, und überhaupt habe der Harz ja schon immer Probleme mit den Käfern gehabt. Wenn er Zeit fand, half er in einer Gruppe, die an ausgewählten Stellen Laubbäume pflanzte. Wie es mir hier bisher gefalle, fragte er, nachdem ich erzählt hatte, dass es mein erster Besuch im Harz sei. »Ehrlich gesagt, ziemlich gut«, sagte ich aus dem Bauch heraus und ohne groß darüber nachgedacht zu haben. Und dann: »Sag mal, wie kommt man mit dem Rad eigentlich am besten auf den Brocken?«

Für eine Weile folgte ich dem sogenannten Acker, einem über dreizehn Kilometer langen Höhenzug mit mehreren Gipfeln im Westharz. Der Höhenrücken besteht aus sehr hartem Gestein, was ihn besonders widerstandsfähig gegen Witterungseinflüsse macht. Daher ragt er weit über die Umgebung hinaus, und diese exponierte Lage führt zu überdurchschnittlich hohen Regenmengen sowie einem rauen und verhältnismäßig kalten Klima. In Kombination mit einem nährstoffarmen Boden sind das ziemlich gute Bedingungen für die Fichte, die hier oben im Gegensatz zu den niedrigeren Lagen des Harzes tatsächlich auch natürlicherweise vorkommen würde. Den klimatischen Bedingungen der letzten Jahre und den Käfermassen konnte aber auch dieser Wald nicht überall standhalten. Und so rollte ich selbst auf dem Acker immer wieder durch kahle Baumlandschaften, wenngleich es auch Abschnitte gab, die noch gesund und dunkelgrün waren. Nach einiger Zeit erreichte ich eine Moorlandschaft, und zum ersten Mal, seit ich den Harz betreten hatte, hatte ich das Gefühl, in einigermaßen intakter Natur unterwegs zu sein. Die Fichten standen nicht in Reih und Glied, sondern kreuz und quer in der Landschaft verteilt. Auch hier gab es vereinzelt abgestorbene Exemplare, dazwischen jedoch viele, die sich bisher erfolgreich wehren konnten. Moosdurchzogene Grasflächen wechselten sich mit Heidekraut und Heidelbeerbüschen ab, und über allem strahlte ein blauer Himmel, der im Kontrast zu den lebendigen Farben darunter nicht mehr völlig aus dem Rahmen fiel. Ich lehnte mein Rad an einen Baum, folgte einem Wanderweg ein Stück in die Moorfläche hinein und setzte mich auf einen Baumstamm, der noch nicht allzu lange dort zu liegen schien. Der ganze Baumstamm knackste und knisterte, und als ich genauer hinsah, konnte ich unzählige kleine Käfer entdecken, die über und unter der abblätternden Rinde wuselten. An vielen Stellen trat das Sägemehl aus, das entsteht, wenn die Borkenkäfer ihre Höhlen und Gänge unter der Borke ins Holz fräsen. Ich blickte über die wundersame Landschaft und hoffte inständig, dass zumindest sie diesen Tierchen standhalten konnte. Zwei schwarz-weiße Vögel flatterten in ihrem typischen Auf und Ab an mir vorbei. Für die Spechte im Harz konnte es gar nicht genug tote Bäume geben, denn dort fanden sie ausnahmsweise Nahrung und Brutmöglichkeiten im Überfluss. Auch ein vermeintlich toter Wald lebt – nur anders, als man es vielleicht gewohnt ist. Die vermodernden Stämme sind Lebensraum und Nahrung für viele Pilze. Käfer, Wildbienen und andere Insekten nutzen Totholz für ihre Brut. Und das Sterben eines Waldes ist immer auch der Beginn eines neuen, sofern sich die äußeren Umstände nicht dramatisch ändern.

Ich traf auf die Harz-Hochstraße und folgte ihr für eine Weile in Richtung Brocken. Hier auf dem glatten Asphalt konnte ich dahinrollen und nachdenken – zum ersten Mal an diesem bisher eher fordernden Tag. Ich dachte daran, was ich zu dem Mountainbiker gesagt hatte: dass es mir hier gefiele. Und stellte fest, dass das nicht einfach nur so dahingesagt war.

Es gefiel mir, in einer Welt unterwegs zu sein, in der der Natur die Chance gegeben wurde, zu ihrem natürlichen Gleichgewicht zurückzufinden. Und so traurig die Gründe für diesen Prozess, so verheerend dessen Auswirkungen auch sein mochten: Mir gab der Anblick des Heers an toten Bäumen auch Hoffnung. Hoffnung, dass sich die Dinge ändern können. Dass die Natur uns unter die Arme greift, wenn auch manchmal mit drastischen Mitteln. Und dass wir manchmal gar nicht so viel dafür tun müssen, dass Deutschland wieder ein Stück wilder und widerstandsfähiger wird. Wir müssen es einfach nur geschehen lassen. Genau das macht der Nationalpark Harz auf über siebzig Prozent der Flächen. Auf sogenannten Wildnisflächen, die lediglich mit dem gezielten Pflanzen von Laubbäumen ein wenig unterstützt werden. Sie sollen als Saatbäume dafür sorgen, dass sich nicht wieder ausschließlich Fichten ansiedeln. Ob das der richtige Weg ist, ob es überhaupt einen richtigen Weg gibt, darüber gibt es viel Uneinigkeit, nicht zuletzt bedingt durch unterschiedliche Interessen. Und welcher Weg auch immer gewählt wird: Er wird nicht leicht werden. Weder für diejenigen, die vom und mit dem Wald leben, noch für diejenigen, die ihn »nur« zur Erholung aufsuchen.

Nachdem ich Linsensuppe und überraschenderweise sogar Hafermilch für meinen Cappuccino bei einem kleinen Kiosk entlang der Harz-Hochstraße gefunden hatte, galt es, mich meinem eigentlichen Tagesziel zuzuwenden. Denn sosehr ich mich manchmal auch gegen vermeintliche touristische Zwänge wehren mag: Im Harz zu sein und dann *nicht* den Brocken zu erklimmen, das kam so gar nicht infrage. Nach einer holprigen Umrundung des Oderteichs, einer historischen Talsperre, dessen Ufer einige der ältesten Fichten des Harzes beherbergen (sofern sie denn noch dort sind), machte ich mich zum letzten langen Anstieg des Tages auf. Erst über Wanderwege, später direkt über einen ziemlich steilen Abschnitt des mit löchrigen Betonplatten überzogenen Grenzwegs. Und dann entlang der schmalen Gleise der Brockenbahn, die sich mit lautem Tuten schon von Weitem ankündigte. Nach stundenlanger Radfahrt in fast menschenleeren Wäldern, umringt von leblosen Bäumen, war das Leben hier an den Hängen des Brockens schlagartig zurückgekehrt. Der aktuelle Zustand der Harzer Wälder schien der Anziehungskraft des Brockens keinen Abbruch zu tun. Zwischen zahlreichen Wanderern und vereinzelten Radfahrern – meist mit Motor ausgestattet – kurbelte ich mich Meter für Meter dem Gipfel entgegen. Es gab viele anerkennende Blicke, manchmal sogar ein paar klatschende Hände, dabei war dieser Anstieg im Vergleich zu dem am Morgen eher ein Spaziergang. Auf dem letzten steilen Stück entlang der Brockenstraße hinauf zum Gipfel konnte ich die zusätzliche Motivation dennoch ganz gut gebrauchen. Und dann war ich oben auf diesem Berg, dem offenbar kein noch so großer Besucherandrang seine Eigentümlichkeit streitig machen konnte. Mit einer Höhe von 1141 Metern ist der Brocken nicht nur die höchste Erhebung Sachsen-Anhalts, sondern ganz Norddeutschlands. Und durch diese exponierte Lage ist er ein Ort von Wetterextremen. Das Klima auf dem Brocken entspricht einer alpinen Höhe zwischen 1600 und 2200 Metern und ist in etwa vergleichbar mit dem Klima Islands. An über dreihundert Tagen im Jahr ist er in Wolken und Nebel gehüllt, und nirgendwo im nördlichen Mitteleuropa gibt es mehr Niederschläge als dort. Man muss schon großes Glück haben, um am Tag eines Aufstiegs auch wirklich das weite Panorama genießen zu können, das sich vom Brockengipfel aus bietet. Ich hatte an diesem Tag Glück, denn ich konnte fast kein

Wölkchen entdecken, es war windstill und wunderbar warm. Und dann tat ich etwas, was ich eigentlich nie tat: Ich positionierte mein Rad und mich am Gipfelstein und bat den nächstbesten Passanten, ein Foto von mir zu machen. Der Brocken hatte mich zur Touristin gemacht, und das war schon okay so.

Nach einer langen Abfahrt verbrachte ich die Nacht in einer Schutzhütte außerhalb des Nationalparks und setzte am nächsten Morgen meine Radtour fort. Begonnen hatte ich sie in Cuxhaven an der Nordseeküste. Fünf Tage lang war ich von dort aus, beauftragt von einem Tourismusbüro, den kompletten Weser-Radweg entlanggefahren, um auf meinen Social-Media-Kanälen und später auch auf dem Blog darüber zu berichten. Obwohl der Weser-Radweg wahrlich nicht in die Kategorie »abenteuerlich« fällt, hatten mir diese fünf Tage ziemlich gut gefallen. Allein schon deshalb, weil es einfach immer etwas Besonderes ist, einen Fluss entlang seinem kompletten Lauf zu folgen. Zu sehen, wie sich der Fluss selbst und die Landschaft rundherum, aber auch Menschen und Kultur Stück für Stück ändern. Der nördlichste Abschnitt der Route war vom Wattenmeer geprägt, von endlosen Deichen mit jeder Menge Schafen, von Hanse- und Hafenstädten inklusive der dazugehörigen Industrie. Alte Bauernhöfe aus Backstein und weite, gelb leuchtende Rapsfelder dominierten das Bild. Und dann, irgendwann, tauchten die ersten Hügel des Weserberglands am Horizont auf. Die Fachwerkhäuser lösten endgültig roten Backstein und Reetdächer ab, und mit jedem Tag wurde es noch ein bisschen schöner auf dem Weser-Radweg. Alles war grün, und wenn etwas nicht grün war, dann war es entweder ein Rapsfeld oder irgendein Städtchen. Letztere waren oft ziemlich schön anzuschauen. Und so habe ich häufiger als sonst mein Rad abgestellt, bin durch Pflastergassen geschlendert und habe alte Bauwerke bewundert. Einsamkeit sucht man auf dem Weser-Radweg eher vergebens, denn die Radroute gehört zu den beliebtesten überhaupt in Deutschland. Und selbst mein loses Konzept von Wildnis wäre dort wohl an seine Grenzen gestoßen. Also habe ich mich einfach treiben lassen und die hervorragende Infrastruktur eines perfekt ausgebauten Radwegs genossen. Die Hinweisschilder und Kaffeekannen mit Selbstbedienung, die radreisefreundlichen Campingplätze, die Rastbänke und Eisbuden. Und obwohl ich ja eigentlich für einen Auftrag unterwegs war, fühlten sich die rund fünfhundert Radkilometer entlang der Weser tatsächlich ein wenig wie Urlaub an. Reisebloggerinnen-Klischee erfüllt.

Am Weserstein in Hann-Münden angekommen, sollte sich meine Reise jedoch schlagartig ändern. Ab hier gab es keinen Auftrag mehr, keine Wegweiser – zumindest keine, die mich zu meinem Ziel hätten geleiten können. Weil es auch so etwas wie ein Ziel nicht mehr wirklich gab. Ich wollte einfach noch ein bisschen länger Rad fahren und ein paar Gegenden entdecken, in denen ich zuvor noch nie gewesen war. Ich machte immer noch dasselbe wie vorher – jeden Tag auf dem Rad sitzen nämlich –, und doch hatte meine Reise ein völlig neues Gesicht bekommen. Auch mit dem Verlassen der Weser wurde ich zwar nicht schlagartig in eine grenzenlose Wildnis katapultiert, aber ich konnte fahren, wohin ich wollte, in jede einzelne Himmelsrichtung. Dieses Gefühl, alle Möglichkeiten zu haben, nicht von äußeren Bedingungen eingeschränkt zu sein – außer natürlich von den fürs Überleben notwendigen –, ist ein Gefühl, das eng mit dem Erleben von Wildnis verbunden ist. Und dann ist es fast schon ein bisschen egal, ob der Weg in die Grenzenlosigkeit auch mal über Asphalt oder durch eine Stadt führt. Nach und nach gewöhnte ich mich daran, mir wieder meinen eigenen Weg suchen zu müssen. Daran, dass es vermutlich keinen extra für Radfahrer gebackenen Kuchen mehr am Rand dieses Weges gab und dass ich wohl keinen Menschen mehr begegnen würde, die genau das taten, was ich auch tat. Ich war auf mich allein gestellt, auch wenn das nun dramatischer klingt, als es letztendlich war.

An jenem Morgen, als ich den Harz wieder verließ, musste ich immer wieder anhalten, mich umdrehen und nachsehen, wie weit der Gipfel des Brockens schon in die Ferne gerückt war. Spielte mehrmals mit dem Gedanken, doch noch mal zurückzufahren, um auch den südlichen Harz zu erkunden, den ich ausgelassen hatte. Aber es gab da eine ungefähre Route, der ich mindestens genauso gern folgen wollte, und letztendlich eben noch ein kleines bisschen mehr. Auf dem Weg hoch zum Brocken war ich zum ersten Mal auf ihre Spuren gestoßen, auf die löchrigen Betonplatten des Kolonnenwegs, einen schwarz-rot-gold gefärbten Grenzpfahl der DDR: Mitten durch den Harz verlief vierzig Jahre lang die innerdeutsche Grenze. Der Brocken selbst war Sperrgebiet und Hochsicherheitszone gewesen, von wo aus »Sicherheitsdienste« ganz Norddeutschland bespitzelten und gleichzeitig nach Flüchtigen Ausschau hielten. Diese streng bewachte Festung war Teil eines Grenzverlaufs, der sich von der Ostseeküste am Priwall bis zum Dreiländereck bei Hof im Vogtland erstreckte. Auf 1400 Kilometern verlief der Eiserne Vorhang durch Deutschland, teilte das Land in zwei Hälften. Zehntausende Soldaten patrouillierten hier entlang der Zäune und Mauern. Fast sechshundert Wachtürme, Tausende Landminen und Selbstschussanlagen stellten sicher, dass unzählige Fluchtversuche scheiterten, oft tödlich endeten. Vierzig Jahre lang fand hier das genaue Gegenteil von Grenzenlosigkeit und Freiheit statt – zumindest, was die Menschen betraf. Die Natur hingegen fand entlang des Todesstreifens unvergleichlich viel Raum zur freien Entfaltung. Und das tut sie bis heute: Mit einer Fläche von mindestens 177 Quadratkilometern ist die frühere Todeszone und heutige Lebenslinie der größte Biotop-Verbund Deutschlands. Fast ein Drittel des sogenannten Grünen Bandes ist Naturschutzgebiet, geht man nach dem europäischen Natura-2000-System, sogar zwei Drittel. Viel davon ist strukturreiches Offenland, manches schon lange sich selbst überlassene Fläche. Und man findet dort fast alle in Deutschland vorkommenden Landschaftstypen: vom norddeutschen Tiefland bis zum Mittelgebirge, mit vielfältigen Biotop-Typen wie Mooren und Pionierwald, Brach- und Altgrasflächen, Gewässern und Feuchtgebieten. Über einhundertvierzig verschiedene Lebensraumtypen kommen am Grünen Band vor, und darin mehr als 1200 Tier- und Pflanzenarten, die stark bedroht sind und auf der Roten Liste stehen. Kurzschwänziger Bläuling und Wohlriechender Sumpfporst, Wanstschrecke und Goldener Scheckenfalter, Breitblättriges Knabenkraut oder Küchenschelle. Musik in meinen Ohren, auch wenn ich keine Ahnung habe, was sich hinter diesen klingenden Namen genau verbirgt. Aber auch bekanntere, wenngleich nicht weniger seltene Arten wie Schwarzstorch, Braunkehlchen, Wachtelkönig, Fischotter, Luchs oder Wildkatze finden am Grünen Band noch geeignete Lebensräume. Nicht zuletzt, weil der Streifen wie ein Korridor für Wildtiere funktioniert, an denen es hierzulande viel zu oft mangelt. Und darunter leidet die genetische Vielfalt und damit die dauerhafte Widerstandsfähigkeit vieler Tierarten, die sich keine neuen Reviere und damit neue potenzielle Partner erwandern können. Doch auch im Grünen Band gibt es Lücken, manchmal bis zu sieben Kilometer breit: Rund zehn Prozent bestehen aus landwirtschaftlichen Flächen, mehrere hundert Straßen zerschneiden das Band, einige davon sogar als Autobahn. Dem BUND (*Bund für Umwelt und Naturschutz Deutschland e. V.*) ist es maßgeblich mitzuverdanken, dass das Grüne Band in seiner heutigen Form überhaupt existiert: Schon wenige Wochen nach dem Mauerfall reagierten einige der Mitarbeitenden sehr schnell und organisierten ein erstes Treffen zwischen ost- und westdeutschen Naturschützern. Mit einer einstimmig verabschiedeten Resolution zum Grünen Band legten die rund vierhundert Teilnehmer damals den Grundstein für das erste gesamtdeutsche Naturschutzprojekt. Ein großer Erfolg für Naturschützer aus jüngerer Zeit: 2011 hat die Bundesregierung ihren Flächenbesitz im Bereich des Grünen Bandes an die Bundesländer übertragen, die für Naturschutzzwecke zuständig sind. So konnte rund die Hälfte des Grünen Bandes in Deutschland gesichert werden. Rund dreißig Prozent der restlichen Fläche sind jedoch nach wie vor in den Händen von Privatpersonen, Kommunen oder Institutionen. Jene Anteile davon, die nicht innerhalb von Schutzgebieten liegen, sind theoretisch einer intensiven Nutzung der Flächen ohne besonderen Schutz ausgeliefert. Oft ist der Kauf solcher Flächen die einzige Möglichkeit, ihren Erhalt langfristig zu sichern und in die grüne Lebenslinie einzugliedern. Und zeitgleich hoffen Naturschützer, dass das Grüne Band irgendwann in seiner Gänze als Nationales Naturmonument ausgewiesen wird: Das ist eine noch relativ junge Schutzkategorie, die erst 2010 nach internationalem Vorbild in das deutsche Naturschutzrecht eingefügt wurde. Man kann sie zwischen den deutlich größeren Nationalparks einerseits und den wesentlich kleineren Naturdenkmälern andererseits einordnen. Naturmonumente sollen Landschaftsbereiche schützen, »die aus wissenschaftlichen, naturgeschichtlichen, kulturgeschichtlichen oder landeskundlichen Gründen und wegen ihrer Seltenheit, Eigenart oder Schönheit von herausragender Bedeutung sind«, die »oftmals im Zusammenwirken natürlicher und menschlicher Einflüsse entstanden« und »häufig Refugien für ganz besondere Lebensgemeinschaften« darstellen. Wenn das nicht auf das Grüne Band zutrifft, dann weiß ich auch nicht. Glücklicherweise gibt es auch an dieser Front einen ersten Erfolg zu verzeichnen: 2018 wurde das Grüne Band zumindest auf dem Gebiet Thüringens zum Nationalen Naturmonument erklärt. Die Schutzpläne für den Biotopverbund sind aber noch größer, denn der Eiserne Vorhang hatte ja nicht nur Deutschland, sondern ganz Europa geteilt. Dieses europäische, manchmal nicht (mehr) ganz so grüne Band hat eine Gesamtlänge von über zwölftausend Kilometern. Es verläuft vom Eismeer im äußersten Norden Norwegens bis zum Schwarzen Meer an der Grenze zur Türkei durch beziehungsweise entlang der Grenzen von vierundzwanzig europäischen Staaten. Seit über dreißig Jahren arbeiten zivilgesellschaftliche und auch staatliche Organisationen in allen betreffenden Ländern gemeinsam an der Initiative Grünes Band Europa. Heute ist dieser Vorhang, der nicht mehr aus Metall, sondern aus Biomasse besteht, nicht nur Erinnerungslandschaft, sondern ein natürliches Netzwerk von globaler Bedeutung und essenziell für die Bewahrung von Europas Ökosystemen. Der fennoskandische Abschnitt ganz im Norden bietet mit seinen intakten Feuchtgebieten, unzähligen Gewässern und ausladenden Nadelwäldern großen Säugetieren wie Braunbär, Elch, Wolf und Vielfraß ein Zuhause. Entlang der Ostseeküste sind es vor allem die Gewässer und Küstengebiete, die Zugvögeln und Meeresbewohnern wie Kegel- und Ringelrobbe zugutekommen. Im zentraleuropäischen Abschnitt, wozu auch das deutsche Grüne Band gehört, findet man strukturreiche Kulturlandschaften, naturbelassene Wälder und Fluss- sowie Gebirgslandschaften. Letztere ziehen sich weiter durch den Balkan, zusammen mit Steppen, Flüssen und Wäldern, in denen zum Beispiel der bedrohte Balkanluchs beheimatet ist.

Ich fuhr vom Harz aus los auf dem Iron Curtain Trail, der eine der längsten EuroVelo-Radrouten überhaupt ist: rund zehntausend Kilometer quer durch Europa, von der Barentssee bis ans Schwarze Meer. Hier und da tauchte ein Wegweiser auf, der auf dieses Mammutprojekt verwies, gemeinsam mit denen für die Fernwanderroute Grünes Band. Ich folgte mit meinem Rad mal dem einen, mal dem anderen und mal gar keinem von ihnen, über Feld- und Wiesenwege, kleine Landstraßen und immer wieder auch direkt über den Kolonnenweg. Letzterer war trotz Mountainbike-Reifen eine andauernde Tortur für meine Handgelenke. Und jedes noch so kleine klappernde Ding in meinen Radtaschen mutierte dort zu einer nervtötenden Geräuschquelle. Gleichzeitig mochte ich diesen Weg auf gewisse Art, denn dort hatte ich das Gefühl, besonders nah an allem dran zu sein. Der Kolonnenweg war mein eigentlicher Wegweiser, denn wo die Betonplatten lagen, war stets das Herz des Grünen Bandes. Ich entdeckte zartgelbe Orchideen inmitten der löchrigen, von Gras durchwucherten Platten. Ringsherum mal wilde Wiesen und krumme Wälder, längst vergessene Winkel mit allerlei Schätzen, dann wieder weite Felder. Und die vergangenen Zeiten schienen in beharrlicher Stille über der Landschaft zu liegen. Meist stand ich allein an Mauerresten und Wachtürmen, an Gedenksäulen und Infotafeln. Und selbst die Gedenkstätte Marienborn, einst wichtiges Nadelöhr zwischen West und Ost und heute viel besuchter Erinnerungsort, lag verlassen vor mir. Ich hatte die Öffnungszeit um eine halbe Stunde verpasst, und jetzt war es nicht mehr erlaubt, das Hauptgelände zu betreten. Ehrlich gesagt war mir der Blick durch den Zaun auch genug, denn um ganz allein über das verlassene Gelände zu marschieren, dafür hatte ich in meinem Leben dann doch zu viele Zombiefilme gesehen. Hinter Marienborn überquerte ich eine Autobahn und fuhr über unbelebte Waldstraßen – bis es nicht mehr weiterging. Die eine Himmelsrichtung war durch eine Bergbaugrube versperrt, die andere durch eine exorbitante Menge an rot-weißem Flatterband. Normalerweise lasse ich mich von Flatterbändern nicht ganz so leicht beeindrucken, aber das sah dann irgendwie doch überzeugend aus. Also wieder den steilen Berghang hinauf und mehrere Kilometer Umweg in Kauf nehmen. Vielleicht hätte ich doch ausnahmsweise mal den Wegweisern folgen sollen. Irgendwann traf ich auf einen kleinen Ort mit gepflegtem Park, am See fütterten zwei Frauen die Enten mit altem Brot. Unter normalen Umständen hätte ich mich jetzt geärgert, weil sie den Tieren damit alles andere als einen Gefallen taten. Jetzt jedoch war ich einfach nur froh, überhaupt mal wieder eine Seele zu Gesicht zu bekommen. Und ein Teil von mir hätte sich am liebsten dazugesellt und mitgefüttert. Ich fuhr an einem kleinen, einladend aussehenden Hotel vorbei und hatte Glück mit meiner spontanen Frage nach einem freien Zimmer. Die letzten Tage hatte ich irgendwo in der Pampa biwakiert, doch an diesem Tag war mir nicht danach. Dabei war es in dieser Gegend ein Leichtes, einen Ort zum Übernachten in der freien Natur zu finden, an dem man nichts und niemanden mit seiner Anwesenheit störte. Und auch das Wetter war mir nach wie vor wohlgesonnen. Aber der ständige Kontrast aus Freiheit und Beklemmung, aus heiler Welt und Niemandsland hatte ein seltsames Gefühl in mir hinterlassen. Und seltsame Gefühle ließen sich durch eine heiße Dusche und eine

Nacht im gemütlichen Bett oft besonders leicht wieder loswerden. Frisch geduscht lag ich auf dem geblümten Laken, konnte durch die Dämmerung vor dem gekippten Fenster dunkle Schatten huschen sehen, durch das gekippte Fenster den durchdringenden Schrei, der von der alten Scheune gegenüber kam, hören. Fledermäuse und Schleiereulen fühlten sich hier ganz offensichtlich wohl, fanden in den alten, brüchigen Gebäuden jede Menge Unterschlupf. Währenddessen hörte ich einige Podcast-Folgen, die sich mit der DDR-Zeit beschäftigten, viele davon mit Originalaufnahmen und Interviews versehen. Obwohl ich natürlich einiges über diese Zeit wusste, hatte ich nach diesem Tag das drängende Gefühl, nicht genug zu wissen. Zumal mir vieles von dem, was ich bestimmt irgendwann mal gehört hatte, nicht im Kopf geblieben war. Wenn man erst zwei Jahre vor der Wende zur Welt gekommen und in Bayern aufgewachsen ist, dann ist die DDR nur bedingt Teil der eigenen Geschichte. Am nächsten Morgen schossen Schwalben vor meinem Fenster umher. Die Stimmung vom Vortag war verflogen, zumindest für den Moment, und ich war froh, dass ich gleich wieder dort hinausgehen konnte. Hinfahren konnte, wo auch immer ich hinwollte.

Am Abend dieses Tages kam ich an der Elbe an. Ihren Ufern würde ich drei Tage lang bis nach Cuxhaven folgen, wo ich meine Reise begonnen hatte und nach mehr als tausend Kilometern wieder beenden wollte. Der Elberadweg ist ähnlich populär wie der Weser-Radweg, und doch fühlten sich diese letzten Tage ganz anders an als der Beginn meiner Tour. Ich war ruhiger geworden. Schaute aufmerksamer in mich hinein, aber auch um mich herum. Nicht nur auf die Natur, sondern auch in die Gesichter der Menschen, die mir begegneten. Während ich das Grüßen auf dem Weser-Radweg manchmal fast schon als lästige Pflicht empfunden hatte

– dazu muss man allerdings auch sagen, dass ich so ziemlich die Einzige war, die flussaufwärts fuhr und mir somit quasi alle anderen entgegenkamen –, suchte ich hier an der Elbe ganz bewusst den Augenkontakt zu den Menschen, die mir begegneten. Fragte mich, welche Geschichte sie wohl zu erzählen hatten. Ich hatte das Gefühl, dass meine Tage am Grünen Band mich mehr noch den Menschen als der Natur nähergebracht hatten. Und vielleicht vermochte Wildnis auch das zu tun. Immer wenn ich länger in der Natur unterwegs war, Wochen oder gar Monate, dann bekamen Begegnungen mit Menschen für mich eine intensivere Bedeutung, als sie es sonst hatten. Plötzlich war da echtes Interesse, Neugier auf Geschichten – nicht, dass all das sonst immer fehlte, aber oft bin ich eben einfach gern für mich. Und selbst der kurze Small Talk an der Supermarktkasse wurde dann zu einer wertvollen Begegnung. Ich nahm mir an der Elbe noch mehr Zeit für Pausen, legte häufiger Umwege ein, wurde endgültig von der Radfahrenden zur Reisenden. Stellte fest, dass ich, abgesehen von der Innenstadt Hamburgs und der Umgebung von Dresden, noch nie an der Elbe gewesen war. Und dass die Elbe so gar nichts mit der begradigten und eher wenig charmanten Wasserstraße zu tun hat, die ich mir stets ausgemalt hatte. Wahrscheinlich, weil ich die Elbe bisher vor allem mit Hamburg und seinem riesigen Hafen in Verbindung gebracht hatte. Stattdessen fließt die Elbe über sechshundert Kilometer erstaunlich frei und von keinerlei Staustufen gebremst durch Deutschland. Vierhundert Flusskilometer sind sogar UNESCO-Biosphärenreservat. Die größten zusammenhängenden Auenwälder Europas säumen ihre Ufer, zusammen mit Wiesenlandschaften, Sandufern, Binnendünen, steilen Böschungen, vielen Nebengewässern und Mooren. Und auch der Biber, der schon fast ausgestorben war, konnte sich hier so viel Lebensraum zurückerobern, dass heute wieder mehr als zweitausend Exemplare an der Elbe heimisch sind. Bei Hitzacker hievte ich mein Rad auf eine kleine Fähre, die mich und einige andere Radfahrer ans andere Ufer befördern sollte. Der Fährmann hielt mit allen einen kurzen Plausch, und als er zu mir kam, sagte er nur: »Du machst so was öfter, oder?« Vielleicht sah man mir die Wildnis nun mittlerweile doch schon ein bisschen an.

Zum ersten Mal auf dieser Reise hatte ich Gegenwind, und es machte mir nichts aus. Dann fuhr ich eben ein wenig langsamer, und was war schon so schlimm daran? Ich hatte ein Stück mitgenommen von der Ruhe und Urwüchsigkeit des Grünen Bandes. Von der Demut, die eine Reise entlang dieses Streifens ganz unweigerlich mit sich bringt. Von der Dankbarkeit dafür, dass ich mir mit dieser Reise, und mit vielen anderen zuvor, mein ganz eigenes grünes Band durchs Leben suchen konnte. Einen Korridor, in dem ich mich frei bewegte. Orte, an denen ich wuchs. Und egal, wie dunkel die Vergangenheit, egal, wie eingeengt und zerschnitten das Band auch manchmal sein mochte – die Wildnis suchte sich immer ihren Weg.

Kapitel 11

ALLEIN, ALLEIN

Meine innere Uhr tickt im Takt der fallenden Schneeflocken, unentwegt haftet mein Blick gemeinsam mit dem harschen Frost an grauen Baumstämmen. Farbe ist so rar, dass selbst der Schwarzspecht bunt erscheint. Ich bewege mich langsam, aber stetig, denn sonst wird es kalt. Der Schnee leuchtet jetzt im gleichen milchigen Weiß wie der halb volle Mond. Es ist so still, dass Gedanken zu Worten werden.

Das war alles, was ich an diesem Abend in mein kleines Notizbuch schrieb. Meine Hände waren zu kalt, um noch länger außerhalb der Handschuhe zu bleiben. Meine Handschuhe zu dick, um den Stift anständig zu halten. Und eigentlich war damit ja auch alles gesagt. Ich schnappte meinen Topf, trat aus der kleinen Hütte hinaus und füllte ihn mit Schnee, um aus diesem Schnee Tee zu machen. Es widerstrebte mir, Furchen in die perfekte Fläche zu schlagen. Am liebsten hätte ich gar keine Spuren verursacht, die unberührte Lichtung so hinterlassen, wie ich sie vorgefunden hatte. Nichts existiert in dieser perfekten Welt aus Eis und Schnee. Zumindest nicht für andere, sondern eben nur für mich. Doch im Schnee zu wandern war, wie in ein offen herumliegendes Buch zu schreiben. Und auch ich hatte den ganzen Tag schon die

Notizen von anderen in ihm gelesen. Hatte erfahren, wo Menschen gewesen waren, auf welche Weise und wann ungefähr. Hatte gesehen, wo der Habicht eine Ringeltaube erlegt, welchen Weg der Hase durch den Wald genommen und wo eine Maus ihr Schlafquartier hatte. Der Schnee verdeckte und offenbarte gleichermaßen. Gab mir das Gefühl, dass ich nicht allein war, obwohl ich es war. Der Winterwald war still und leer und gleichzeitig voller Leben, getrennt von mir lediglich durch eine physikalische Größe namens Zeit.

Ein Topf Schnee ergab genau eine Tasse – wie außerordentlich praktisch. Und wie außerordentlich praktisch, dass das Wasser im Winter einfach überall in der Gegend herumlag und man nicht mühsam Etappen planen, Quellen suchen oder diverse Liter mit sich herumschleppen musste. Ich blickte über die große Lichtung. Im Sommer eine wilde, überwucherte Wiese, jetzt Vakuum, in dem die Flocken weder nach oben noch nach unten fielen. Begrenzt durch schattige Reihen von Bäumen. Ich sah den kleinen Weg hinunter, den ich vorhin heraufgekommen war. Eigentlich hatte ich noch ein paar Kilometer weiterwandern wollen, aber als ich an diesen Ort kam, hatte ich sofort ein durch und durch gutes Gefühl. Und ein gutes Gefühl an einem Ort zu haben ist unersetzbar, wenn man draußen schläft. Ich blickte mitten hinein in den Wald. Zwischen den Bäumen ging der Mond auf und warf trübes Licht auf die halbdunkle Landschaft. Ich tastete mit den Augen die Umgebung ab, mit der erhöhten Aufmerksamkeit eines Tieres, das sich seiner Sinnesschwächen bewusst ist. Nicht, weil ich nach etwas suchte oder etwas erwartete. Sondern weil es schlichtweg ungewohnt war, nachts so viel sehen und auch so viel hören zu können, und ich deswegen gar nicht anders konnte, als Gebrauch davon zu machen. Die Stille war fast schon drückend, bei jedem Krachen eines Astes schreckte ich leicht zusammen. Der harsche Winter machte den von trockenen Sommern geschwächten Bäumen zu schaffen. Vorhin erst war ein großer Ast genau dort heruntergekommen, wo ich kurz zuvor am kleinen Bach meine Trinkflasche aufgefüllt hatte. Wenn ich ganz genau hinhörte, konnte ich das leise Säuseln seines Wassers hören. Ich ging zurück in die Hütte, die zu allen Seiten gut geschützt war und den Wind von mir fernhalten würde, der für die Nacht und die nächsten Tage vorhergesagt war. Meine Lampe platzierte ich so auf meinem Wasserbeutel, dass sie nach innen schien und somit eine hervorragende Standleuchte abgab. Sie erhellte gemeinsam mit der blau-roten Flamme meines Gaskochers die Zuflucht aus dunklem Holz. Zügig sank der Schnee in meinem Topf zusammen, bis bald nur noch einzelne Klümpchen im Wasser schwammen. Wenig später dampfte mein Ingwertee in der Tasse. Ich zog meine Schuhe aus, schlüpfte in den Schlafsack, der sich in einem weiteren Schlafsack befand, der sich wiederum in einem Biwaksack befand, und blätterte in meinem Buch, ohne es wirklich zu lesen. Meine Gedanken hingen immer noch in der Stille fest. Die Abende im Januar sind lang, von den Nächten ganz zu schweigen. Und wenn man allein in einer Hütte im Wald sitzt, trifft das besonders zu. Irgendwann beschloss ich, dass es Zeit fürs Abendessen war, dann Zeit fürs Zähneputzen, dann Zeit fürs Schlafen, obwohl es erst acht Uhr abends war. Eine Zeit, zu der ich zu Hause vielleicht gerade mal den Laptop zuklappen oder zumindest den Kochtopf aufsetzen würde. Zusätzlich zu den zwei Schlafsäcken und zwei Isomatten trug ich zwei Paar Socken und eine Schicht isolierender Kleidung über der Schlafkleidung. Meine Powerbank und die Kameraakkus nahm ich mit in den Schlafsack, damit ihnen die Kälte nicht allzu sehr zu schaffen machte. Auch meine Wanderkleidung fand darin

Platz, damit ich am nächsten Tag nicht in frostige Hosen schlüpfen musste. Isomatten und Schlafsäcke hatte ich auf dem großzügigen Tisch in der Hütte platziert, um nicht auf dem Boden liegen zu müssen. Ich setzte eine Kapuze auf, dann noch eine, und zog den Kragen des Schlafsacks um mein Gesicht herum zu. Wartete so gut wattiert auf den Schlaf, doch es dauerte noch eine ganze Weile, bis ich meine Aufmerksamkeit von meiner Umgebung ablenken konnte …

Ein leises Kratzen ließ mich einige Stunden später erwachen. Im Dämmerschlaf ging ich davon aus, dass es einfach nur ein Ast war, der auf dem Hüttendach schabte, und versuchte, möglichst schnell wieder einzuschlafen. Doch das Kratzen hielt an, ließ nicht mehr als unruhigen Dämmerschlaf zu, und irgendwann beschloss ich, der Sache auf den Grund zu gehen. Als ich die Schlafsack- und Kapuzenschichten von meinen Ohren entfernte, konnte ich die Quelle des Geräusches schnell orten. Es kam nicht oben vom Dach, sondern von der Bank, auf der meine restlichen Sachen lagen. Genauer gesagt aus der Ecke, in der mein Beutel mit dem Proviant lag. Und als ich mit der Stirnlampe in die Ecke leuchtete, sah ich genau das, was ich erwartet hatte: eine kleine Maus, die mich erschrocken mit großen Augen fixierte. Für eine Weile starrten wir uns einfach nur an, beide verwundert, dass der jeweils andere auch hier war. Als ich mich widerwillig aus meinem warmen Kokon schälte, flüchtete sie. Erst in meine Richtung, bis sie feststellte, dass das vielleicht gar nicht die klügste Idee war, und dann wieder in die andere. Ich leuchtete ihr nach, bis sie sich für einen Fluchtweg entschieden hatte und zwischen den Brettern verschwunden war. Dann stand ich auf und packte meine Vorräte, zu denen der Nager zum Glück noch nicht vorgedrungen war, in den Rucksack und verschloss diesen sorgfältig. Selbst schuld, wenn man sein Essen nicht angemessen verstaut, dachte ich und machte der Maus wirklich nicht den geringsten Vorwurf. Die restliche Nacht verlief ohne weitere Mausbesuche und andere Zwischenfälle, auch wenn ich noch einige weitere Male aufwachte, wenn irgendwo wieder ein Ast auf dem Boden aufschlug. Im Halbschlaf nahm ich mir vor, beim Wandern am nächsten Tag besonders vorsichtig zu sein. Und als ich das nächste Mal aufwachte, war es endlich ein bisschen weniger dunkel in der Hütte. Rund zehn Stunden hatte ich nun auf dem Tisch gelegen, und in meinen Muskeln spürte ich jede einzelne davon. Ich liebte sie, die langen Winternächte, und war gleichzeitig froh, wenn sie vorüber waren. Dennoch fiel es mir schwer, den Moment zu erwischen, in dem es mir richtig erschien, den warmen Schlafsack zu verlassen und in meine Wanderkleidung zu wechseln. Es war, wie am Rand eines eisigen Sees zu stehen und zu wissen, dass man gleich ins Wasser waten musste. Einmal drin, wird es schnell besser – sich aber überhaupt erst aufzuraffen ist die eigentliche Herausforderung.

Mein Tag begann, wie der letzte geendet hatte: Schnee schmelzen, Tee trinken (der in diesem Fall Kaffee war), essen, Zähne putzen. Es war das einfache Leben, auch wenn jetzt im Winter doch alles ein bisschen komplizierter war als sonst – von der Sache mit der Wasserbeschaffung mal abgesehen. Ich nahm mir Zeit, weil ich viel davon hatte, und machte mich erst zum Aufbruch bereit, als der Tag bereits in vollem Gange war. Als ich ein paar Schritte gegangen war, sah ich mich noch mal um, dachte an die Maus und wo sie wohl jetzt sein mochte. Sie war das erste Lebewesen gewesen, das mir seit dem vergangenen Nachmittag begegnet war – abgesehen von Vögeln natürlich –, und ich fühlte mich ihr dadurch irgendwie verbunden. Ein Teil von mir wollte meine Wandersnacks mit ihr teilen. Der Teil von mir, dem nicht gesagt wurde, dass man Wildtiere nicht füttern soll, wollte die kleinen Knopfaugen so gern leuchten sehen. Immerhin war sie so kurz davor gewesen: ein paar Minuten länger, und sie hätte vielleicht die erste Nudel oder Nuss erwischt. Da grenzte es gefühlt schon an Grausamkeit, ihr nichts abzugeben. Aber klebrige Müsliriegel waren wohl nicht das Richtige für einen kleinen Mausmagen, zumal sie in der Hütte bestimmt mehr als genug Essensreste finden würde. Ich sagte ihr Lebewohl und machte mich auf den Weg. Die Stille war verschwunden, statt ihrer hing nun der Wind in den Bäumen, zerrte an ihren Ästen und meiner Aufmerksamkeit. Er hatte den lockeren Schnee vielerorts zu Wehen aufgetürmt, in denen ich tief versank. Zudem musste ich immer wieder ins verschneite Unterholz abtauchen, um einen gefallenen Ast oder Baumstamm zu umrunden. Es war definitiv Zeit, die Schneeschuhe anzulegen. Ein feiner Nebel lag in der Luft, legte sich über die graue Landschaft. Harscher Schnee haftete an allem, was da draußen bestand. Baumstämme, Hochsitze, Hinweisschilder, die ich erst mal mit dem Griff meines Trekkingstocks freikratzen musste, bevor ich sie lesen konnte. »Aussichtspunkt 500 m« – diesen Abstecher würde ich heute nicht machen. Zu dicht war der Nebel und zu gering mein Interesse, einen Blick hinaus aus dem Wald zu werfen und zu erkennen, dass diese Welt gar nicht unendlich war. Der breite Weg zeigte keine frischen Spuren, selbst Rehwild oder Hasen hatten ihn nicht gequert. Ich war allein hier, so allein, wie man in Deutschland nur sein konnte. Die Erde schien einmal mehr stillzustehen, nur ich bewegte mich weiter, indem ich im immer gleichen Rhythmus durch den Schnee schlurfte. Regelmäßig hielt ich inne, sah mich um. Sah auf die dick mit Schnee bepackten Bäume, die monochrome Monotonie, die mich nicht nur umgab, sondern ganz und gar erfüllte. Schon so lange hatte ich mal eine richtige Tour im Schnee machen wollen, nur der Winterwald und ich. Wer hätte gedacht, dass man dafür gar nicht nach Finnland oder Kanada reisen musste, sondern einfach nur nach Thüringen.

Das Mittelgebirge Thüringer Wald liegt wie eine Mauer aus Fels im Land, gehört neben dem nicht allzu weit entfernten Harz zu den regenreichsten Gegenden des Landes. Und wenn im Winter die Temperaturen unter null fallen, zu den schneereichsten. Selbst in Zeiten des Klimawandels gilt die Region – zumindest aktuell noch – als einigermaßen schneesicher. Und so wird der Rennsteig bei entsprechenden Bedingungen zum längsten Skiwanderweg Deutschlands. An diesem Morgen war von der Loipe allerdings kaum noch etwas zu erkennen, Menschen auf Brettern waren weit und breit nicht zu sehen. Erst einige Stunden später an diesem Tag sollte ich auf den ersten einsamen Langläufer treffen, der mich mit latenter Verwunderung musterte. Wanderinnen gab es hier im Winter wohl eher selten, vor allem auch noch solche mit großem Rucksack. Im Sommer hingegen war der Rennsteig nicht nur der älteste, sondern auch einer der meistbegangenen Höhenwanderwege Deutschlands. Ein rund hundertsiebzig Kilometer langer Kammweg, der über die bewaldeten Rücken des Thüringer Waldes und teilweise Frankenwaldes führt. Seine erste urkundliche Erwähnung erfuhr er – damals als Rynnestig – bereits 1330, wenngleich natürlich als Transportroute und nicht als Möglichkeit zum Zeitvertreib. Im Jahre 1829 unternahm der Topograf Julius von Plänckner die erste Wanderung auf dem Steig und zementierte die beiden Endpunkte, die auch heute noch den Rennsteig definieren: Hörschel bei Eisenach in Thüringen und Blankenstein an der Saale. Er kartografierte den Weg und beschrieb ihn drei Jahre später in seinem *Taschenbuch für Reisende durch den Thüringerwald*.

Die Erfolgsgeschichte des Rennsteigs nahm damit ihren Lauf. Heute ist ein großer Teil der Route geplättete Forststraße, der Rennsteig nicht mehr nur Wanderstrecke, sondern auch Radroute und eben präparierte Loipe – wobei der Wanderweg selbst immerhin teilweise noch etwas abseits der »Autobahn« verläuft. Man muss sich seine Wanderzeit dennoch gut aussuchen, wenn man hier halbwegs allein unterwegs sein möchte.

Nach zwei Stunden machte ich die erste Rast in einer der vielen kleinen Schutzhütten, die sich alle paar Kilometer entlang der Route fanden. Praktisch sind die bestimmt immer, bei einem Wetter wie diesem waren sie es aber ganz besonders. Allzu lange konnte ich dennoch nicht bleiben, ohne zu sehr auszukühlen. Eine Wanderung im Winter bedeutet letztendlich vor allem eines: ständiges Temperaturmanagement und einige mitunter eindrucksvolle Lektionen in Thermodynamik. Ein Riegel, ein paar getrocknete Mangostreifen, ein großer Schluck aus der Flasche mit geschmolzenem Schnee. Leckerer Pausensnack, vor allem aber notwendige Energie, die der Körper in die Erzeugung von Wärme und andere Prozesse umwandeln kann. Während manche Lebewesen wie Fische, Würmer und Schlangen ihre Körpertemperatur der Umgebung anpassen, müssen Menschen, Säugetiere und Vögel diese unabhängig von Wetter und Klima nahezu konstant halten, um langfristig zu überleben. Und ein großer Spielraum bleibt da nicht: Selbst geringe Abweichungen von den rund siebenunddreißig Grad Kerntemperatur, die ein menschlicher Körper benötigt, können auf Dauer gefährlich werden. Energieproduktion und Energieabgabe müssen stets im Gleichgewicht sein. Diese Gleichung wird durch viele Faktoren beeinflusst, beim Winterwandern aber vor allem durch folgende Faktoren: Bewegungsintensität, Feuchtigkeit, Isolation und Energieaufnahme. Erstere erzeugt zusätzliche Wärme, wobei die spätestens, wenn man zu schwitzen beginnt, auch Nachteile haben kann. Gleichzeitig führen Müdigkeit und Erschöpfung wiederum zu einer schlechteren Wärmeproduktion. Feuchtigkeit ist niemals gut, weder in Form von Schweiß noch in Form von nasser Kleidung und Ausrüstung, denn Wasser ist besonders geschickt darin, die Wärme vom Körper abzuleiten. »Lieber trocken und kalt als nass und kalt« ist ein Spruch, den man da draußen und ganz besonders im Winter immer im Hinterkopf behalten sollte. Isolationsschichten führen dazu, dass die Wärme am und im Körper gehalten wird. Gelingt das nicht, vernachlässigt der Körper als Erstes jene Teile, die nicht lebensnotwendig sind. Daher kann man schon an den Händen und Füßen frieren, während der restliche Körper sich noch wohlig warm anfühlt. Je weiter die Temperatur fällt, desto mehr Prozesse werden zurückgefahren, und wenn es wirklich gefährlich wird, hat man längst schon wieder aufgehört zu zittern. Unterkühlte Personen erkennt man häufig daran, dass sie schläfrig und abwesend wirken. Und diese Hypothermie ist wohl eine der größten und gleichzeitig am meisten unterschätzten Gefahren für alle, die sich in der Natur bewegen. Man muss nicht erst in die Arktis fahren, um Erfahrungen damit zu sammeln. Das kann auch auf einem bayerischen Voralpengipfel ganz gut passieren oder eben im Thüringer Wald. Ich hatte mit all meiner Kleidung und ausreichend Proviant ziemlich gute Überlebenschancen, und doch waren mir die Gesetze der Physik deutlich bewusster als auf einer Tour unter milderen Umständen. Ich wurde ein bisschen mehr zu dem, was ich letztendlich vor allem war: eine Anhäufung von Zellen, Schauplatz komplexer Vorgänge, die einfachen, aber unumgänglichen Naturgesetzen folgten. Auch wenn ich Dinge wie Schneeschuhe und warme Jacken brauchte, in Schutzhütten übernachtete und manchmal sogar ein geöffnetes Restaurant erwischte, hatte es etwas Rohes, Echtes, mich unter solch erschwerten Bedingungen durch die Natur zu bewegen. Zumal ich mich dabei auf niemanden als mich selbst verlassen konnte. Wildnis bedeutet immer auch, sich seiner eigenen Verletzlichkeit bewusst zu werden. Das klappt bei einer Wintertour ganz besonders gut.

Ich trat aus der Hütte, dehnte und streckte mich, bevor ich den schweren Rucksack wieder auf meinen Rücken hieven und weiterwandern musste. Ich stand an einer Kreuzung, in jede Himmelsrichtung führte ein Weg, auf keinem davon war eine Spur zu sehen, außer meinen. Die Welt aus Schnee und Eis bestand in diesem Moment scheinbar nur für mich. Es war wundervoll. Wäre ich nicht allein unterwegs gewesen, hätte ich zu diesem Zeitpunkt bestimmt schon mindestens zehnmal »Oh, schau mal!« und »Wow, wie schön das ist!« gesagt. Wenn man alleine unterwegs ist, kann man das theoretisch zwar auch tun, der Effekt ist aber nie derselbe. So richtig wird man das Glück dann nicht los, kann es nicht abgeben, nicht teilen. Es bleibt so groß, dass es für eine einzelne Person schwer zu fassen ist, egal was man damit macht. Es ist ein wenig so, als versuche man, einen Mammutbaum zu umarmen.

»Happiness [is] only real when shared.« Glück ist nur echt, wenn man es teilt. In der Verfilmung *In die Wildnis* schreibt Christopher McCandless diese Worte in sein Notizbuch, nicht allzu lange bevor er in einem alten Campervan in der Wildnis Alaskas stirbt. Wenn man weiß, dass diese tragische Geschichte auf einer wahren Begebenheit beruht und jenes Buch mit dem Zitat tatsächlich gefunden wurde, können diese Worte wahrlich Gänsehaut verursachen und bewirken, dass man nach der nächstbesten Hand greifen und sie nie wieder loslassen möchte. Allerdings wurden diese Worte auch von jemandem geschrieben, der die Sache mit der Einsamkeit zuweilen ins Extrem getrieben hat, den wohl nicht zuletzt das Gefühl von mangelnder Zugehörigkeit zu seiner Familie und zur Gesellschaft überhaupt erst dazu gebracht hat. Dem die Möglichkeit, das eigene Glück oder auch das eigene Unglück mit anderen Menschen teilen zu können, oft verwehrt blieb. Dennoch begegnet einem wohl kein Zitat häufiger, wenn es um das Thema Alleinreisen geht. Und ich fühle mich davon manchmal fast schon persönlich angegriffen, so als würde es mein persönliches Glück, das ich schon auf so vielen Solo-Touren gefunden habe, schmälern. In meinem Kopf fällt es dann zusammen mit all den mitleidigen Blicken und sorgenvollen Nachfragen, die man als allein reisender Mensch, und insbesondere als allein reisende Frau, immer wieder erfährt. Regelmäßig muss man sich dafür rechtfertigen, dass man solo unterwegs ist. Erklären, warum man solo unterwegs ist. Betonen, dass man *gern* solo unterwegs ist, einfach nur, damit die Blicke nicht noch mitleidiger werden. Ich habe noch nie eine allein reisende Person getroffen, die diese Erfahrung nicht gemacht hat. Und obwohl ich ziemlich genau weiß, warum ich tue, was ich tue, lassen mich solche Nachfragen manchmal zweifeln: Vielleicht mache ich ja doch irgendwas falsch? Vielleicht verpasse ich das Beste im Leben, weil ich so viel Zeit allein verbringe? Und gleichzeitig bin ich früher wohl einer derjenigen Menschen gewesen, die verwundert ebendiese Fragen gestellt hat.

»Ich wüsste gar nicht, was ich dann machen sollte, wenn ich irgendetwas Schönes sehe«, habe ich früher mehr als einmal gesagt, wenn es um das Thema Alleinreisen ging. Und ja, auch meine erste Solo-Reise geschah in gewisser Weise aus Zwang. Ich musste Urlaub nehmen, und niemand hatte Zeit, also fuhr ich eben allein. Doch auch damals schon steckte mehr dahinter. Ich wollte wissen, *was* ich machen würde, wenn ich etwas Schönes sehe. Wie sich das anfühlt, ganz auf sich allein gestellt zu sein. War auf der Suche nach jener Form von Einsamkeit, die über alle Maßen vielschichtiger ist als das, was wir gemeinhin in dieses Wort hineininterpretieren. Nach jener Form von Einsamkeit in der Natur, für die es im Deutschen kein richtiges Wort gibt und die man im Englischen mit *solitude* bezeichnen würde. Abgeschiedenheit. Natureinsamkeit. *Solitude* ist im Gegensatz zu Einsamkeit (im Sinne von *loneliness*) primär positiv besetzt. »Loneliness is the poverty of self; solitude is the richness of self« hat die US-amerikanische Schriftstellerin May Sarton einmal gesagt – auf Deutsch etwa: »Einsamkeit ist die Armut des Selbst; *solitude* ist der Reichtum des Selbst.« Vermutlich jeder Mensch, der schon einmal ganz allein und ganz bewusst auf einem Berggipfel saß oder einfach irgendwo im Wald, kennt diesen Reichtum. Und auch ich habe ihn gefunden, auf meiner ersten Solo-Reise und auf vielen danach. Seit zehn Jahren bin ich nun vorrangig »Alleinreisende«. Gleichzeitig bin ich längst nicht immer allein unterwegs. Während ich viele meiner Reisen und insbesondere auch meine mehrwöchigen oder gar mehrmonatigen Touren solo gemacht habe, war ich immer wieder auch mit anderen unterwegs. Mit Freundinnen, Blogger-Kolleginnen und Partnern. Ich weiß, wie es ist, Erlebnisse auf Reisen und in der Natur zu teilen. Noch dazu mit Menschen, bei denen ich ganz ich selbst sein und mit denen ich meine Liebe zum Draußensein teilen kann. Mit denen ich albern sein und tiefgründige Gespräche führen kann, ohne Punkt und Komma quatschen oder stundenlang schweigen. Diese Reisen sind mir in wunderbarer Erinnerung geblieben, nicht obwohl, sondern gerade weil ich nicht allein unterwegs war. Und dennoch suche ich immer wieder vor allem die Einsamkeit in der Natur. Doch auch diese Erfahrungen bleiben meist nicht gänzlich ungeteilt. Meine Kamera hält fest, was ich gesehen habe. Meine Schreiberei, was ich erlebt und gespürt habe. Und Videoanrufe kann man mittlerweile von erstaunlich abgelegenen Orten tätigen. Ich teile meine Reiseerlebnisse auf viele verschiedene Arten, natürlich nicht alles und nicht immer, aber doch regelmäßig. Mal ad hoc und einigermaßen ungefiltert, mal erst viel später und mühevoll aufbereitet. Aber selbst in ein ganzes Buch passen keine vierundzwanzig Stunden Leben, und in eine Whatsapp-Nachricht schon gar nicht. Zumal man vieles einfach nicht in Worte, nicht in Bilder fassen kann, sosehr man es auch möchte. Und die Sache ist ja die: Selbst wenn zwei Personen exakt denselben Sonnenuntergang am Meer erleben, teilen sie nicht das gleiche Erlebnis. Angereichert durch individuelle Erfahrungen, Wünsche und Sehnsüchte löst der Sonnenuntergang in einem Menschen vielleicht Erinnerungen aus, im anderen Hoffnung für die Zukunft oder ein Gefühl des Augenblicks. Zufriedenheit, Erfüllung, Faszination, Klarheit oder Freude kann der Anblick der untergehenden Sonne genauso bewirken wie Wehmut, Traurigkeit oder gar Wut. Und während man sich darauf einigt, dass die Farben wirklich atemberaubend sind und dass man so froh ist, genau jetzt gerade hier zu sein, verfolgt das eine Paar Augen die Möwen, während das andere auf den Wellen ruht, vermisst das eine Herz einen verlorenen Menschen, während das andere hoffnungsvoll Zukunftspläne schmiedet. Ich finde: Glück ist vor allem *anders*, wenn man es teilt. Und letztendlich ist Glück immer eine individuelle Erfahrung, die man nur in Ansätzen überhaupt teilen kann. Einerseits, was das große Ganze betrifft – also jene Form von Glück, die eher unterschwellig und selbst dann noch vorhanden ist, wenn sie zwischenzeitlich von Negativem überlagert wird. Andererseits aber auch all die kleinen, vor Endorphinen nur so triefenden Glücksmomente betreffend, die das Erleben einer Reise vor allem ausmachen. Und die nach und nach dazu beitragen, dass jenes große Glück überhaupt erst entstehen kann. Wo und wie man diese Momente findet, ist wohl vor allem eines: sehr individuell. Und für manche zählt in solchen Momenten das Gefühl von Gemeinschaft, Freundschaft und Miteinander mehr als für andere. Wenn ich meine Reisen der letzten zehn Jahre Revue passieren lasse und an Momente denke, in denen ich versucht habe, den Mammutbaum namens Glück zu umarmen, dann fallen mir spontan Erlebnisse aus beiden Kategorien ein. Der Sonnenuntergang am Grand Canyon wäre ohne meine Freundin viel weniger schön gewesen. Gleichzeitig denke ich an den Sonnenaufgang, den ich bei meinem zweiten Besuch dort auf dem Weg ganz hinunter zum Grund des Canyons völlig allein erleben durfte, mindestens genauso gern zurück. Meine erste Wildzeltnacht in Schottland wäre mit Begleitung ziemlich sicher nicht mal annähernd so besonders und prägend gewesen. Das Gefühl, als Erika mir auf unserer elftägigen Trekkingtour über die südafrikanischen Drakensberge frischen Kaffee an mein noch gefrorenes Zelt brachte, war allerdings auch schwer zu toppen. Als ich die Buckelwale in Alaska gesehen habe, wäre ich am liebsten ganz allein auf dem Boot gewesen und definitiv ohne die Frau neben mir, die die ganze Zeit »Oh my god, oh my god!« in mein Ohr gebrüllt hat. Gleichzeitig war es ein besonderes Erlebnis, zu spüren, wie ein einziger Meeressäuger ein Boot voller verschiedener Menschen in ihrer Bewunderung vereinen kann. Ich möchte all diese und viele weitere Erinnerungen nicht missen, keine davon verändern. Wenn ich jedoch darüber nachdenke, welche Momente und Situationen auf Reisen mich wirklich nachhaltig positiv verändert haben, dann sind es doch vor allem jene, die ich ganz für mich erlebt habe. Ein Gefühl tiefen Glücks im Sinne von grundlegender Zufriedenheit mit dem eigenen Leben – also das, was auch Christopher McCandless vermutlich gemeint hat, als er die berühmten Worte in sein Tagebuch schrieb – kann man als sozial veranlagtes Wesen vielleicht wirklich nur haben, wenn man dieses Glück, und dieses Leben, auf irgendeine Art und Weise mit anderen teilen kann. Und sei es »nur« durchs Schreiben. All die kleinen und großen Momente, die unser Leben wertvoll machen, all die Sonnenuntergänge, Begegnungen mit wilden Tieren und Kaffees vorm Zelt sind allein erlebt per se nicht weniger wertvoll, nicht weniger glücklich machend. Gleichzeitig ist Zeit, die man allein verbringt, in unserer Gesellschaft, in fast allen Gesellschaften, nicht gerade hoch angesehen. Wer viel Zeit allein verbringt, muss ja irgendwie seltsam und weniger glücklich sein. Und während Männer dann immerhin oft noch als verruchte Abenteurer durchgehen, sind Solo-Frauen im gebärfähigen Alter vor allem zu bemitleiden. Während ich denke, dass nicht jeder Mensch in gleichem Maße fürs Alleinsein, noch dazu fürs glückliche Alleinsein gemacht ist, bin ich auch davon überzeugt, dass jeder Mensch zumindest manchmal ganz bewusst die Einsamkeit suchen sollte. Denn nur allein kann man wirklich in den Austausch mit sich selbst treten. Kann die Gedanken wandern lassen. Ihnen zuhören, und wenn man nur lange genug zugehört hat, kann man sich mit an den Tisch setzen und Urteile voller Klarheit fällen. Vieles von dem, was ich heute wirklich wissen und können muss, habe ich in Wäldern oder auf Bergen gelernt, so kitschig das nun auch klingen mag. Allem voran: mir selbst zuzuhören und nicht nur anderen. Allein diese Verbindung aufzubauen kann schon unwahrscheinlich glücklich machen. Das Erleben von Wildnis ist immer eng mit dem Gefühl von *solitude* verbunden. Diese Art von Natureinsamkeit bedeutet, den Schlag des eigenen Herzens, aber auch den der Welt genauer zu spüren. Und die Erkenntnis, dass das eine untrennbar mit dem anderen verbunden ist. Nicht in religiöser oder sonst wie spiritueller Hinsicht, sondern ganz greifbar, rational und echt. Die Wildnis ist vielleicht der einzige Ort, an dem man sich allein und gleichzeitig mit allem verbunden fühlen kann.

Noch bevor ich die Augen aufschlug, spürte ich, dass sich etwas verändert hatte. Die Vögel sangen, wenn auch zaghaft. In den letzten Tagen hatte ich niemals mehr als ein leises Piepen vernommen, und selbst das nur höchst selten. Und dann sah ich es. Die Bäume rund um meine Hütte hatten einen großen Teil der am Vortag noch so dick auf ihnen liegenden weißen Schicht verloren. Der Schnee war in sich zusammengefallen und vom Einsickern dicker Tropfen durchlöchert. Die eisige Kälte, die mir sonst morgens in den Körper gefahren war, sobald ich den Schlafsack verlassen hatte, blieb heute aus. Der Gaskocher surrte ohne Probleme und kochte das Kaffeewasser in Rekordgeschwindigkeit. Mit der Tasse in der Hand trat ich aus der Hütte. In meinen Fußspuren vom Vortag hatten sich kleine Pfützen gesammelt, der Schnee auf dem Spitzdach der Hütte war weit nach unten gerutscht. Der schmale Bach säuselte nicht mehr, sondern gluckerte laut. Und weiter unten an seinem Ufer scharrten zwei Rehe hoffnungsfroh im Schnee. Über Nacht war die Temperatur klammheimlich über den Gefrierpunkt gestiegen, hatte einfach alles verändert, und ich konnte nur tatenlos zusehen, mich in Akzeptanz üben. In den letzten Tagen hatte ich in einer dieser perfekten Welten gelebt, die eigentlich nur in Schneekugeln existierte, und jetzt war das Glas der Kugel zersprungen. Ich zögerte den Start meiner Wanderetappe besonders lange hinaus, trank noch einen zweiten Kaffee, las ein bisschen – denn ich wusste, was mich erwartete, sobald ich losging. Statt durch lockeren Pulverschnee galt es nun, durch Schneematsch zu schlurfen. Ungleich anstrengender und ungleich weniger schön. Zudem tropfte der tauende Schnee unentwegt auf mich, immer wieder rutschte eine ganze Astladung auf mich herunter. Eine gute Stunde lang ergab ich mich meinem Schicksal, dann beschloss ich, es wieder selbst in die Hand zu nehmen. In Deutschland war die Zivilisation nie weit von der Wildnis entfernt, und diese Tatsache erwies sich nun ausnahmsweise als Segen. Ich sagte dem Rennsteig Lebewohl, bog linker Hand auf einen Pfad ab, der nicht mit dem weißen R markiert war. Das Gehen war immer noch mühsam, aber nun ging es immerhin stetig bergab. Hinunter von dem Höhenzug, den ich gestern noch nicht mal für einen Aussichtspunkt verlassen wollte. Eigentlich hatte ich geplant, noch ein paar Tage länger unterwegs zu sein, aber wenn man für eine Weile im Inneren einer Schneekugel gelebt hat, dann ist die Welt außerhalb erst mal schwer erträglich. Nach einigen Kilometern erreichte ich eine kleine Ortschaft, erspähte eine Bushaltestelle und lief schnurstracks darauf zu. In einer guten Stunde sollte der nächste Bus kommen – mein Schicksal war somit beschlossen. In der halb durchnässten Kleidung wurde mir ohne Bewegung schnell kalt, die schmale Haltestelle bot kaum Schutz vor dem Regen, der mittlerweile aufgezogen war. Um die Wartezeit zu überbrücken, baute ich ein letztes Mal meinen Gaskocher auf, fischte das letzte Tütchen mit Hafermilchpulver-Zucker-Kaffee-Gemisch aus meiner Proviantüte. Vielleicht sollte das einfach alles so sein. Die vorbeifahrenden Autos, die schreienden Schulkinder, die bellenden Hunde nahm ich kaum wahr. Ich war nur wenige Tage weg gewesen, war ja noch nicht mal so richtig weg gewesen, und doch fühlte ich mich dieser Welt im Moment kaum noch zugehörig. War noch hoch oben im Wald, als der Bus kam, um mich noch weiter von ihm fortzubringen. Ich ließ mich auf eine freie Bank fallen, kurz danach frisch geduscht auf ein warmes, mit frischen weißen Bettlaken bezogenes Bett. Blickte wehmütig durch das Fenster auf den dichten Regen und gleichzeitig dankbar auf die Glasscheibe davor, die mich vor ihm schützte. Es ist schon seltsam, dachte ich, dass man froh sein kann, nicht draußen zu sein, und gleichzeitig nirgendwo lieber sein will als genau da. Man könnte meinen, da schlügen zwei Herzen, aber eigentlich ist es nur eins. Ein Herz, das erkannt hat, dass das eine das andere nicht ausschließt. Dass beides zum Leben dazugehört. Dass die Wildnis, nach der es sich so sehr sehnt, kein Gegensatz ist, sondern ein Teil von ihm und ein Teil von allem, was es umgibt. Dass Wildnis immer dann passiert, wenn man eine Welt betritt, die größer ist als man selbst. Wenn man bereit ist, mehr über die Welt da draußen zu erfahren und auch über sich. Egal, ob für ein paar Stunden, Tage, Wochen, egal, ob in Alaska oder im Thüringer Wald.

Epilog

WILDERNIS

Hinter mir fiel das hölzerne Tor mit einem Krachen zu. Vor mir tat sich die Unendlichkeit auf. Ich schloss für einen Moment die Augen, atmete tief ein, dann setzte ich mich wieder in Bewegung. Der Boden federte unter mir, ließ mich mein Gewicht kaum spüren. Die Weite um mich herum weichte alle Grenzen auf. Ich konnte sehen, was im Kopf der Krähe vorging, als ich ihr näher kam. Flüchten oder bleiben? Wir entschieden uns beide fürs Fliegen, nur dass ich im Gegensatz zu ihr auf dem Boden blieb. Sie segelte dorthin, wo die anderen Krähen waren. Ein kahler Baum in karger Ebene, auf dem vermutlich schon viele Generationen von tiefschwarzen Rabenvögeln gesessen hatten. Sie krächzten mit rauen Kehlen und beobachteten mich mit skeptischem Blick. Ein kalter Wind fegte aus ihrer Richtung zu mir herüber, und der neue Tag nahm langsam Gestalt an. Ein Kaninchen zeigte mir den Weg in den Wald, das Netz an Pfaden zwischen den Stämmen. Manche von Menschen angelegt, andere von Tieren gemacht. Mal trafen sie sich, mal gingen sie sich aus dem Weg. Man konnte jeden der Pfade nehmen, denn alle führten überall- und nirgendwohin. Also genau dorthin, wo ich sein wollte. Schimmernder Nebel dampfte zwischen den Bäumen, transportierte den Geruch von feuchter Rinde und modrigem Holz. Ich sprang über tote Äste, während meine Augen die weißen Bäuche der Baumläufer an den Stämmen suchten. Irgendwo war hier eigentlich immer einer zu sehen. Als ich wieder aus dem Wald trat, war die Sonne da. Verdrängte die Mystik des Morgens, bis nichts mehr blieb außer Wärme und Licht. Ich lief schneller, und trotzdem verlangsamte sich mein Atem. Ich war nun warm, hatte meinen idealen Rhythmus gefunden. Alles um mich herum schien zu leben, zu atmen, und ich tat es meiner Umgebung gleich. Bewegen, leben, atmen. Einfach draußen sein. Einfach sein. Meine Augen waren auf den Pfad vor mir gerichtet, doch meine Aufmerksamkeit war überall. Ich spürte den sandigen Boden unter meinen Füßen, las in ihm flüchtig die Spuren jener, die mir vorausgegangen waren. Vor einigen Monaten war hier ein Wolf gesichtet worden, nur auf der Durchreise, aber wer weiß: Vielleicht kam er ja doch irgendwann mal wieder. Vielleicht würde er hier irgendwann finden, was auch ich gefunden hatte. Ein wildes Zuhause, das so wild gar nicht war. Irgendwann stand ich wieder am hölzernen Tor, und gerade, als ich es öffnen wollte, hörte ich den Schrei. Zaghaft, fast katzenartig rief der Mäusebussard in der Ferne. Ich würde wiederkommen. Ziemlich sicher schon morgen.

—

Während der Arbeit an diesem Buch bin ich an einen der wenigen Orte auf dieser Welt gezogen, die noch weniger wild sind als Deutschland. Mit über fünfhundert Einwohnern pro Quadratkilometer sind die Niederlande mehr als doppelt so dicht besiedelt. Und wirklich ursprüngliche Natur, niederländische *Wildernis*, sucht man hier meist vergeblich: Ganze Teile des Landes wurden durch Trockenlegungen überhaupt erst künstlich aus dem Meer geschaffen. Die Niederlande standen nicht gerade sehr weit oben auf meiner Liste der Länder, in denen ich gerne mal leben würde. Aber manchmal kommen die Dinge eben anders, als man denkt. Und ich bin sehr froh, dass sie anders kamen, als ich dachte. Zwischen Wiesen und Asphalt weiden hier wieder Wisente in den Dünen, brüten Seeadler hoch oben in den Bäumen, ziehen Wölfe in erstaunlich weitläufigen Wäldern ihren Nachwuchs groß. Das Land ist klein, der Himmel dafür umso größer, und in weniger als einer Stunde bin ich am Meer.

Manch niederländisches Naturgebiet wurde aktiv geschaffen, andere sind eher unfreiwillig entstanden. Eine große Flut im Jahr 1421 führte zu einem der größten Süßwasser-Gezeitengebiete weltweit, das heute als Nationalpark De Biesbosch geschützt ist. Eine nicht ganz nach Plan verlaufene Landgewinnung für ein Paradies aus Riedmoor und Grasland. Im Jahr 2017 verhungerten dort auf den weiten Flächen von Oostvaardersplassen unzählige Pferde, Rinder und Hirsche. Man hatte den Versuch, die Natur sich selbst zu überlassen, eventuell etwas zu weit getrieben. Ein in gewisser Weise trauriges, aber eindrückliches Beispiel dafür, was Wildnis heutzutage bedeutet, nicht nur in den Niederlanden oder in Deutschland, sondern nahezu überall auf der Welt. Wildnis ist fast nur noch durch menschliche Eingriffe möglich oder eben durch die bewusste Entscheidung, nicht einzugreifen. Paradox, da man Wildnis ja eigentlich gerade durch die Abwesenheit menschlichen Einflusses definiert. Das, was einst naturgegeben war, ist nun größtenteils Konstrukt. Wildnis zu bewahren ist ein mitunter kompliziertes Unterfangen, Wildnis wiederherzustellen noch viel mehr, auch wenn das mehr am Drumherum liegt als an der Sache selbst. Sich selbst zu verwildern ist hingegen deutlich weniger kompliziert, sogar sehr viel einfacher, als ich lange Zeit dachte. Man muss keine Kurse belegen, keine Flugzeuge besteigen und keine lebensgefährlichen Expeditionen bestreiten. Man muss einfach nur nach draußen gehen. Und dieses Draußen nicht als etwas begreifen, das auf der anderen Seite liegt, lediglich schöne Kulisse ist. Sondern als einen Ort, an dem man zu Hause ist oder zumindest sein könnte, wo auch immer man sich gerade aufhält.

Der Beginn meiner aktiven Recherche für dieses Buch begann genau genommen gar nicht in Deutschland, sondern hier in den Niederlanden. Zu einer Zeit, in der die Corona-Pandemie dazu geführt hatte, dass Herbergen niemanden beherbergen durften und Grenzübertritte selbst ins europäische Nachbarland mit bürokratischen Hürden verbunden waren, war etwas anderes kaum möglich. Es war eine Zeit, in der viele ihre Heimat neu entdeckten. Und für mich war es eine Zeit, in der ich meine neue Heimat entdeckte. So setzte ich mich eines Morgens aufs Fahrrad und machte mich auf zu einer großen Tour. Ich hatte eine lose Route geplant, die mich durchs ganze Land und vor allem zu allen einundzwanzig Nationalparks des Landes führen sollte. Zur von weitläufigen Dünen gesäumten Westküste und den tief ins Land schneidenden Meeresarmen. Zu Flüssen und Feuchtgebieten, Mooren und Meeren von Sand, die von Wald und Heide umringt sind. Zu den größten zusammenhängenden Waldgebieten der Niederlande, an deren nördlichen Ausläufern mein Basislager liegt. Und es war diese Reise, die mir die nötige Zuversicht gab. Für mein Buchprojekt, vor allem aber auch für die Erfüllung des Wunsches, der dahintersteckte: die Wildnis zu finden, egal wo ich war. Und genau genommen muss ich dafür noch nicht mal wochenlang durch ein Land radeln. Ich muss mich einfach nur zu meiner täglichen Laufrunde aufmachen, die direkt hinter dem hölzernen Tor beginnt.

Als ich mit diesem Buch begann, dachte ich, dass es mich nach getaner Arbeit bestimmt in die Ferne ziehen würde. Irgendwohin weit weg eben, in die richtige Wildnis, oder zumindest an einen Ort, an dem ganz viel Platz ist. Aber man kommt nie so aus der Wildnis zurück, wie man in sie hineingegangen ist. Und so habe ich mir für die Woche nach der Manuskriptabgabe ein kleines Ferienhaus in Holland gebucht. Es steht mitten im Wald, ziemlich allein, und die Vermieterin schreibt, dass man dort oft Dachse, Füchse und Wildschweine sehen kann. Irgendwann in eine einsame Hütte nach Alaska zu ziehen ist nach wie vor eine Option für mich, zumindest in meinen Träumen. Und meine Suche nach der Wildnis ist noch nicht abgeschlossen. Das wird sie wohl niemals sein, und das ist auch gut so. Aber ich bin ihr ein großes Stück nähergekommen. Wasseramsel für Wasseramsel. Schritt für Schritt.

TIPPS FÜR EIGENE ENTDECKUNGSREISEN

Im Folgenden stelle ich einige der Touren, die ich für dieses Buch unternommen habe, genauer vor und gebe ein paar Tipps zum Nachreisen. Ein Wildnis-Versprechen kann ich zwar nicht geben, aber lohnenswert sind diese Touren allemal. Zu einigen davon gibt es auch ausführlichere Berichte auf meinem Blog: www.fraeulein-draussen.de

DER ALBSTEIG IM SCHWARZWALD

Route: Der Albsteig (nicht zu verwechseln mit dem gleichnamigen Weg auf der Schwäbischen Alb) führt auf 83 Kilometern und 2700 Höhenmetern durch den äußersten Süden des Schwarzwalds. Immer entlang des Flüsschens Alb, von Albbruck an der Schweizer Grenze bis an den Feldberg, seines Zeichens höchster Gipfel im Schwarzwald. Auf dem Weg dorthin passiert man felsige Schluchten mit zahlreichen Wasserfällen, viele schöne Aussichtspunkte über das Tannenmeer und kleine, idyllische Schwarzwald-Dörfchen.

Anreise: Möchte man den gesamten Albsteig wandern, empfiehlt sich am ehesten die Anreise zum Bahnhof Albbruck. Entlang des Weges gibt es einige Busverbindungen.

Reisezeit: Der Herbst ist zweifelsohne eine tolle Jahreszeit für den Schwarzwälder Albsteig, wobei das ja in gewisser Weise auf so ziemlich alle Wanderwege zutrifft, die durch Misch- und Laubwälder führen. Insgesamt ist die Zeit von April bis Oktober wohl am besten geeignet, da es im Winter auf den schmalen Steigen in den Schluchten glatt und rutschig werden kann. Außerdem herrscht im Gebiet des Feldbergs dann Wintertrubel. Wer im Winter auf dem Weg unterwegs sein will, sollte auf jeden Fall Grödel und Wanderstöcke dabeihaben.

Anforderungen: Den ein oder anderen steilen Anstieg gilt es zu bewältigen, sonst erwarten einen auf der Route keine größeren Schwierigkeiten. Die Etappen kann man einigermaßen flexibel planen und gut an das persönliche Fitnesslevel anpassen. Der Weg ist bestens markiert, und man stößt regelmäßig auf Wegweiser mit Standort- und Entfernungsangaben.

Übernachtung: Je nach Etappenplanung und Jahreszeit hat man in Sachen Unterkunft mehr oder weniger Auswahl, die von Campingplätzen und kleinen Pensionen bis zu größeren Hotels reicht. Zudem gibt es seit 2020 drei buchbare Trekkingcamps entlang des Weges. Daneben kann man auch an drei sogenannten Trekking-Stützpunkten das Zelt aufschlagen.

Mehr Infos: https://albsteig.de/

MAXIMILIANSWEG IN BAYERN

Route: Über gut 400 Kilometer mit circa 20 000 Höhenmetern führt der Maximiliansweg einmal komplett über die bayerischen Alpen. Vom Bodensee mit einem kurzen Abstecher in den Bregenzer Wald durch die Allgäuer und Ammergauer Alpen, die bayerischen Voralpen und die Chiemgauer Alpen bis in die Berchtesgadener Alpen und schlussendlich zum Königssee. Unterwegs passiert er einsame Bergtäler und beliebte Ausflugsgipfel, entlegene Hütten und gut besuchte Touristenziele wie Schloss Neuschwanstein. Es existieren auf manchen Abschnitten verschiedene Routenvarianten. Inspiriert wurde diese Wanderroute durch eine historische Reiseroute von König Maximilian II. im Jahr 1858.

Anreise: Start, Ziel und viele Zwischenziele sind sehr gut an das Bahn- und Busnetz angeschlossen.

Reisezeit: Höchster Punkt des Maximiliansweges ist mit einer Höhe von 2082 Metern die Hochplatte, die je nach Schneelage nur in den Sommermonaten von Juni bis September sicher begehbar ist. Wenn man die höheren Punkte des Maximiliansweges umgeht, was auf Alternativrouten möglich ist, kann man ggf. auch noch etwas früher beziehungsweise später im Jahr unterwegs sein.

Anforderungen: Für manche Abschnitte ist Trittsicherheit und Schwindelfreiheit sowie Erfahrung im Bergwandern Voraussetzung. Auf großen Strecken führt die Route aber auch über zum Teil sehr einfache Bergwanderwege und Forststraßen. Letztere können sich streckenweise auch mal ein wenig in die Länge ziehen, was dann eher eine Herausforderung für den Kopf als für die Beine darstellt. Der Maximiliansweg ist nicht durchgehend beschildert, die allgemeine Wanderbeschilderung entlang der Route ist aber sehr gut.

Übernachtung: Die Route führt regelmäßig durch touristisch gut erschlossene Talorte mit einer relativ großen Auswahl an Unterkünften. Auch einige Berghütten liegen auf dem Weg, die allerdings durch ihre gute Erreichbarkeit oft schon früh im Jahr ausgebucht sind.

Mehr Infos: Es sind diverse Reiseführer erhältlich, die neben der Hauptroute auch einfachere Varianten und Schlechtwetter-Alternativen vorstellen. Ich kann zum Beispiel den vom Rother Bergverlag empfehlen.

BIKEPACKING RUND UMS SAARLAND

Route: Diese Route, die grob der Fernradroute Saarland-Radweg folgt, aber speziell an Gravelbikes angepasst wurde, führt auf rund 400 Kilometern einmal komplett um das Bundesland. »10 Orte im Saarland, die man unbedingt gesehen haben muss«, findet man auf dieser Route eher nicht, dafür aber ganz viel Landschaft, menschenleere Wege und Pfade, kleine Dörfchen, entspannte Aussichten und viele Einblicke in das Saarland jenseits der berühmten Saarschleife (wobei Letztere mit einem kleinen Umweg ebenfalls erreicht werden kann).

Anreise: Saarbrücken bietet sich aufgrund der guten Erreichbarkeit als Start- und Zielpunkt an.

Reisezeit: Da die Route viel über tendenziell wenig genutzte Wege führt, ist die Tour auch für die Hauptsaison eine gute Alternative. Bei entsprechenden Bedingungen ist sie aber natürlich ganzjährig möglich.

Anforderungen: Mit etwa 7000 Höhenmetern sind recht viele Steigungen zu bewältigen, die Anstiege sind manchmal steil, allerdings nie übermäßig lang. Außerdem führen (fast) alle Etappen immer wieder auch über einfache Mountainbike-Trails oder Wanderwege. Die sind größtenteils auch mit einem Gravelbike befahrbar, allerdings kommt man dabei manchmal nur langsam voran oder muss sogar hier und da mal absteigen und ein kurzes Stück schieben.

Übernachtung: Es liegen mehrere Campingplätze und ein Trekkingplatz auf dem Weg. Man kann die Tour aber auch komplett mit Unterkünften und ohne Zelt fahren.

Mehr Infos: https://fraeulein-draussen.de/bikepacking-tour-saarland-gravelbike

FORSTSTEIG IN DER SÄCHSISCHEN SCHWEIZ

Route: Der Forststeig ist 105 Kilometer lang und verläuft im linkselbischen Teil der Sächsischen und Böhmischen Schweiz. Teils auf deutscher, teils auf tschechischer Seite führt die noch recht neue Route zu einigen beliebten Ausflugszielen wie dem Hohen Schneeberg, aber auch viel über ruhige und abgelegene Pfade. Das Highlight sind natürlich die vielen Sandsteinformationen, die diese Region so besonders machen.

Anreise: Die Bahnhöfe Bad Schandau und Schöna sind dank der Elbtalbahn ab Dresden schnell erreichbar.

Reisezeit: Die Trekkingplätze und Hütten sind von April bis Oktober geöffnet.

Anforderungen: Die Route führt oft abgelegen durch wild anmutende Landschaft. Für die mitunter steilen und holprigen Pfade ist etwas Trittsicherheit und Kondition notwendig. Das gilt insbesondere natürlich auch, wenn man mit Trekkinggepäck unterwegs ist.

Übernachtung: Es gibt diverse Trekkingplätze und auch frei nutzbare Biwakhütten entlang der Route. Diese müssen nicht vorgebucht werden, man benötigt aber ein Ticket. Die Tickets kosten 10 Euro pro Stück und Übernachtung, sind online oder bei einigen Geschäften vor Ort erhältlich und müssen vorab gekauft werden.

Mehr Infos: https://www.forststeig.sachsen.de/

URWALDSTEIG IN HESSEN

Route: Der Urwaldsteig führt auf rund 68 Kilometern und knapp 1900 Höhenmetern einmal rund um den Ederstausee und dabei teilweise auch durch den Nationalpark Kellerwald-Edersee. Immer wieder kann man unterwegs tolle Ausblicke über den lang gezogenen See erhaschen, am allerschönsten sind aber natürlich die alten und naturbelassenen Laubwälder.

Anreise: Der Edersee ist mit dem Nationalparkbahnhof in Herzhausen sowie dem Bahnhof in Bad Wildungen bequem per Zug aus allen Richtungen zu erreichen.

Reisezeit: Aufgrund der vielen Laubbäume ist der Urwaldsteig im Herbst zur Laubfärbung wohl am eindrucksvollsten. Im Frühling, wenn das frische Grün sprießt, ist der Weg bestimmt auch keine schlechte Wahl. Im Sommer bieten die schattigen Wälder selbst bei hohen Temperaturen angenehmes Wanderklima, dafür muss man beim See mit niedrigem Wasserpegel rechnen.

Anforderungen: Die Wegführung des Urwaldsteigs ist sehr gelungen und führt viel über schmale Wege und Steige. Die sind nicht weiter schwierig, aber manchmal steil und je nach Witterung auch etwas rutschig.

Übernachtung: Es gibt einige Unterkünfte und Campingplätze entlang der Route, aber nicht im Überfluss. Je nach Etappeneinteilung und Verfügbarkeit kann beziehungsweise muss man von der Fährverbindung Gebrauch machen.

Mehr Infos: www.urwaldsteig-edersee.de

HEIDSCHNUCKENWEG IN DER LÜNEBURGER HEIDE

Route: Der Heidschnuckenweg ist 223 Kilometer lang und führt vom Süden Hamburgs nach Celle, einmal quer durch die Lüneburger Heide. Für mich waren die Abschnitte zwischen Buchholz und Bispingen im Norden und zwischen Müden und Scheuen am schönsten. Dort findet man weitläufige Heideflächen, wobei es auf dem südlichen Abschnitt noch mal deutlich ruhiger zugeht. Im Norden hingegen ist die Wegführung des Heidschnuckenwegs besonders schön. Im mittleren Teil gibt es quasi keine Heide, und man wandert vor allem über oftmals eher monotone Forst- und Feldwege. Das ist definitiv etwas weniger reizvoll, aber auch dort findet man viel Ruhe und schöne Ecken.

Anreise: Der Startpunkt ist mit einer kurzen Bahnfahrt ab Hamburg-Hauptbahnhof erreichbar, und Celle ist ebenfalls gut an das Bahnnetz angeschlossen. In den Sommermonaten verkehren kostenlose Shuttlebusse, sodass man gut auch nur einzelne Etappen von A nach B wandern kann.

Reisezeit: Viele würden jetzt sagen: Am schönsten ist der Heidschnuckenweg, wenn die Heide blüht! Das tut sie im späteren Sommer (die Faustregel lautet: zwischen dem 08. 08. und dem 09. 09.), und der lilafarbene Teppich ist zweifelsohne ein toller Anblick. Zu dieser Zeit ist es dann allerdings auch eher voll auf dem Heidschnuckenweg. Wer auf lila Blümchen verzichten kann und möglichst viel Ruhe und Einsamkeit sucht, ist in der Nebensaison gut aufgehoben.

Anforderungen: Auf den nördlichsten Abschnitten des Heidschnuckenwegs geht es durchaus etwas hügelig zu, alles in allem ist der Weg mit rund 2000 Höhenmetern über die gesamte Strecke aber sehr flach und birgt auch sonst keine nennenswerten Schwierigkeiten. Das macht den Heidschnuckenweg auch zum perfekten Weitwanderweg für Anfänger. Der Weg ist durchgehend und in relativ kurzen Abständen in beide Gehrichtungen markiert.

Übernachtung: Je nach Abschnitt können Unterkünfte entlang des Heidschnuckenwegs etwas rar gesät sein. Es empfiehlt sich eine gute Recherche vorab, im Voraus zu buchen kann sinnvoll sein.

Mehr Infos: https://www.heidschnuckenweg.de/

WANDERN ENTLANG DER ISAR VON IHREM URSPRUNG NACH MÜNCHEN

Route: Mit dem Isar-Radweg gibt es zwar eine Radroute entlang der kompletten Isar, ein durchgehendes Äquivalent für Wanderer jedoch nicht. Deswegen habe ich mir für meine Wanderung vom Isar-Ursprung bis nach München meine eigene Route gebastelt, die immer möglichst nah am Wasser bleibt – zumindest dort, wo es Sinn macht – und gleichzeitig möglichst wanderfreundlich ist. Letztendlich war bei den 160 Wanderkilometern so ziemlich alles dabei, was man sich nur vorstellen kann: von zähen Forststraßen bis zum perfekt ausgebauten Wander- bzw. Radweg, vom schmalen, überwucherten Trail bis hin zum (nicht wirklich vorhandenen) Randstreifen einer Bundesstraße. Die Wanderung hatte durchaus so ihre Längen und einige weniger charmante Abschnitte, aber auch viele wunderschöne. Nachwandern empfohlen für alle, die sich für die Idee einer nicht immer perfekten, aber dafür ziemlich besonderen Wanderung begeistern können. Ansonsten ist der knapp 300 Kilometer lange Isar-Radweg natürlich auch eine schöne Alternative.

Anreise: Scharnitz ist per Bahn über Garmisch erreichbar. Ab dort gibt es einen buchbaren Shuttle-Service durchs Hinterautal bis zum Isarursprung, falls man den Weg nicht doppelt gehen möchte.

Reisezeit: Von Mai bis September/Oktober ist die beste Zeit für diese Tour, da man sonst in Alpennähe vermehrt mit Schnee rechnen muss.

Anforderungen: Die Tour führt größtenteils über breite Wege, teils auch über schmale, aber unproblematische Pfade.

Übernachtung: Die Strecke ist mit Zelt und Übernachtung auf Campingplätzen möglich. Ansonsten gibt es aber auch ausreichend Unterkünfte.

Mehr Infos: https://fraeulein-draussen.de/wandern-isar-ursprung-muenchen/

DREI TAGE PADDELN AUF DER ALTMÜHL

Route: Die Altmühl ist mit 227 Kilometern der zweitlängste Fluss Bayerns und einer der beliebtesten Bootswanderflüsse Deutschlands. Sie entspringt nordöstlich von Rothenburg ob der Tauber und mündet bei Kehlheim in die Donau. Im oberen Drittel sucht sich die Altmühl ihren Weg durch flache bis leicht hügelige Wiesenlandschaften. Gegen Ende ist sie Teil des Main-Donau-Kanals und wird auch von Schiffen befahren. Der landschaftlich und auch paddeltechnisch schönste Abschnitt der Altmühl liegt zwischen Treuchtlingen und Eichstätt, wo der Fluss durch das fränkische Juragestein fließt. In drei Tagen kann man die rund 45 Paddelkilometer ziemlich gemütlich zurücklegen.

Anreise: Treuchtlingen und Eichstätt sind mit dem Zug erreichbar, und auch zwischendrin gibt es immer wieder Anbindung an öffentliche Verkehrsmittel.

Reisezeit: Von Mai bis Oktober ist die beste Zeit für eine Paddeltour auf der Altmühl, weil dann auch alle Camping- und Bootsrastplätze nutzbar sind. In den Sommermonaten sollte man immer den Wasserpegel beachten, besonders im Zeitraum vom 1. April bis 15. Juni, der für viele Fischarten die Hauptlaichzeit und für Vögel die Zeit für Brut und Aufzucht des Nachwuchses bedeutet. Auf der Webseite des Naturparks Altmühltal gibt es (in diesem Zeitraum) eine stetig aktualisierte Ampel, die den Pegelstand für die drei Hauptabschnitte der Altmühl anzeigt. Falls möglich, sollte man die Ferienzeit und Feiertage meiden.

Anforderungen: Die Altmühl gilt als langsamster Fluss Bayerns und weist kaum nennenswerte Strömung auf. Zudem gibt es auf den insgesamt rund 150 (sinnvoll) paddelbaren Kilometern keine Risiken wie Wildwasser oder Schiffsverkehr. Das, gemeinsam mit der sehr guten Infrastruktur für Paddler, macht die Altmühl auch zum idealen Fluss für Einsteiger und Familien.

Übernachtung: Es gibt vier Bootsrastplätze direkt an der Altmühl, also sehr einfache Campingplätze speziell für Paddler mit minimaler Ausstattung (ähnlich wie Trekkingplätze). Eine rudimentäre Toilette ist immer vorhanden, teilweise auch eine Feuerstelle, eine kleine Hütte oder Wasseranschluss. Zudem liegen die Bootsrastplätze am Rande einer Ortschaft. Daneben gibt es auch einige kleinere und größere Campingplätze, auf denen Paddler mit Zelt stets willkommen sind. Ein Stellplatz für ein kleines Zelt findet sich dort eigentlich immer, sodass eine Reservierung in den allermeisten Fällen nicht notwendig sein dürfte. Möchte man auf Nummer sicher gehen oder ist zum Beispiel zu Stoßzeiten wie dem Pfingstwochenende unterwegs, schadet das aber bestimmt nicht.

Mehr Infos: https://www.naturpark-altmuehltal.de/bootwandern/

WANDERN UND RADFAHREN AM GRÜNEN BAND

Route: Mit der Bezeichnung Grünes Band ist jener rund 1400 Kilometer lange Streifen gemeint, der einst die innerdeutsche Grenze war und sich von Travemünde an der Ostsee bis zum Dreiländereck im Vogtland zieht. Entlang alter Grenzpfade und des Kolonnenwegs kann man zu Fuß an dieser Linie entlangwandern, auf der Suche nach verwilderter Natur und historischen Schauplätzen. Möchte man das Grüne Band mit dem Rad erkunden, sollte man sich an den Iron Curtain Trail bzw. EuroVelo 13 halten, da die Wanderstrecke auf Dauer nicht angenehm zu fahren ist. Beide Routen sind nicht durchgehend markiert, und man muss für die Navigation auf GPS-Routen und / oder Kartenmaterial zurückgreifen.

Reisezeit: Das Grüne Band ist ganzjährig ein geeignetes Tourenziel, zumal es viel durch eher abgelegene Regionen verläuft. Das Grün, das schon im Namen steckt – und das nicht ohne Grund –, kommt im Frühling und Sommer aber natürlich besonders gut zur Geltung.

Anforderungen: Viele Regionen entlang des Grünen Bandes sind touristisch eher wenig erschlossen, sodass die Suche nach Unterkünften und Verpflegungsmöglichkeiten die größte Schwierigkeit darstellen dürfte. Ausnahmen bestätigen natürlich die Regel, wie zum Beispiel der knapp 100 Kilometer lange, gut erschlossene und markierte Harzer Grenzweg.

Mehr Infos: Für die Wanderroute am Grünen Band sind mehrere Wanderführer erhältlich. Mehr Infos zur Radroute gibt es hier: https://de.eurovelo.com/ev13/germany

WINTER-WANDERN AUF DEM RENNSTEIG

Route: Der Rennsteig ist ein rund 170 Kilometer langer Kammweg, der über die bewaldeten Rücken des Thüringer Waldes und teilweise Frankenwaldes führt. Von Hörschel bei Eisenach bis nach Blankenstein an der Saale. Mit etwas mehr als 3000 Höhenmetern im Auf- und Abstieg halten sich die Steigungen in Grenzen, und man kommt trotzdem an zahlreichen Gipfeln und tollen Aussichtspunkten vorbei.

Anreise: Start und Zielpunkt sind gut per Zug erreichbar, und entlang der Route gibt es immer wieder Bus- und teilweise Bahnanbindung. An Wochenenden und Feiertagen fährt der RennsteigShuttle von Erfurt aus über Arnstadt und Ilmenau direkt zum 747 Meter hoch gelegenen Bahnhof Rennsteig.

Reisezeit: Der Rennsteig ist nicht nur der älteste, sondern im Sommer auch einer der meistbegangenen Höhenwanderwege Deutschlands, im Winter wird der Rennsteig bei entsprechenden Bedingungen zum längsten (präparierten) Skiwanderweg.

Zu allen Jahreszeiten sollte man Ferienzeiten meiden, wenn man möglichst allein unterwegs sein möchte.

Anforderungen: Der Rennsteig führt mittlerweile zu großen Teilen über Forststraßen, teilweise auch über schmalere, aber unproblematische Wanderwege. Steile und / oder lange An- und Abstiege gibt es ebenfalls so gut wie keine. Zudem ist der Rennsteig bestens mit dem weißen R markiert. Ein Großteil der Strecke ist selbst im Winter gut ohne Schneeschuhe begehbar, da der Schnee durch das Spuren der Loipe komprimiert ist. Abschnittsweise können Schneeschuhe aber hilfreich bis notwendig sein.

Übernachtung: Es gibt ein sehr dichtes Netz von einfachen Schutzhütten entlang des Rennsteigs. Übernachten ist dort zwar nicht erlaubt, wird aber in der Regel geduldet. Damit das so bleibt, ist besonders wichtig, dass man sich an die Regeln von *Leave No Trace* hält und Rücksicht auf Einheimische, Mitwanderer und Natur nimmt. Infrastruktur gibt es an den Hütten keine, manche haben aber eine Quelle in der Nähe. Ansonsten kann man den Rennsteig auch gut mit Übernachtung in Unterkünften wandern, wobei auf manchen Abschnitten und vor allem auf den westlichen Etappen etwas Vorausplanung sinnvoll ist.

Mehr Infos: https://www.rennsteig.de/

LEAVE NO TRACE

»*Ich muss noch schnell den Weg hoch und einen Stein putzen.*« Mit dieser Aussage verabschiedete sich die Rangerin im Glacier-Nationalpark, nachdem sie uns eine Stunde lang allerlei über die Flora des hiesigen Hochgebirges erzählt hatte. Wir waren verwirrt. Was war denn mit dem Stein los? »*Jemand hat ein Graffito daraufgeritzt, nur Stein auf Stein, nicht weiter schlimm, aber wir wollen eben, dass die Leute da oben auf dem Wanderweg nichts sehen außer der Natur. Dass sie ganz in die Wildnis eintauchen können. Da stört selbst so etwas.*« Und in diesem Moment verstand ich, was Leave No Trace wirklich bedeutete.

Das Konzept von *Leave No Trace* (auf Deutsch: Hinterlasse keine Spuren) stammt ursprünglich aus den USA der Sechziger- und Siebzigerjahre. Damals gewannen Outdoor-Aktivitäten rasant an Popularität, woraufhin Empfehlungen zu naturverträglichen Verhaltensweisen erarbeitet wurden. Heute ist das *Leave No Trace Center for Outdoor Ethics* eine wichtige Organisation, die sich auf vielfältige Art und Weise für maximalen Naturgenuss mit minimalen Folgen einsetzt. Die sieben Prinzipien von *Leave No Trace* sind allgemeingültig und können grundsätzlich auf alle Outdoor-Aktivitäten überall auf der Welt angewendet werden. Manche davon sind vielleicht simpel, bekannt und selbsterklärend, anderes wiederum ist vielschichtiger, als man auf den ersten Blick meinen mag. Besonders spannend und wertvoll an dem Konzept finde ich, dass es das Thema sehr ganzheitlich betrachtet. Es geht bei *Leave No Trace* längst nicht »nur« um Naturschutz, sondern auch darum, wie man durch rücksichtsvolles Verhalten das Naturerlebnis anderer möglichst wenig trübt. Wie man vielmehr maximales Erleben von möglichst unberührter beziehungsweise unberührt scheinender Natur für alle ermöglichen kann. Ein Aspekt, der in einem dicht besiedelten Land, in dem viele (und immer mehr) Menschen outdoor unterwegs sind, besondere Relevanz hat. Und der für alle, die die Wildnis suchen, eine große Rolle spielt. Bei uns ist *Leave No Trace* in seinem kompletten Ansatz nach wie vor relativ unbekannt. Deswegen möchte ich die Gelegenheit nutzen und die Verhaltensempfehlungen kurz in eigenen Worten vorstellen, wobei ich mich auf diejenigen Aspekte beschränke, die für Touren in Deutschland besonders von Belang sind.

1. PLANE IM VORAUS

Überraschungsmomente und Unsicherheiten gehören zu einem Abenteuer in der Natur oft dazu. Nichtsdestotrotz ist es (nicht nur) im Sinne von *Leave No Trace* essenziell, sich gut auf eine Tour vorzubereiten und einigermaßen über die Gegend Bescheid zu wissen, in der man unterwegs ist. Nicht zuletzt, weil unvorhergesehene Planänderungen oder gar Notsituationen *Leave No Trace* nur allzu schnell in den Hintergrund rücken lassen können.

- Gibt es spezielle Regelungen vor Ort, zum Beispiel in Bezug auf Camping?
- Handelt es sich um ein besonders geschütztes Gebiet?
- Weißt du, wie du dich bei Begegnungen mit Weide- und Wildtieren verhalten solltest?
- Entspricht die Tour deinen Fähigkeiten und deiner Fitness?
- Gibt es besondere Schwierigkeiten, zum Beispiel ausgesetzte Stellen?
- Hast du alles, was du brauchst, um sicher navigieren zu können?
- Hast du den Wetterbericht gecheckt und darauf abgestimmte Kleidung und Ausrüstung dabei?
- Weißt du, wann und wo du dich verpflegen kannst?

2. BEWEGE DICH AUF UNEMPFINDLICHEM GRUND

Die Natur ist wahrlich kein Porzellanladen, in dem jeder umgeknickte Grashalm eine halbe Katastrophe nach sich zieht. Gleichzeitig werden die Auswirkungen, die ein paar Fußtritte haben können, oft unterschätzt. Das gilt vor allem auch, wenn sichtbare Spuren zurückbleiben, die Nachahmer finden. So entsteht aus einem kleinen Abstecher schnell ein Trampelpfad, aus einem geheimen Nachtlager ein inoffizieller Campingplatz.

- Bleibe möglichst auf den Wegen, und vermeide unbedingt Abkürzungen und Trampelpfade, selbst wenn sie schon da sind.
- Beachte Hinweisschilder und offizielle Absperrungen.
- Bewege dich und zelte auf möglichst unempfindlichen Böden.

3. ENTSORGE ABFÄLLE RICHTIG

Müll ist nicht nur schädlich für Natur und Tierwelt, sondern trübt auch in besonderem Maße das Naturerlebnis. Das gilt auch für Taschentücher oder Bioabfälle wie die Schalen von Bananen oder Mandarinen, die vermeintlich schnell verrotten, in unserem Klima aber mehrere Jahre brauchen können, bis sie zersetzt sind.

- Hinterlasse <u>nichts</u>, und nimm nach Möglichkeit auch Müll von anderen mit.
- Benutze draußen niemals herkömmliche Seife und selbst biologisch abbaubare so sparsam wie möglich, denn auch die ist nicht völlig unbedenklich. Halte einen Abstand von sechzig Metern zu Wasser ein, und nutze Seife niemals direkt in Gewässern (auch nicht die speziellen Outdoor-Seifen, die es zu kaufen gibt).
- Für den Toilettengang halte ebenfalls mindestens sechzig Meter Abstand zu Gewässern, grabe ein circa dreißig Zentimeter tiefes Loch, und nimm Klopapier wieder mit, zum Beispiel in einem wiederverschließbaren Plastikbeutel.

4. VERLASS ALLES SO, WIE DU ES VORGEFUNDEN HAST (ODER BESSER)

Wenn man im Hinterkopf behält, die Natur und auch Wanderhütten oder Aussichtspunkte wirklich so zu verlassen, wie man sie vorgefunden hat (oder natürlich noch besser, indem man zum Beispiel Müll von anderen aufsammelt), kann man eigentlich nichts falsch machen.

- Nimm keine »Souvenirs« wie Muscheln, Blumen, Geweihe o. Ä. mit. So können sich auch andere darüber freuen, und es bleibt in der Natur, was dorthin gehört.
- Hinterlasse deinen Zelt- oder Pausenplatz so, dass man nicht sieht, dass du dort warst. (Das bedeutet zum Beispiel auch, weggeräumte Äste, Steine oder Ähnliches wieder zu verteilen.)
- Baue keine Steinmännchen oder andere Konstruktionen.

5. VORSICHT MIT FEUER

Keine Frage – abends nach einem langen Draußen-Tag am Feuer zu sitzen ist eine ziemlich tolle Sache. Aber ein offenes Feuer birgt immer auch Risiken, die man als Laie oft überhaupt nicht einschätzen kann. Jedes Jahr kommt es zu teils verheerenden Waldbränden, die durch Lagerfeuer verursacht wurden, auch in Deutschland. Hinzu kommen die Spuren, die die große Hitze auch im Boden hinterlässt.

- Nutze möglichst nur ausgewiesene Feuerstellen. Aber Achtung: Auch hier können Feuer temporär verboten sein.
- Beachte Faktoren wie Windstärke und Trockenheit der Vegetation und den aktuellen Waldbrandgefahr-Index auf der Webseite des Deutschen Wetterdienstes.
- Lösche jede noch so kleine Glut, und warte, bis die Feuerstelle kalt ist, bevor du sie verlässt.
- Behalte im Hinterkopf, dass Totholz, trockenes Laub und Ähnliches wichtiger Nährstoff und Lebensraum in der Natur sind.

6. RESPEKTIERE WILD- UND WEIDETIERE

Tiere in ihrer natürlichen Umgebung beobachten zu können ist für viele Menschen einer der schönsten Aspekte am Reisen und Draußensein. Dabei darf man aber niemals vergessen, dass man im Wohnzimmer dieser Tiere unterwegs ist.

- Gib Tieren Raum, und komm ihnen nicht zu nahe, nur um den besten Blick oder das beste Foto zu erhaschen.
- Informiere dich, welche Tierarten besonders empfindlich sind und wie du Störungen vermeiden kannst.
- Füttere Tiere niemals.
- Sei zur Brut- und Setzzeit (Frühling / Frühsommer) und im Winter besonders rücksichtsvoll.
- Wenn du mit Hund unterwegs bist: Beachte Leinengebote, und halte deinen Hund jederzeit unter Kontrolle.

7. NIMM RÜCKSICHT AUF ANDERE

Mit etwas gegenseitiger Rücksichtnahme und Verständnis gibt es für alle genug Platz da draußen.

- Such dir Touren nach Möglichkeit so aus, dass sie mit deinen Bedürfnissen übereinstimmen.
- Wenn unterschiedliche Outdoor-Aktivitäten aufeinandertreffen, reagiere situationsbedingt und defensiv.
- Kündige dich rechtzeitig an, wenn du schneller unterwegs bist als andere, und drossle deine Geschwindigkeit, wenn du überholst.
- Verzichte auf Musik, und vermeide allzu laute Unterhaltungen.

DANKE

Ich danke allen Menschen, die ein Teil dieses Buches geworden sind, mir ihre Zeit geschenkt und ihre Erfahrungen, Ansichten und ihr Wissen mit mir geteilt haben. Danke an Revierförsterin Astrid Fischer für ihre bewegende E-Mail und den langen Spaziergang in meinem Heimatwald. An Heideranger Jan Brockmann und Hund Winston, die mich ein Stück auf Wanderschaft begleitet haben. Danke an *Biosphere Expeditions*, die es mir bereits zweimal ermöglicht haben, an ihren Artenschutzreisen teilzunehmen. Und in diesem Zuge ganz besonders an An Bollen und Peter Schütte, die das Wolfsprojekt in Niedersachsen geleitet und zu einem ganz besonderen und eindrücklichen Erlebnis gemacht haben. Danke an Theo Grüntjens und Lea Wirk für die Gespräche und an Labrador Molly, deren Nase keine noch so alte Wolfsspur entgangen ist. Danke an *Rewilding Oder Delta*, vor allem an Katrin Schoor und Wiebke Brenner dafür, dass ich mehr über ihre Arbeit erfahren und Wiebke einen Tag lang begleiten durfte. Ich danke diesen Menschen, die stellvertretend für so viele stehen, die sich für Wildnis einsetzen und mir Hoffnung geben. Der Spruch »Die Natur braucht uns nicht, aber wir brauchen die Natur« stimmt schon lange nicht mehr.

Die Natur braucht uns, die Wildnis braucht uns, und ganz besonders auch Menschen wie diese.

Und natürlich: Besonderer Dank an Markus Michalek von *AVA international* und an Daniel Oertel von *Ullstein* dafür, dass sie auch an dieses Buch geglaubt haben, sowie an meine Lektorin Katharina Hellriegel-Stauder für ihre großartige Unterstützung beim Feinschliff.

QUELLEN UND WEITERFÜHRENDE INFOS

Kapitel 1

Das Bundesministerium für Umwelt, Naturschutz, nukleare Sicherheit und Verbraucherschutz zum Thema Wildnis: https://www.bmuv.de/themen/naturschutz-artenvielfalt/naturschutz-biologische-vielfalt/wildnis

Initiative Wildnis in Deutschland: https://wildnisindeutschland.de/

Kapitel 3

Zitate: Rainer Beck, *Ebersberg oder das Ende der Wildnis. Eine Landschaftsgeschichte*, C. H. Beck, 2003.

Sekundärzitat: Josef Hazzi, *Statistische Aufschlüsse über das Herzogtum Baiern aus ächten Quellen geschöpft* […], 4 Bde., Nürnberg, 1801–1808, zitiert nach: Rainer Beck (s. o.).

Sekundärzitat: Joseph von Obernberg, *Reisen durch das Königreich Baiern*, I. Teil. Der Isarkreis. Zweyter Band, I. Heft, München, 1816, zitiert nach: Rainer Beck (s. o.).

Sekundärzitat: *Der baierische und pfälzische Landmann in der verbesserten Landwirtschaft.* [...] Erste Sammlung, hrsg. von der patriotischen Gesellschaft der sittlichen und landwirthschaftlichen Wissenschaften zu Altenötting, München, 1769, zitiert nach: Rainer Beck (s. o.).

Bundeswaldinventur: https://www.bundeswaldinventur.de/

Buchenwälder: www.weltnaturerbe-buchenwaelder.de/

Kapitel 4

Bundeswaldgesetz: https://www.gesetze-im-internet.de/bwaldg/BJNR010370975.html

Gute Übersicht über Trekkingplätze in Deutschland: https://trekkingtrails.de/trekkingplaetze/

Alternative zu Trekkingplätzen: https://mycabin.eu/

Zitate: Michael Easter, *The Comfort Crisis. Embrace Discomfort to Reclaim Your Wild, Happy, Healthy Self*, Rodale Books, 2021 [eigene Übersetzung].

Kapitel 5

Elfenbeinspecht: https://www.spektrum.de/news/elfenbeinspecht-er-lebt-er-lebt-nicht-er-lebt/2013934

Indigene Völker und Naturschutz: https://www.survivalinternational.org/

Zitat: Robin Wall Kimmerer, *Geflochtenes Süßgras. Die Weisheit der Pflanzen*, Aufbau, 2021.

Schutzgebiete nach dem Bundesamt für Naturschutz: https://www.bfn.de/schutzgebiete

Zitate: Baptiste Morizot, *Philosophie der Wildnis oder Die Kunst, vom Weg abzukommen*, Reclam, 2020.

Ranger in Deutschland: https://www.bundesverband-naturwacht.de/

Angebot der Heideranger: https://www.regio-ranger.de/ und https://www.heide-ranger.de/

Wolfsvorkommen in Deutschland: https://www.dbb-wolf.de/Wolfsvorkommen/territorien/karte-der-territorien

Mehr zu Theo Grüntjens: https://theo-gruentjens.de/

Zitat: Tom Mustill, *Die Sprache der Wale. Eine Reise in die Welt der Tierkommunikation*, Rowohlt, 2023.

Whalewatching-Ratgeber für verantwortungsvolle Walbeobachtung von WDC: https://de.whales.org/wale-delfine/whalewatching/

Dokumentation *Sea Of Shadows* über den Kampf um die kalifornischen Schweinswale: https://films.nationalgeographic.com/sea-of-shadows

Schweinswale in Nord- und Ostsee: https://www.stiftung-meeresschutz.org/meerestiere/schweinswal/

Zur *Baltic Sea Campaign* von *Sea Shepherd*: https://seashepherd.de/kampagnen/baltic-sea-campaign/

Zitate: Douglas Adams, *Die Letzten ihrer Art. Eine Reise zu den aussterbenden Tieren unserer Erde*, Heyne, 1992.

Zitate: Melanie Challenger, *Wir Tiere. Eine neue Geschichte der Menschheit*, btb, 2021.

Kapitel 7

Zitate: Carmen Rohrbach, *Am grünen Fluss. Isar – Abenteuer und Natur pur*, Piper, 2020.

Verein *Rettet die Isar jetzt!*: www.rettet-die-isar.de

Dokumentation *Blue Heart* über den Kampf für die Erhaltung der letzten wilden Flüsse auf dem Balkan (kostenlos verfügbar auf Youtube): https://www.youtube.com/watch?v=OhmHByZ0Xd8

Initiative *Save The Blue Heart Of Europe*: https://www.balkan-rivers.net/

Christopher Stone, *Should Trees Have Standing? Law, Morality, and the Environment*, Oxford University Press, 2010 (1972). Eine Übersetzung ist 2014 im Drachenverlag erschienen: *Haben Bäume Rechte? Plädoyer für die Eigenrechte der Natur.*

Netzwerk Rechte der Natur: https://www.rechte-der-natur.de/

Kapitel 8

Mehr zu Erika Dürrs Arbeit und ihren Projekten: https://ulli-gunde.com/

Zitat: Audrey Sutherland, *Paddling North. A Solo Adventure Along the Inside Passage*, Patagonia, 2012.

Kapitel 9

Rewilding Europe: https://rewildingeurope.com/

Rewilding Oder Delta: https://rewilding-oder-delta.com/

George Monbiot, *Verwildert. Die Wiederherstellung unserer Ökosysteme und die Zukunft der Natur*, Matthes & Seitz, 2021.

Kapitel 10

Waldentwicklung im Nationalpark Harz: https://www.nationalpark-harz.de/de/der-nationalpark-harz/waldentwicklung/

Naturmonumente: https://www.bmuv.de/faq/was-sind-nationale-naturmonumente-und-welche-bedeutung-haben-sie-fuer-den-naturschutz-in-deutschland

Grünes Band in Deutschland: https://www.bund.net/gruenes-band/

Grünes Band in Europa: https://www.europeangreenbelt.org/

Kapitel 11

Der Film *In die Wildnis* von Sean Penn basiert auf dem Buch von Jon Krakauer, *In die Wildnis. Allein nach Alaska*, Piper, 2007.

Zitat: May Sarton, *Journal of a Solitude*, W. W. Norton & Company, 1972) [eigene Übersetzung].